Guttentagsche Sammlung
Nr. 37. Preußischer Gesetze. Nr. 37.
Textausgaben mit Anmerkungen und Sachregister

Gesetz über die Enteignung von Grundeigentum vom 11. Juni 1874

mit dem Gesetz über ein

vereinfachtes Enteignungsverfahren

vom 26. Juli 1922.

Im Anhang: **Verordnungen, Vertragsmuster, das Fluchtliniengesetz und das Wasserstraßengesetz.**

Textausgabe
mit Anmerkungen und Sachregister
von

Otto Meyer,
Oberlandesgerichtspräsident.

Dritte Auflage.

Berlin und Leipzig 1927.
Walter de Gruyter & Co.
vormals G. J. Göschen'sche Verlagshandlung — J. Guttentag, Verlagsbuchhandlung — Georg Reimer — Karl J. Trübner — Veit & Comp.

Inhaltsverzeichnis.

Abkürzungen.

Die Abkürzungen sind die üblichen. Hervorgehoben seien folgende (vgl. auch den Vermerk S. 9):

Paragraphen ohne Zusatz sind Paragraphen des Enteignungsgesetzes.

AG.BGB. = Ausführungsgesetz zum Bürgerlichen Gesetzbuch.

AG.GKG. = Ausführungsgesetz zum Gerichtskostengesetz.

AG.GBO. = Ausführungsgesetz zur Grundbuchordnung.

AG.GVG. = Ausführungsgesetz zum Gerichtsverfassungsgesetz.

AG.ZPO. = Ausführungsgesetz zur Zivilprozeßordnung.

AG.ZVG. = Ausführungsgesetz zum Zwangsversteigerungsgesetz.

AGJ. 7, 16 = Jahrbuch für endgültige Entscheidungen der Preußischen Appellationsgerichte, Band 7 Seite 16.

ALR. = Allgemeines Landrecht.

BGB. = Bürgerliches Gesetzbuch.

EG.BGB. = Einführungsgesetz zum Bürgerlichen Gesetzbuch.

EG.GVG. = Einführungsgesetz zum Gerichtsverfassungsgesetz.

EG.ZPO. = Einführungsgesetz zur Zivilprozeßordnung.

EEG. = Preuß. Gesetz über den Eigentumserwerb vom 5. 5. 72.

EVBl. = Eisenbahn-Verordnungsblatt.

Erl. = Erlaß.

FlLinG. = Gesetz betr. die Anlegung und Veränderung von Straßen und Plätzen vom 2. 7. 75.

FranzR. = Französisches Recht.

FM. = Finanzminister.

GBO. = Grundbuchordnung.

GemR. = Gemeines Recht.

Ges. = Enteignungsgesetz, wenn nichts anderes bemerkt.

GKG. = Gerichtskostengesetz.

GVG. = Gerichtsverfassungsgesetz.

Gruch. 6, 5 = Gruchots Beiträge zur Erläuterung des Deutschen Rechts, Band 6 Seite 5.

GS. 76, 8 = Preußische Gesetzsammlung, 1876 Seite 8.

GS. S. 8 = Preußische Gesetzsammlung, Jahrgang des Jahres des unmittelbar vorher angeführten Gesetzes, Seite 8.

HM. = Minister für Handel und Gewerbe.

HO. = Hinterlegungsordnung.

JM. = Justizminister.

JMBl. 91, 8 = Justizministerialblatt, Jahrgang 1891 Seite 8, und zwar Entscheidung des Reichsgerichts daselbst, wenn nichts anderes bemerkt.

JW. 91, 8[4] = Juristische Wochenschrift, Jahrgang 1891 Seite 8 Nr. 4.

KGJ. 24 A 7 = Jahrbuch für Entscheidungen des Kammergerichts, Bd. 24 Abschnitt A Seite 7.

KO. = Konkursordnung.

LVG. = Landesverwaltungsgesetz v. 30. 7. 83.

MBliV. 96, 11 = Ministerialblatt für die gesamte innere Verwaltung, Jahrgang 1896 S. 11.

Min. d. Inn. = Minister des Innern.

Min. d. ö. A. = Minister der öffentlichen Arbeiten.

Min. f. Landw. = Minister für Landwirtschaft.

MinZustRG. = Ges. betr. anderweite Regelung der auf Gesetz beruhenden Zuständigkeit des Min. d. ö. A. v. 15. 8. 21, GS. 487.

OLG. 6, 5 = Falkmann-Mugdan, Rechtsprechung der Oberlandesgerichte, Band 6 Seite 5.

OT. 6, 5 = Entscheidungen des Obertribunals — amtliche Sammlung — Band 6 Seite 5.

OVG. 6, 5 = Entscheidungen des Oberverwaltungsgerichts, Band 6 Seite 5.

PrFGG. = Preuß. Gesetz über die freiwillige Gerichtsbarkeit.

PrGKG. = Preuß. Gerichtskostengesetz.

PrR. = Preußisches Recht.

PrVBl. = Preußisches Verwaltungsblatt.

Recht 09, 486 = Zeitschrift „Das Recht", Jahrgang 1909 Seite 486.

RG. 6, 5 = Entscheidungen des Reichsgerichts — amtliche Sammlung — Band 6 Seite 5.

SeuffA. 47 Nr. 8 = Seufferts Archiv für Entscheidungen der obersten Gerichte, Band 47 Nummer 8.

VWM. = Minister für Volkswohlfahrt.

VereinfEG. = Ges. über ein vereinfachtes Enteignungsverfahren.

Warn. 17, 6 = Warneyers Jahrbuch der Entscheidungen, Ergänzungsband, die Rechtsprechung des Reichsgerichts, Jahrgang 1917 Seite 6.

ZPO. = Zivilprozeßordnung.

ZustG. = Zuständigkeitsgesetz.

ZVG. = Zwangsversteigerungsgesetz v. 1. 8. 83.

ZBlFG. 3, 4 = Lobe, Zentralblatt für freiwillige Gerichtsbarkeit und Notariat, Band 3 Seite 4.

Vermerk: Die zu §§ 1, 8, 37 angeführte, noch unveröffentlichte „Entsch. d. RG. v. 11. Jan. 27" wird in der amtlichen Sammlung der Reichsgerichtsentscheidungen in Zivilsachen abgedruckt werden.

Einleitung.

Das Gesetz über die Enteignung von Grundeigentum vom 11. Juni 1874 bringt die gesetzliche Regelung, die im Art. 9 der früheren Preußischen Verfassung — inhaltlich übergegangen in den Art. 153 der Reichsverfassung — vorgesehen war. Außer im Gebiet des rheinischen Rechts gab es bis dahin zusammenfassende Vorschriften über die Enteignung nicht. Das ALR. hatte nur dürftige Vorschriften (Einleitung zum ALR. §§ 73 bis 75, §§ 4 bis 11, I, 11; vgl. KGJ. 39 A 186). Ausführlichere Vorschriften über das Verfahren bei Enteignungen für Eisenbahnen enthielt das Eisenbahngesetz vom 3. 11. 38.

Ein erster Entwurf zum Enteignungsgesetz ist im Justiz-Ministerialblatt 1864 S. 337 ff. veröffentlicht. Dem Landtage sind dann 1868, 1869, 1871 und 1872 Entwürfe eines Enteignungsgesetzes vorgelegt, die aber nicht zur Verabschiedung gelangt sind. Erst der im Jahre 1873 vorgelegte Entwurf (AbgH. 1873/4 Drucks. I Nr. 18) wurde Gesetz. Das Enteignungsgesetz hat in der Folgezeit, abgesehen von dem noch zu erwähnenden Gesetz über ein vereinfachtes Enteignungsverfahren v. 26. 7. 22 (vgl. Einleitung S. 19), nennenswerte Änderungen nicht erfahren. Mehr äußerlicher Natur ist, daß die Verwaltungsorganisation eine Neuordnung der Zuständigkeit und des Verfahrens der Verwaltungsbehörden in Enteignungssachen nach mehrfachen Änderungen der Gesetzgebung (vgl. § 89 des Verwaltungsgerichtsges. v. 3. 7. 75, §§ 157, 158 des

Zuständigkeitsges. v. 26. 7. 76) gebracht hat (§§ 150ff. des Zuständigkeitsges. v. 1. 8. 83, §§ 42, 57ff., 77ff., 115ff. des Landesverwaltungsges. v. 30. 7. 83, Ges. betr. anderweite Regelung der auf Ges. beruhenden Zuständigkeit des Min. d. ö. A. v. 15. 8. 21). Die Gesetzgebung des Reichs auf dem Gebiete des Prozeßrechts (§ 15 Nr. 2 des Einführungsges. zur Zivilprozeßordnung v. 30. 1. 77) und des bürgerlichen Rechts (Art. 109 des Einführungsges. zum Bürgerlichen Gesetzbuch v. 18. 6. 96) hat das Gebiet des Enteignungsrechts von seiner Regelung ausdrücklich ausgeschlossen. Hervorzuheben ist, daß Art. 109 Satz 2 des Einführungsges. zum Bürgerlichen Gesetzbuch keine unmittelbare Bedeutung hat, weil das Enteignungsgesetz besondere Vorschriften wegen der Behandlung der Entschädigung gibt. Auf der Grundlage des zit. Art. 109 ist indes durch das Preußische Ausführungsgesetz zum Reichsgesetz über die Zwangsversteigerung v. 23. 9. 99 (Art. 35 bis 41) ein gerichtliches Verteilungsverfahren für den Fall der Enteignung von Grundstücken eingeführt und insofern das Enteignungsrecht ergänzt. Während das frühere Reichsrecht, wie erwähnt, das Enteignungsrecht ganz unberührt ließ, enthält das neue Reichsrecht bedeutsame Vorschriften. Materiell hat die Reichsverfassung die Vorschrift des § 1 im Art. 153 übernommen (vgl. § 1 Anm. I). Formell hat es auf wirtschaftlich besonders wichtigen Gebieten die Zuständigkeit der Länder in erheblichem Umfange beseitigt. Für die Reichseisenbahnen und die Reichswasserstraßen stellt der Reichspräsident die Zulässigkeit der Enteignung fest. Der Reichsverkehrsminister entscheidet über die Art der Durchführung und den Umfang der Enteignung, wie über die Zulässigkeit von Vorarbeiten. Im übrigen sind auch auf diesen reichsrechtlich geordneten Gebieten die Vorschriften des Enteignungsgesetzes für anwendbar erklärt (vgl. Vorbem. I vor § 2).

In späteren preußischen Gesetzen, die enteignungsrechtliche Vorschriften enthalten, sind die materiellen Vorschriften des Enteignungsgesetzes meist für anwendbar erklärt; auch das Verfahren demjenigen des Enteignungsgesetzes nachgebildet. Vgl. Ges. über die Befugnisse der Strombauverwaltung usw. v. 20. 8. 83/31. 5. 84; Ges. über Kleinbahnen v. 28. 7. 92; Ges., betr. Schutzmaßregeln im Quellgebiete der linksseitigen Zuflüsse der Oder in Schlesien, v. 16. 9. 99; Ges., betr. Maßnahmen zur Verhütung von Hochwassergefahren in Schlesien, v. 3. 7. 00; Ges., betr. die Umlegung von Grundstücken in Frankfurt a./M., v. 28. 7. 02; Ges., betr. Maßnahmen zur Verhütung von Hochwassergefahren in Brandenburg usw. bzw. an der Oder, v. 4. 8. 04 bzw. v. 12. 8. 05; Ges. betr. erweiterten Grunderwerb am Rhein-Weser-Kanal und am Großschiffahrtsweg Berlin-Stettin, v. 17. 7. 07; Ges. betr. Erweiterung des Kaiser-Wilhelm-Kanals, v. 17. 11. 07; Ges., betr. den Bau des Masurischen Kanals, v. 14. 5. 08; Quellenschutzgesetz v. 14. 5. 08; Ges., betr. die Ausführung des sog. Köhlbrandvertrages, v. 25. 8. 09. Vgl. auch das im Anhang erörterte Ges., betr. die Herstellung und den Ausbau von Wasserstraßen, v. 1. 4. 05 (Anhang V). In umfassender Weise ist das Enteignungsgesetz für anwendbar erklärt im Fluchtliniengesetz. v. 2. 7. 75 in der Fass. des Art. II Wohnungsges. v. 28. 3. 18 (Anhang IV). Zahlreiche enteignungsrechtliche Vorschriften enthalten die verschiedenen provinziellen Wegegesetze (vgl. Hue de Grais, Handbuch der Verfassung usw. 23. Aufl. S. 762).

Das Enteignungsgesetz gilt — in Lauenburg eingeführt durch das lauenburg. Ges. v. 28. 4. 75, Offiz. Wochenbl. 1875 S. 291 — seit der VO. v. 15. 12. 15, GS. 191, wodurch seine Geltung auf Helgoland ausgedehnt wurde, in ganz Preußen.

Im Sinne des Gesetzes ist Enteignung die Entziehung oder Beschränkung des Eigentums oder anderer Rechte an Grundstücken gegen Entschädigung zur Ausführung eines im öffentlichen Interesse liegenden Unternehmens. Die Enteignung hat nicht die Natur eines Kaufs, ist auch nicht als solcher zu behandeln, vielmehr ein öffentlich-rechtlicher Akt der Staatsgewalt, an den sich privatrechtliche Folgen knüpfen, die mit einem Kauf gewisse Ähnlichkeiten zeigen. Das Eigentum wird nicht übertragen, sondern verliehen. So in Übereinstimmung mit der jetzt herrschenden Theorie RG. 61, 102 = JW. 05, 509[46] (vgl. auch RG. 69, 68; JW. 08, 355[46]; 14, 844[18]). Früher war die Praxis schwankend, ohne indes, abgesehen von der Frage der Verpflichtung zur Verzinsung der Entschädigung, aus der einen oder anderen Meinung Konsequenzen zu ziehen. Vgl. Gruch. 25, 971; 45, 961; RG. 12, 405/6; 18, 345/6; 24, 323; 31, 280; 35, 308; JW. 85, 75[31]; 91, 217[62]; SeuffA. 34 Nr. 305 (Dresden); 36 Nr. 202 (Celle).

Das Enteignungsgesetz handelt im Titel I §§ 1—6 von der Zulässigkeit der Enteignung. Das Recht zur Enteignung wird im Regelfalle durch Beschluß des Staatsministeriums verliehen (§ 2). Für Fälle geringerer Bedeutung (§§ 3, 4) hat der Bezirksausschuß (in Berlin das Polizeipräsidium) und im vereinfachten Enteignungsverfahren der Regierungspräsident die Zulässigkeit der Enteignung auszusprechen. Das gilt auch für vorbereitende

Handlungen (§ 5). Titel II (§§ 7—14) handelt von der Entschädigung, die, grundsätzlich in Geld, vollen Schadensersatz gewähren soll. Außerdem hat der Unternehmer solche Anlagen herzustellen, die das öffentliche Interesse oder der Schutz der benachbarten Grundstücke fordert (§ 14).

Titel III handelt von dem Verfahren (§§ 15 bis 43). Das Verfahren vor den Verwaltungsbehörden ist durch Anträge des Unternehmers bedingt. Abschnitt 1 des Titels III (§§ 15—23) behandelt die Feststellung des Plans. Es findet zunächst eine Vorprüfung, sog. vorläufige Planfeststellung, durch die zuständige Behörde statt. Es folgt die endgültige, sog. definitive Planfeststellung. Zu dem Zweck wird der geprüfte Plan in den betreffenden Ortschaften ausgelegt und den Beteiligten Gelegenheit zu Einwendungen gegeben, die nötigenfalls in einem Termin vor einem Kommissar des Regierungs- bzw. Polizeipräsidenten zu erörtern sind. Auf dieser Grundlage stellt dann der Bezirksausschuß (in Berlin die erste Abteilung des Polizeipräsidiums) und im vereinfachten Enteignungsverfahren der Regierungspräsident den Gegenstand der Enteignung, aber auch die Anlagen gemäß § 14 fest (§ 21). Gegen die Feststellung ist der Weg der Beschwerde an den Minister für Handel und Gewerbe gegeben (§ 22).

Im Abschnitt 2 des Titels III (§§ 24—31) ist die Feststellung der Entschädigung geregelt. Die Beteiligten werden zu einem Termin vor einem Kommissar des Regierungs- bzw. Polizeipräsidenten geladen, wo unter Zuziehung von Sachverständigen mit ihnen verhandelt wird. Auf dieser Grundlage entscheidet dann (§ 29) der Bezirksausschuß, in Berlin die erste Abteilung des Polizeipräsidiums, im vereinfachten Enteignungsverfahren der Regierungspräsident unter Feststellung der Person des empfangsberechtigten Eigentümers über die Höhe der an diesen zu zahlenden Entschädigung, über die Pflicht des Unternehmers zur Übernahme ganzer Grundstücke (§ 9), über besondere Entschädigungen für einzelne Nebenberechtigte (§ 11) und das Anteilsverhältnis der Nebenberechtigten an der Hauptentschädigung. Diese Entscheidung, der Entschädigungsfeststellungsbeschluß, ist Vorbedingung für die Feststellung der Entschädigung im Rechtsweg, den jeder Beteiligte binnen sechs Monaten nach Zustellung der gedachten Entscheidung beschreiten kann (§ 30). Später erkennbar werdende Nachteile der Enteignung sind ohne weiteres im Rechtsweg zu verfolgen, unterliegen aber der dreijährigen Verjährung nach Ausführung der Anlage (§ 31).

Erst nach Abschluß dieser vier Stadien des Verfahrens:

1. der vorläufigen Planfeststellung,
2. der definitiven Planfeststellung,
3. der Entschädigungsfeststellung im Verwaltungsverfahren,
4. der Entschädigungsfeststellung im Rechtswege

erfolgt nun auf Antrag des Unternehmers die Vollziehung der Enteignung (§ 32), wovon der Abschnitt 3 des Titels III (§§ 31—38) handelt. Eine Änderung tritt nur im Falle der Dringlichkeit (§ 34) ein. Es wird dann die Dringlichkeit ausgesprochen, d. h. die Vollziehung der Enteignung vor Erledigung des Rechtswegs zugelassen. Ist die Dringlichkeit ausgesprochen und die Entschädigung im Verwaltungsverfahren festgestellt, so erfolgt auf Antrag des Unternehmers die Enteignung nach § 32 ohne Rücksicht auf den noch offenstehenden Rechtsweg. Auch in diesem Falle bedarf es ebenso, wie im gewöhnlichen, nicht dringlichen

Verfahren, vor dem Ausspruch der Enteignung der vorgängigen Zahlung oder Hinterlegung der Entschädigung (§ 32). Der Vollziehung der Enteignung folgt die Grundbuchberichtigung (§ 33). Für Fälle der Dringlichkeit ist ein Verfahren zur Sicherung des Beweises vorgesehen (§ 35), das übrigens in ähnlicher Weise im vereinfachten Verfahren für den Fall vorläufiger Besitzeinweisung geordnet ist. Über die Zahlung, Verzinsung und Hinterlegung geben die §§ 36, 37 Vorschriften. Die Verfügung des Eigentümers über die Entschädigung erleichtert § 38. Die Verteilung der Entschädigung zwischen dem Eigentümer und anderen Berechtigten erfolgt, wenn nicht die Vermittlung der Auseinandersetzungsbehörde nachgesucht wird (§ 49), für Reallast-, Hypotheken- und Grundschuldgläubiger durch das in Art. 35—41 des Preußischen Ausführungsgesetzes zum Reichsgesetz über die Zwangsversteigerung vorgesehene Verteilungsverfahren, im übrigen mangels Einigung der Beteiligten im Wege des Prozesses (§ 37).

Titel III Abschnitt 4 (§§ 39—43) bringt allgemeine Bestimmungen über die Zustellungen (§ 39), Beweiswürdigung (§ 40), Kautionsfreiheit des Fiskus (§ 41), Erlöschen der durch das Verfahren begründeten Rechte des Unternehmers für den Fall des Rücktritts oder des Fristablaufs sowie die in diesen Fällen begründeten Schadensforderungen des Eigentümers (§ 42), endlich über die Kosten (§ 43).

Titel IV (§§ 44—49) von den „Wirkungen der Enteignung" knüpft den Eigentumsübergang und den Untergang der privatrechtlichen Belastungen des Grundstücks an die Zustellung des Enteignungsbeschlusses und verweist den Eigentümer und die Realberechtigten auf die Entschädigung (§§ 44, 45). Die Rechte der Realberechtigten an der Entschädigung sind außer durch § 37 noch besonders nach §§ 47, 48 gewahrt. § 49 ordnet die Vermittlung der Auseinandersetzungsbehörde.

Das Verfahren (Titel III) kann eine Änderung erleiden, wenn Unternehmer und Eigentümer sich über die Abtretung einigen (§§ 16, 26). Es bedarf dann unter Umständen keiner Enteignung nach § 32, wobei der Untergang der privatrechtlichen Belastungen unter Verweisung der betreffenden Gläubiger auf die Entschädigung und auf eine Forderung an den Unternehmer mit dem Übergange des Eigentums auf den Unternehmer eintritt (§ 46).

Sinngemäß gelten diese Vorschriften, materielle und formelle, wenn die Enteignung nicht das Eigentum, sondern andere Rechte an Grundstücken entzieht oder beschränkt (§ 6).

„Besondere Bestimmungen über Entnahme von Wegebaumaterialien" bringt Titel V (§§ 50—53), die ein Recht des Wegebaupflichtigen auf Beschränkung des Eigentums zur Entnahme solcher Materialien feststellen (§ 50), materielle Entschädigungsvorschriften (§§ 51, 52) und eine wesentliche Vereinfachung und Abkürzung des Verfahrens (§ 53) enthalten.

Titel VI (§§ 54—58) „Schluß- und Übergangsbestimmungen" wahrt die Geltung der Spezialgesetze auf dem Gebiet der Enteignung (§ 54), hebt ausdrücklich das ältere Recht und die Bestimmungen über den Wiederkauf auf, setzt das Enteignungsgesetz an die Stelle der Enteignungsvorschriften der aufgehobenen Gesetze und ordnet ein gesetzliches Vorkaufsrecht zugunsten desjenigen, dem nur ein Teil seines Grundstücks enteignet ist (§§ 57, 58). Die Übergangsvorschrift (§ 55) ist bedeutungslos, § 56 aufgehoben und ersetzt durch das Zuständigkeits- bzw. das Landesverwaltungsgesetz.

Reformbestrebungen, hauptsächlich auf eine Beschleunigung des Enteignungsverfahrens gerichtet, waren seit längerer Zeit im Gange. Eine Übersicht derselben ist dem Kommissionsbericht zum Antrag Eckels — AbgH. 20. LP. 1904/5 Drucks. Nr. 721 — zu entnehmen. Die vom Minister der öffentlichen Arbeiten geleitete Verwaltungspraxis suchte möglichst durch Einigungen nach §§ 16, 26 das endgültige Planfeststellungsverfahren auszuschalten (vgl. Anhang III). Eine Lösung haben jene Bestrebungen in dem Gesetz über ein vereinfachtes Enteignungsverfahren v. 26. 7. 22 gefunden. Es geht zurück auf die im Kriege und in der Übergangszeit nach dem Kriege erlassenen Notverordnungen ähnlichen Inhalts, die im § 1 des Ges. v. 31. 7. 21 über Änderung der VO. betr. ein vereinf. Enteignungsverfahren aufgeführt sind. Die Neufassung der VO. findet sich in der Bekanntm. v. 31. 8. 21, GS. S. 513 (vgl. Drucks. Nr. 639 AbgH. 22. Leg. II. Sess., Herrenh. Nr. 135 für 1914, Nr. 729 AbgH., Nr. 180 Herrenh. für 1915, Nr. 8 AbgH. 1916/17, Nr. 684, Nr. 783 und 817 des Landtages 1921). Das erwähnte Ges. v. 26. 7. 22 ist dem Landtage mit der Drucks. Nr. 3252, 1. Wahlper. 1. Tag 1921/22 vorgelegt. Der Landtag hat den Entwurf unverändert angenommen. Das schon oben erwähnte Gesetz über ein vereinfachtes Enteignungsverfahren v. 26. 7. 22, GS. S. 211, läßt erleichterte Verfahrensformen unter der Voraussetzung zu, daß das Staatsministerium eine dahingehende Anordnung getroffen hat. Die Folge ist abgesehen von der Zuständigkeit des Regierungspräsidenten an Stelle des Bezirksausschusses und einer Abkürzung der Auslegungsfrist des

§ 19 die grundsätzliche Verbindung des Beschlusses über die Feststellung der Entschädigung mit dem Enteignungsbeschluß, ausnahmsweise einer Verbindung dieser beiden Beschlüsse mit der Planfeststellung; aber auch im vereinfachten Verfahren geht das Eigentum erst nach Zahlung oder Hinterlegung der Entschädigung über. Dagegen kann abweichend vom gewöhnlichen und vom dringlichen Verfahren im vereinfachten Verfahren der Besitz des zu enteignenden Grundeigentums schon vor Feststellung der Entschädigung durch den Regierungspräsidenten vorläufig auf den Unternehmer übertragen werden, wenn nur die Planfeststellung stattgefunden hat. Die Entschädigung für den vorzeitigen Besitzverlust soll alsbald festgestellt und vergütet werden.

Gesetz über die Enteignung von Grundeigentum.

Vom 11. Juni 1874 (GS. S. 221 ff.).

Titel I.

Zulässigkeit der Enteignung.

§ 1. Das Grundeigentum kann nur aus Gründen des öffentlichen Wohles für ein Unternehmen, dessen Ausführung die Ausübung des Enteignungsrechtes erfordert, gegen vollständige Entschädigung entzogen oder beschränkt werden.

§ 2. Die Entziehung und dauernde Beschränkung des Grundeigentums erfolgt auf Grund Königlicher Verordnung, welche den Unternehmer und das Unternehmen, zu dem das Grundeigentum in Anspruch genommen wird, bezeichnet.

Die Königliche Verordnung wird durch das Amtsblatt derjenigen Regierung bekanntgemacht, in deren Bezirk das Unternehmen ausgeführt werden soll.

§ 3. Ausnahmsweise bedarf es zu Enteignungen der in § 2 gedachten Art einer Königlichen Verordnung nicht für Geradelegung oder Erweiterung öffentlicher Wege, sowie zur Umwandlung von Privatwegen in öffentliche Wege, vorausgesetzt, daß das dafür in Anspruch genommene Grundeigentum außerhalb der Städte und Dörfer belegen und nicht mit Gebäuden besetzt ist. In diesem Falle wird die Zulässigkeit der Enteignung von der Bezirksregierung (Landdrostei) ausgesprochen.

§ 4. Vorübergehende Beschränkungen werden von der Bezirksregierung angeordnet.

Dieselben dürfen wider den Willen des Grundeigentümers die Dauer von drei Jahren nicht überschreiten. Auch darf dadurch die Beschaffenheit des Grundstücks nicht wesentlich oder dauernd verändert werden. Zur Überschreitung dieser Grenzen bedarf es eines nach § 2 eingeleiteten und durchgeführten Enteignungsverfahrens.

Gegen den Beschluß der Bezirksregierung in den Fällen der §§ 3 und 4 steht innerhalb zehn Tagen nach der Zustellung jedem Beteiligten der Rekurs an die vorgesetzte Ministerialinstanz offen.

§ 5. Handlungen, welche zur Vorbereitung eines die Enteignung rechtfertigenden Unternehmens erforderlich sind, muß auf Anordnung der Bezirksregierung der Besitzer auf seinem Grund und Boden geschehen lassen. Es ist ihm jedoch der hierdurch etwa erwachsende, nötigenfalls im Rechtswege festzustellende Schaden zu vergüten. Zur Sicherstellung der Entschädigung darf die Bezirksregierung vor Beginn der Handlungen vom Unternehmer eine Kaution bestellen lassen und deren Höhe bestimmen. Sie ist hierzu verpflichtet, wenn ein Beteiligter die Kautionsstellung verlangt.

Die Gestattung der Vorarbeiten wird von der Bezirksregierung im Regierungsamtsblatte generell bekanntgemacht. Von jeder Vorarbeit hat der Unternehmer unter Bezeichnung der Zeit und der Stelle, wo sie stattfinden soll, mindestens zwei Tage zuvor den Vorstand des betreffenden Guts- oder Gemeindebezirks in Kenntnis zu setzen, welcher davon die beteiligten Grundbesitzer speziell oder in ortsüblicher Weise generell benachrichtigt. Dieser Vorstand ist ermächtigt, dem Unternehmer auf dessen Kosten einen beeidigten Taxator zu dem Zwecke zur Seite zu stellen, um vorkommende Beschädigungen sogleich festzustellen und abzuschätzen. Der abgeschätzte Schaden ist, vorbehaltlich dessen anderweiter Feststellung im Rechtswege, den Beteiligten (Eigentümer, Nutznießer, Pächter, Verwalter) sofort auszuzahlen, widrigenfalls der Ortsvorstand auf den Antrag des Beteiligten die Fortsetzung der Vorarbeiten zu hindern verpflichtet ist.

Zum Betreten von Gebäuden und eingefriedigten Hof- oder Gartenräumen bedarf der Unternehmer, insoweit dazu der Grundbesitzer seine Einwilligung nicht ausdrücklich erteilt, in jedem einzelnen Falle einer besonderen Erlaubnis der Ortspolizeibehörde, welche die Besitzer zu benachrichtigen und zur Offenstellung der Räume zu veranlassen hat.

Eine Zerstörung von Baulichkeiten jeder Art, sowie ein Fällen von Bäumen ist nur mit besonderer Gestattung der Bezirksregierung zulässig.

§ 6. Dasjenige, was dieses Gesetz über die Entziehung und Beschränkung des Grundeigentums bestimmt, gilt auch von der Entziehung und Beschränkung der Rechte am Grundeigentum.

Titel II.

Von der Entschädigung.

§ 7. Die Pflicht der Entschädigung liegt dem Unternehmer ob. Die Entschädigung wird in Geld gewährt. Ist in Spezialgesetzen eine Entschädigung in Grund und Boden vorgeschrieben, so behält es dabei sein Bewenden.

§ 8. Die Entschädigung für die Abtretung des Grundeigentums besteht in dem vollen Werte des abzutretenden Grundstücks, einschließlich der enteigneten Zubehörungen und Früchte.

Wird nur ein Teil des Grundbesitzes desselben Eigentümers in Anspruch genommen, so umfaßt die Entschädigung zugleich den Mehrwert, welchen der abzutretende Teil durch seinen örtlichen oder wirtschaftlichen Zusammenhang mit dem Ganzen hat, sowie den Minderwert, welcher für den übrigen Grundbesitz durch die Abtretung entsteht.

§ 9. Wird nur ein Teil von einem Grundstück in Anspruch genommen, so kann der Eigentümer verlangen, daß der Unternehmer das Ganze gegen Entschädigung übernimmt, wenn das Grundstück durch die Abtretung so zerstückelt werden würde, daß das Restgrundstück nach seiner bisherigen Bestimmung nicht mehr zweckmäßig benutzt werden kann.

Trifft die geminderte Benutzbarkeit nur bestimmte Teile des Restgrundstücks, so beschränkt sich die Pflicht zur Mitübernahme auf diese Teile.

Bei Gebäuden, welche teilweise in Anspruch genommen werden, umfaßt diese Pflicht jedenfalls das gesamte Gebäude.

Bei den Vorschriften dieses Paragraphen ist unter der Bezeichnung Grundstück jeder in Zusammenhang stehende Grundbesitz des nämlichen Eigentümers begriffen.

§ 10. Die bisherige Benutzungsart kann bei der Abschätzung nur bis zu demjenigen Geldbetrage Berücksichtigung finden, welcher erforderlich ist, damit der Eigentümer ein anderes Grundstück in derselben Weise und mit gleichem Ertrage benutzen kann.

Eine Werterhöhung, welche das abzutretende Grundstück erst infolge der neuen Anlage erhält, kommt bei der Bemessung der Entschädigung nicht in Anschlag.

§ 11. Der Betrag des Schadens, welchen Nutzungs-, Gebrauchs- und Servitutberechtigte, Pächter und Mieter durch die Enteignung erleiden, ist, soweit derselbe nicht in der nach § 8 für das enteignete Grundeigentum bestimmten Entschädigung oder in der an derselben zu gewährenden Nutzung begriffen ist, besonders zu ersetzen.

§ 12. Für Beschränkungen (§§ 2, 4) ist die Entschädigung nach denselben Grundsätzen zu bestimmen wie für die Entziehung des Grundeigentums.

Tritt durch eine Beschränkung eine Benachteiligung des Eigentümers ein, welche bei Anordnung der Beschränkung sich nicht im voraus abschätzen läßt, so kann der Eigentümer die Bestellung einer angemessenen Kaution, sowie die Festsetzung der Entschädigung nach Ablauf jeden halben Jahres der Beschränkung verlangen.

§ 13. Für Neubauten, Anpflanzungen, sonstige neue Anlagen und Verbesserungen wird beim Widerspruch des Unternehmers eine Vergütung nicht gewährt, vielmehr nur dem Eigentümer die Wiederwegnahme auf seine Kosten bis zur Enteignung des Grundstückes vorbehalten, wenn aus der Art der Anlage, dem Zeitpunkte ihrer Errichtung oder den sonst obwaltenden Umständen erhellt, daß dieselben nur in der Absicht vorgenommen sind, eine höhere Entschädigung zu erzielen.

§ 14. Der Unternehmer ist zugleich zur Einrichtung derjenigen Anlagen an Wegen, Überfahrten, Triften, Einfriedigungen, Bewässerungs- und Vorflutsanstalten usw. verpflichtet, welche für die benachbarten Grundstücke oder im öffentlichen Interesse zur Sicherung gegen Gefahren und Nachteile notwendig werden. Auch die Unterhaltung dieser Angaben liegt ihm ob, insoweit dieselbe über den Umfang der bestehenden Verpflichtungen zur Unterhaltung vorhandener, demselben Zwecke dienender Anlagen hinausgeht.

Über diese Obliegenheiten des Unternehmers entscheidet die Bezirksregierung (§ 21).

Titel III.

Enteignungsverfahren.

1. Feststellung des Planes.

§ 15. Vor Ausführung des Unternehmens ist für dasselbe, unter Berücksichtigung der nach § 14 den Unternehmer treffenden Obliegenheiten, ein Plan, welchem geeignetenfalls die erforderlichen Querprofile beizufügen sind, in einem zweckentsprechenden Maßstabe aufzustellen und von derjenigen Behörde zu prüfen und vorläufig festzustellen, welche dazu nach den für die verschiedenen Arten der Unternehmungen bestehenden Gesetzen berufen ist.

Ist eine besondere Behörde durch das Gesetz nicht berufen, so liegt diese Prüfung und Feststellung der Bezirksregierung ob.

§ 16. Eine Einigung zwischen den Beteiligten über den Gegenstand der Abtretung, soweit er nach dem Befinden der zuständigen Behörde zu dem Unternehmen erforderlich ist, kann zum Zwecke sowohl der Überlassung des Besitzes, als der sofortigen Abtretung des Eigentums stattfinden. Es kann dabei die Entschädigung nachträglicher Feststellung vorbehalten werden, welche alsdann nach den Vorschriften dieses Gesetzes oder auch, je nach Verabredung der Beteiligten, sofort im Rechtswege erfolgt. Es kann ferner dabei behufs Regelung der Rechte Dritter die Durchführung des förmlichen Enteignungsverfahrens, nach Befinden ohne Berührung der Entschädigungsfrage, vorbehalten werden.

§ 17. Für die freiwillige Abtretung in Gemäßheit des § 16 sind die nach den bestehenden Gesetzen für die Veräußerung von Grundeigentum vorgeschriebenen Formen zu wahren.

Handelt es sich um Grundstücke oder Gerechtigkeiten bevormundeter, in Konkurs geratener, unter Kuratel stehender oder anderer handlungsunfähiger Personen, so genügt der Abschluß des Vertrages durch deren Vertreter unter Genehmigung des vormundschaftlichen Gerichts oder desjenigen Gerichts, welches die Veräußerung der Grundstücke und Gerechtigkeiten solcher Personen aus freier Hand zu genehmigen befugt ist[2].

Lehns- und Fideikommißbesitzer sind befugt, solche Verträge unter Zustimmung der beiden nächsten Agnaten abzuschließen, sofern die Stiftungsurkunden oder besondere gesetzliche Bestimmungen jene Veräußerungen nicht unter erleichterter Form gestatten.

Im Bezirk des Appellationsgerichtshofes zu Köln sind die Vertreter der Minderjährigen, Abwesenden, Interdizierten und anderer handlungsunfähiger Personen, sowie der Fallitmassen befugt, gültig in die Veräußerung zu willigen, wenn sie dazu von dem Gericht auf Antrag in der Ratskammer nach Anhörung des öffentlichen Ministeriums ermächtigt sind[4]. **Diese Vorschrift findet auch auf Dotal- und Fideikommißgrundstücke Anwendung.**

Veräußerungsbeschränkungen, welche zur Verhütung der Trennung von Gutsverbänden oder der Zerstückelung von Ländereien bestehen, finden keine Anwendung.

§ 18. Auf Antrag des Unternehmers erfolgt das Verfahren behufs Feststellung des Planes.

Zu diesem Behufe hat derselbe der Bezirksregierung **für jeden Gemeinde- oder Gutsbezirk einen Auszug aus dem vorläufig festgestellten Plane nebst Beilagen vorzulegen, welche die zu enteignenden Grundstücke nach ihrer grundbuchmäßigen, katastermäßigen oder sonst üblichen Bezeichnung und Größe, deren Eigentümer nach Namen und Wohnort, ferner die nach § 14 herzustellenden Anlagen, sowie, wo nur eine Belastung von Grundeigentum in Frage steht, die Art und den Umfang dieser Belastung enthalten müssen.**

§ 19. Plan nebst Beilagen sind in dem betreffenden Gemeinde- oder Gutsbezirke während vierzehn Tagen zu jedermanns Einsicht offenzulegen.

Die Zeit der Offenlegung ist ortsüblich bekanntzumachen.

Während dieser Zeit kann jeder Beteiligte im Umfange seines Interesses Einwendungen gegen den Plan erheben. Auch der Vorstand des Gemeinde- oder Gutsbezirks hat das Recht, Einwendungen zu erheben, welche sich auf die Richtung des Unternehmens oder auf Anlagen der in § 14 gedachten Art beziehen. Die Regierung hat diejenige Stelle zu bezeichnen, bei welcher solche Einwendungen schriftlich einzureichen oder mündlich zu Protokoll zu geben sind.

§ 20. Nach Ablauf der Frist (§ 19) werden die Einwendungen gegen den Plan in einem nötigenfalls an Ort und Stelle abzuhaltenden Termin vor einem von der Bezirksregierung zu ernennenden Kommissar erörtert.

Zu dem Termine werden die Unternehmer, die Reklamanten und die durch die Reklamationen betroffenen Grundbesitzer, sowie der Vorstand des Gemeinde- oder Gutsbezirks vorgeladen und mit ihrer Erklärung gehört. Dem Kommissar bleibt es überlassen, Sachverständige, deren Gutachten erforderlich ist, zuzuziehen.

Die Verhandlungen haben sich nicht auf die Entschädigungsfrage zu erstrecken.

§ 21. Der Kommissar hat nach Beendigung der Verhandlungen letztere der Bezirksregierung vorzulegen, welche prüft, ob die vorgeschriebenen Förmlichkeiten beobachtet sind, mittels motivierten Beschlusses über die erhobenen Einwendungen entscheidet und danach

1. den Gegenstand der Enteignung, die Größe und die Grenzen des abzutretenden Grundbesitzes, die Art und den Umfang der aufzulegenden Beschränkungen, sowie auch die Zeit, innerhalb deren längstens vom Enteignungsrechte Gebrauch zu machen ist — soweit die Königliche Verordnung (§ 2) über diese Punkte keine Bestimmungen enthält —,
2. die Anlagen, zu deren Errichtung wie Unterhaltung der Unternehmer verpflichtet ist (§ 14),

feststellt.

Die Entscheidung wird dem Unternehmer, den Reklamanten und sonstigen Personen, welche an der Streiterörterung teilgenommen, sowie dem Vorstande des Gemeinde- oder Gutsbezirks zugestellt.

§ 22. Gegen die Entscheidung der Bezirksregierung steht den Beteiligten der Rekurs an die vorgesetzte Ministerialinstanz offen.

Der Rekurs muß bei Verlust desselben innerhalb zehn Tagen nach Zustellung des Beschlusses bei der Bezirksregierung eingelegt und gerechtfertigt werden. Die Regierung hat die Rekursschrift dem Gegner zur Beantwortung innerhalb einer Frist von sieben bis vierzehn Tagen mitzuteilen und nach Eingang der Schrift oder nach Ablauf der Frist die Akten an den zuständigen Minister zur Entscheidung einzusenden.

§ 23. Das Enteignungsrecht bei der Anlage von Eisenbahnen erstreckt sich unter Berücksichtigung der Vorschriften dieses Gesetzes insbesondere:

1. auf den Grund und Boden, welcher zur Bahn, zu den Bahnhöfen und zu den an der Bahn und an den Bahnhöfen behufs des Eisenbahnbetriebes zu errichtenden Gebäuden erforderlich ist;
2. auf den zur Unterbringung der Erde und des Schuttes usw. bei Abtragungen, Einschnitten und Tunnels erforderlichen Grund und Boden;
3. überhaupt auf den Grund und Boden für alle sonstigen Anlagen, welche zu dem Behufe, damit die Bahn als eine öffentliche Straße zur allgemeinen Benutzung dienen könne, nötig oder infolge der Bahnanlage im öffentlichen Interesse erforderlich sind;
4. auf das für die Herstellung von Aufträgen erforderliche Schüttungsmaterial.

Dagegen ist das Enteignungsrecht auf den Grund und Boden für solche Anlagen nicht auszudehnen, welche, wie Warenmagazine und dergleichen, nicht den unter Nr. 3 gedachten allgemeinen Zweck, sondern nur das Privatinteresse des Eisenbahnunternehmers angehen.

Die vorübergehende Benutzung fremder Grundstücke soll bei der Anlage von Eisenbahnen, insbesondere zur Einrichtung von Interimswegen, Werkplätzen und Arbeiterhütten zulässig sein.

2. Feststellung der Entschädigung.

§ 24. Der Antrag auf Feststellung der Entschädigung ist von dem Unternehmer schriftlich bei der Bezirksregierung einzubringen.

Der Antrag muß das zu enteignende Grundstück, dessen Eigentümer, sowie, wo nur eine Belastung in

Frage steht, die Art und den Umfang derselben genau bezeichnen (§ 18).

Dem Antrage ist zum Nachweis der Rechte am Grundstück ein beglaubigter Auszug aus dem Grundbuch (Hypothekenbuch, Währschaftsbuch, Stockbuch), wo aber ein solches nicht vorhanden ist oder nicht ausreicht, eine Bescheinigung des Ortsvorstandes oder der sonst zur Ausstellung solcher Bescheinigungen berufenen Behörde über den Eigentumsbesitz und die bekannten Realrechte beizufügen. Diese Urkunden haben die betreffenden Behörden dem Unternehmer auf Grund der Feststellung (§ 21) oder einer sonstigen Bescheinigung der Regierung gegen Erstattung der Kopialien, zu erteilen, auch demselben Einsicht des Grundbuchs usw. zu gestatten.

Gleichzeitig mit der Erteilung des Auszugs hat die Grundbuchbehörde, soweit die betreffenden Grundbücher dazu geeignet sind, und zwar ohne weiteren Antrag, eine Vormerkung über das eingeleitete Enteignungsverfahren im Grundbuche einzutragen, deren Löschung mit vollzogener Enteignung (§ 33) oder auf besonderes Ersuchen der Regierung erfolgt. Auch hat dieselbe während der Dauer des Enteignungsverfahrens von jeder an dem Grundstücke eintretenden Rechtsveränderung, welche für die Vertretung des Grundstücks oder die Auszahlung der Entschädigung von Bedeutung ist, von Amts wegen der Enteignungsbehörde Nachricht zu geben.

§ 25. Der Entscheidung der Bezirksregierung muß eine kommissarische Verhandlung mit den Beteiligten unter Vorlegung des definitiv festgestellten Planes vorangehen.

Der Kommissar hat auf Grund der nach § 24 beizubringenden Urkunden darauf zu achten, daß das Verfahren gegen den wirklichen Eigentümer gerichtet wird.

Er hat den Unternehmer, den Eigentümer, sowie auch Nebenberechtigte, welche sich zur Teilnahme an dem Verfahren gemeldet haben, zu einem nötigenfalls an Ort und Stelle abzuhaltenden Termine vorzuladen.

Alle übrigen Beteiligten werden durch eine in dem Regierungsamtsblatt und in dem betreffenden Kreisblatt, sowie geeignetenfalls in sonstigen Blättern bekanntzumachende Vorladung aufgefordert, ihre Rechte im Termine wahrzunehmen.

Die Ladungen erfolgen unter der Verwarnung, daß beim Ausbleiben der Geladenen ohne deren Zutun die Entschädigung festgestellt und wegen Auszahlung oder Hinterlegung der letzteren werde verfügt werden.

In dem Termine ist jeder an dem zu enteignenden Grundstücke Berechtigte befugt, zu erscheinen und sein Interesse an der Feststellung der Entschädigung, sowie bezüglich der Auszahlung und Hinterlegung derselben wahrzunehmen.

In dem Termine hat der Grundeigentümer seine Anträge auf vollständige Übernahme eines teilweise in Anspruch genommenen Grundstücks (§ 9) anzubringen. Spätere Anträge dieser Art sind unzulässig.

§ 26. Der Kommissar hat eine Vereinbarung der Beteiligten zu Protokoll zu nehmen und ihnen eine Ausfertigung auf Verlangen zu erteilen.

Das Protokoll hat die Kraft einer gerichtlichen oder notariellen Urkunde. In bezug auf die Rechtsverbindlichkeit der vor dem Kommissar abgeschlossenen Verträge kommen die Bestimmungen des § 17 Abs. 2 und 5 zur Anwendung.

§ 27. Zu der kommissarischen Verhandlung sind ein bis drei Sachverständige zuzuziehen, welche von der Bezirksregierung entweder für das ganze Unternehmen oder einzelne Teile desselben zu ernennen sind. Doch steht auch den Beteiligten zu, sich vor dem Abschätzungstermine über Sachverständige zu einigen, und dieselben dem Kommissar zu bezeichnen.

Die ernannten Sachverständigen müssen die in den betreffenden Prozeßgesetzen vorgeschriebenen Eigenschaften eines völlig glaubwürdigen Zeugen besitzen; dieselben dürfen insbesondere nicht zu denjenigen Personen gehören, die selbst als Entschädigungsberechtigte von der Enteignung betroffen sind.

§ 28. Das Gutachten wird von den Sachverständigen entweder mündlich zu Protokoll erklärt oder schriftlich eingereicht. Dasselbe muß mit Gründen unterstützt und beeidet werden. Sind die Sachverständigen ein- für allemal als solche vereidet, so genügt die Versicherung der Richtigkeit des Gutachtens auf den geleisteten Eid im Protokoll oder unter dem schriftlich eingereichten Gutachten.

Den Beteiligten ist vor der Entscheidung der Bezirksregierung (§ 29) Gelegenheit zu geben, über das Gutachten sich auszusprechen.

§ 29. Die Entscheidung der Bezirksregierung über die Entschädigung, die zu bestellende Kaution und die sonstigen aus §§ 7—13 sich ergebenden Verpflichtungen erfolgt mittels motivierten Beschlusses.

Die Entschädigungssumme ist für jeden Eigentümer, sowie für jeden der im § 11 bezeichneten Nebenberechtigten, soweit ihm eine nicht schon im Werte des enteigneten Grundeigentums begriffene Entschädigung zuzusprechen ist, besonders festzustellen. Auch ist da, wo die den Nebenberechtigten gebührende Entschädigung in dem Werte des enteigneten Grundeigentums begriffen ist, auf Antrag des Eigentümers oder des betreffenden Nebenberechtigten das Anteilsverhältnis festzustellen, nach welchem dem letzteren innerhalb seiner vom Eigentümer anerkannten Berechtigung aus der für das Eigentum festgestellten Entschädigungssumme oder deren Nutzungen Entschädigung gebührt.

In dem Beschlusse ist zugleich zu bestimmen, daß die Enteignung des Grundstücks nur nach erfolgter Zahlung oder Hinterlegung der Entschädigungs- oder Kautionssumme auszusprechen sei.

§ 30. Gegen die Entscheidung der Regierung steht sowohl dem Unternehmer als den übrigen Beteiligten innerhalb sechs Monaten nach Zustellung des Regierungsbeschlusses die Beschreitung des Rechtsweges zu. Ein Streit über das Anteilsverhältnis eines Nebenberechtigten an der für das Eigentum festgestellten Entschädigungssumme ist lediglich zwischen dem Nebenberechtigten und dem Eigentümer auszutragen.

Eines vorgängigen Sühneversuchs bedarf es nicht.

Zuständig ist das Gericht, in dessen Bezirk das betreffende Grundstück belegen ist.

Sind die Parteien über die Sachverständigen nicht einig, so ernennt das Gericht dieselben.

Wird von dem Unternehmer auf richterliche Entscheidung angetragen, so fallen ihm jedenfalls die Kosten der ersten Instanz zur Last.

§ 31. Wegen solcher nachteiligen Folgen der Enteignung, welche erst nach dem im § 25 gedachten Termine erkennbar werden, bleibt dem Entschädigungsberechtigten bis zum Ablauf von drei Jahren nach der Ausführung des Teiles der Anlage, durch welche er benachteiligt wird, ein im Rechtswege verfolgbarer persönlicher Anspruch gegen den Unternehmer.

3. Vollziehung der Enteignung.

§ 32. Die Enteignung des Grundstücks wird auf Antrag des Unternehmers von der Bezirksregierung ausgesprochen, wenn der nach § 30 vorbehaltene Rechtsweg dem Unternehmer gegenüber durch Ablauf der sechsmonatlichen Frist, Verzicht oder rechtskräftiges Urteil erledigt, und wenn nachgewiesen ist, daß die vereinbarte (§§ 16, 26) oder endgültig festgestellte Entschädigungs- oder Kautionssumme rechtsgültig gezahlt oder hinterlegt ist.

Die Enteignungserklärung schließt, insofern nicht ein anderes dabei vorbehalten wird, die Einweisung in den Besitz in sich.

§ 33. Gleichzeitig mit der Enteigungserklärung hat die Regierung da, wo nach den bestehenden Gesetzen von dem Eigentumsübergange Nachricht zu den Gerichtsakten zu nehmen ist, oder wo zur Eintragung des Eigentumsüberganges bestimmte öffentliche Bücher bestehen, der zuständigen Gerichts- oder sonstigen Behörde von der Enteignung Nachricht zu geben, beziehungsweise dieselbe um Bewirkung der Eintragung zu ersuchen. Der Enteignungsbeschluß der Regierung steht hierbei dem Erkenntnisse eines Gerichts gleich.

§ 34. In dringlichen Fällen kann die Regierung auf Antrag des Unternehmers anordnen, daß noch vor Erledigung des Rechtsweges die Enteignung erfolgen solle, sobald die durch Regierungsbeschluß (§ 29) festgestellte Entschädigungs- oder Kautionssumme gezahlt oder hinterlegt worden.

Diese Anordnung kann unter Umständen auch von vorgängiger Leistung einer besonderen Kaution abhängig gemacht werden.

Gegen die Anordnung der Regierung in diesen Fällen steht innerhalb dreier Tage nach der Zustellung jedem Beteiligten der Rekurs an die vorgesetzte Ministerialinstanz offen.

§ 35. Jeder Beteiligte kann binnen sieben Tagen nach dem ihm bekanntgemachten, die Dringlichkeit aussprechenden Beschlusse verlangen, daß der Enteignung eine Feststellung des Zustandes von Gebäuden oder künstlichen Anlagen voraufgehe.

Dieselbe ist bei dem Gerichte der belegenen Sache (Amtsgerichte, Friedensgerichte) mündlich zu Protokoll oder schriftlich zu beantragen.

Das Gericht hat den Termin schleunigst und nicht über sieben Tage hinaus anzuberaumen und hiervon die Beteiligten und die Regierung zeitig zu benachrichtigen.

Die Zuziehung eines oder mehrerer Sachverständigen kann auch von Amts wegen angeordnet werden. Sind die Parteien über die Sachverständigen nicht einig, so ernennt das Gericht dieselben.

Die Enteignung kann nicht vor Beendigung dieses Verfahrens erfolgen, von welcher das Gericht die Regierung zu benachrichtigen hat.

§ 36. Die Entschädigungssumme wird an denjenigen bezahlt, für welchen die Feststellung stattgefunden hat.

Dieselbe wird in Ermangelung abweichender Vertragsbestimmungen von dem Unternehmer mit fünf Prozent vom Tage der Enteignung verzinst, soweit sie zu dieser Zeit nicht bezahlt oder in Gemäßheit des § 37 hinterlegt ist.

Wird die durch Beschluß der Regierung festgesetzte Entschädigungssumme durch die gerichtliche Entscheidung herabgesetzt, so erhält der Unternehmer den gezahlten Mehrbetrag ohne Zinsen, den hinterlegten Mehrbetrag aber mit den davon in der Zwischenzeit etwa aufgesammelten Zinsen zurück.

§ 37. Der Unternehmer ist verpflichtet, die Entschädigungssumme zu hinterlegen:

1. wenn neben dem Eigentümer Entschädigungsberechtigte vorhanden sind, deren Ansprüche an die Entschädigungssumme zurzeit nicht feststehen;
2. wenn das betreffende Grundstück Fideikommiß oder Stammgut ist, oder im Lehn- oder Leiheverbande steht;
3. wenn Reallasten, Hypotheken oder Grundschulden auf dem betreffenden Grundstück haften.

Die Hinterlegung erfolgt bei derjenigen Stelle, welche für den Bezirk der belegenen Sache zur Annahme von Hinterlegungen der betreffenden Art, beziehungsweise von gerichtlichen Hinterlegungen bestimmt ist.

Über die Rechtmäßigkeit der Hinterlegung findet ein gerichtliches Verfahren nicht statt. Jeder Beteiligte kann sein Recht an der hinterlegten Summe gegen den dasselbe bestreitenden Mitbeteiligten im Rechtswege geltend machen. Soweit nach dem Rechte einzelner Landesteile ein gerichtliches Verteilungsverfahren in derartigen Fällen stattfindet, behält es dabei sein Bewenden.

§ 38. Ist nur ein Teil eines Grundbesitzes enteignet, so stehen der Auszahlung der für den enteigneten Teil bestimmten Entschädigungssumme die auf dem gesamten Grundbesitz haftenden Hypotheken und Grundschulden nicht entgegen, wenn dieselben den fünfzehnfachen Betrag des Grundsteuer-Reinertrags des Restgrundbesitzes nicht übersteigen. Reallasten, welche der Eintragung in das Grundbuch bedürfen, werden hierbei den Hypotheken gleichgeachtet und in entsprechender Anwendung der bei notwendigen Subhastationen geltenden Grundsätze zu Kapital veranschlagt.

Auch wird bei einer solchen teilweisen Enteignung die Auszahlung der für den enteigneten Teil bestimmten Entschädigungssumme durch nicht eingetragene Reallasten, Fideikommiß-, Stammgut-, Lehn- oder Leiheverband des gesamten Grundbesitzes nicht gehindert, wenn die gedachte Entschädigungssumme den fünffachen Betrag des Grundsteuer-Reinertrages des gesamten Grundbesitzes und auch die Summe von dreihundert Mark nicht übersteigt.

Die Auszahlung laufender Nutzungen der Entschädigungssumme kann ohne Rücksicht auf die vorgedachten Realverhältnisse erfolgen.

4. Allgemeine Bestimmungen.

§ 39. Alle Vorladungen und Zustellungen im Enteignungsverfahren sind gültig, wenn sie nach den für gerichtliche Behändigungen bestehenden Vorschriften erfolgt sind. Die vereideten Verwaltungsbeamten haben dabei den Glauben der zur Zustellung gerichtlicher Verfügungen bestellten Beamten.

§ 40. Verwaltungsbehörden und Gerichte haben die Beweisfrage unter Berücksichtigung aller Umstände nach freier Überzeugung zu beurteilen.

§ 41. Wo dieses Gesetz die Anordnung einer Kaution vorschreibt oder zuläßt, ist gleichwohl der Fiskus von der Kautionsleistung frei.

§ 42. Wenn der Unternehmer von dem ihm verliehenen Enteignungsrechte nicht binnen der in § 21 gedachten Zeit Gebrauch macht, oder von dem Unternehmen zurücktritt, bevor die Festsetzung der Entschädigung durch Beschluß der Regierung erfolgt ist, so erlischt jenes Recht. Der Unternehmer haftet in diesem Falle den Entschädigungsberechtigten im Rechtswege für die Nachteile, welche denselben durch das Enteignungsverfahren erwachsen sind.

Tritt der Unternehmer zurück, nachdem bereits die Feststellung der Entschädigung durch Beschluß der Regierung erfolgt ist, so hat der Eigentümer die Wahl, ob er lediglich Ersatz für die Nachteile, welche ihm durch das Enteignungsverfahren erwachsen sind, oder Zahlung der festgestellten Entschädigung gegen Abtretung des Grundstücks, geeignetenfalls nach vorgängiger Durchführung des in § 30 gedachten Prozeßverfahrens, im Rechtswege beanspruchen will.

§ 43. Die Kosten des administrativen Verfahrens trägt der Unternehmer. Bei demselben kommen nur Auslagen, nicht aber Stempel und Sporteln zur Anwendung, und können die Entschädigungsberechtigten Ersatz für Wege und Versäumnisse nicht fordern.

Im prozessualischen Verfahren werden die Kosten und Stempel taxmäßig berechnet.

Die Kosten des in § 35 erwähnten Verfahrens sind vom Antragsteller vorzuschießen. Über die Verbindlichkeit zur endlichen Übernahme dieser Kosten ist im nachfolgenden Rechtsstreit zu entscheiden. Im Bezirke des Appellationsgerichtshofes zu Köln werden die Gebühren für die betreffenden Verrichtungen des Friedensgerichts nach der Taxe für die Friedensgerichte vom 23. Mai 1859 (Gesetzsamml. S. 309) berechnet.

Sämtliche übrigen Verhandlungen vor den Gerichten, Grundbuch- und Auseinandersetzungsbehörden, einschließlich der nach § 17 eintretenden freiwilligen Veräußerungsgeschäfte über Grundeigentum innerhalb des vorgelegten Planes, sowie einschließlich der Quittungen und Konsense der Hypothekengläubiger und sonstigen Beteiligten, sind gebühren- und stempelfrei. Auch werden keine Depositalgebühren angesetzt.

Soweit diese Verhandlungen vor den Notaren vorgenommen werden, sind sie stempelfrei.

Titel IV.

Wirkungen der Enteignung.

§ 44. Mit Zustellung des Enteignungsbeschlusses (§ 32) an Eigentümer und Unternehmer geht das Eigentum des enteigneten Grundstücks auf den Unternehmer über.

Erfolgt die Zustellung an den Eigentümer und Unternehmer nicht an demselben Tage, so bestimmt die zuletzt erfolgte Zustellung den Zeitpunkt des Überganges des Eigentums.

Diese Vorschrift gilt auch in den Landesteilen, in denen nach den allgemeinen Gesetzen der Übergang des Eigentums von der Einschreibung in die Grundbücher oder von der Einreichung des Vertrages bei dem Realrichter abhängig gemacht ist.

§ 45. Das enteignete Grundstück wird mit dem in § 44 bestimmten Zeitpunkt von allen darauf haftenden privatrechtlichen Verpflichtungen frei, soweit der Unternehmer dieselben nicht vertragsmäßig übernommen hat.

Die Entschädigung tritt rücksichtlich aller Eigentums-, Nutzungs- und sonstigen Realansprüche, insbesondere der Reallasten, Hypotheken und Grundschulden an die Stelle des enteigneten Gegenstandes.

§ 46. Ist die Abtretung des Grundstücks durch Vereinbarung zwischen Unternehmer und Eigentümer erfolgt, und zwar in Gemäßheit des § 16 unter Durchführung des Enteignungsverfahrens oder in Gemäßheit des § 26, so treten die rechtlichen Wirkungen des § 45 auch in diesem Falle ein. Hypotheken- und Grundschuldgläubiger, sowie Realberechtigte können jedoch, soweit ihre Forderungen durch die zwischen Unternehmer und Eigentümer vereinbarte Entschädigungssumme nicht gedeckt werden, deren Festsetzung im Rechtswege gegen den Unternehmer fordern, wobei die Beweisvorschriften der §§ 30 und 40 zur Anwendung kommen.

§ 47. War das enteignete Grundstück Fideikommiß- oder Stammgut, oder stand dasselbe im Lehn- oder Leiheverbande, so ist — mit Ausnahme des § 38 vorgesehenen Falles — der Besitzer über die Entschädigungssumme nur nach den Vorschriften zu verfügen berechtigt, welche in den verschiedenen Landesteilen für die Verfügungen über derartige Güter und die an deren Stelle tretenden Kapitalien maßgebend sind.

§ 48. War das enteignete Grundstück mit Reallasten, Hypotheken oder Grundschulden behaftet, so kann — mit Ausnahme des § 38 vorgesehenen Falles — der Eigentümer über die Entschädigungssumme nur verfügen, wenn die Realberechtigten einwilligen.

§ 49. Der Eigentümer des Grundstücks ist jedoch in den Fällen der §§ 47 und 48 befugt, wegen Auszahlung oder Verwendung der hinterlegten Entschädigungssumme die Vermittlung der Auseinandersetzungsbehörden für Regulierung gutsherrlicher und bäuerlicher Verhältnisse, Ablösungen und Gemeinheitsteilungen in Anspruch zu nehmen.

Die Auseinandersetzungsbehörde hat die bei ihr eingehenden Anträge nach den Bestimmungen zu beurteilen und zu erledigen, welche wegen Wahrnehmung der Rechte dritter Personen bei Verwendung der Ablösungskapitalien in den §§ 110 bis 112 des

Gesetzes vom 2. März 1850, betreffend die Ablösung der Reallasten und Regulierung der gutsherrlichen und bäuerlichen Verhältnisse, erteilt worden sind.

Diese Vorschrift kommt in den Landesteilen des linken Rheinufers, in der Provinz Hannover und den Teilen des Regierungsbezirks Wiesbaden, in welchen die Verordnungen vom 13. Mai 1867 (Gesetzsamml. S. 716) und 2. September 1867 (Gesetzsamml. S. 1463) nicht eingeführt sind, nicht zur Anwendung, vielmehr bleibt es hier bei den bisher bestehenden Vorschriften.

Titel V.

Besondere Bestimmungen über Entnahme von Wegebaumaterialien.

§ 50. Die zum Bau und zur Unterhaltung öffentlicher Wege (mit Ausschluß der Eisenbahnen) erforderlichen Feld- und Bruchsteine, Kies, Rasen, Sand, Lehm und andere Erde ist, soweit der Wegebaupflichtige nicht diese Materialien in brauchbarer Beschaffenheit und angemessener Nähe auf eigenen Grundstücken fördern kann, und der Eigentümer sie nicht selbst gebraucht, ein jeder verpflichtet, nach Anordnung der Behörde von seinen landwirtschaftlichen und Forstgrundstücken, seinem Unlande oder aus seinem Gewässern entnehmen und das Aufsuchen derselben durch Schürfen, Bohren usw. daselbst unter Kontrolle des Eigentümers sich gefallen zu lassen.

§ 51. Der Wegebaupflichtige hat dem Eigentümer den Wert der entnommenen Materialien ohne Berücksichtigung des Mehrwerts, welchen sie durch den Wegebau erhalten, zu ersetzen.

Wo durch den Wert der Materialien der dem Grundstück durch die Entnahme zugefügte Schaden, einschließlich der entzogenen Nutzungen, sowie die etwa bereits wirtschaftlich aufgewendeten Werbungs-, Sammlungs- und Bereitungskosten nicht gedeckt werden, hat der Wegebaupflichtige, statt Ersatz jenes Wertes, hierfür Ersatz zu leisten.

§ 52. Wenn ein Grundstück zur Gewinnung der Materialien hauptsächlich bestimmt ist und letztere für den Wegebau in solchem Maße in Anspruch genommen werden, daß das Grundstück deshalb dieser Bestimmung gemäß nicht ergiebig benutzt werden kann, oder wenn die Eigentumsbeschränkung länger als drei Jahre dauert, so kann der Eigentümer gegen Abtretung des Grundstückes selbst an den Wegebaupflichtigen den Ersatz des Wertes desselben verlangen.

§ 53. In Ermangelung gütlicher Einigung hat der Landrat (in Hannover die betreffende Obrigkeit) auf Grund vollständiger Erörterung zwischen den Beteiligten eine Entscheidung zu treffen, in welcher

1. die dem Wegebaupflichtigen gegen den Grundbesitzer einzuräumenden Rechte nach Gegenstand und Umfang speziell zu bezeichnen sind, und
2. die dafür zu gewährende Entschädigung auf Grund sachverständiger Abschätzung oder geeignetenfalls (§ 12) die dafür zu bestellende Sicherheit vorläufig festzusetzen ist.

Gegen die Entscheidung unter 1. steht beiden Teilen binnen einer Präklusivfrist von zehn Tagen nach deren Zustellung der Rekurs an die Regierung mit aufschiebender Wirkung zu.

Gegen die Feststellung der Entschädigung unter 2. ist innerhalb neunzig Tagen der Rechtsweg, jedoch ohne aufschiebende Wirkung zulässig. Ist gegen die landrätliche Entscheidung Rekurs erfolgt, so läuft diese Frist erst vom Tage der Zustellung der Entscheidung der Regierung an. Eines vorgängigen Sühneversuchs bedarf es nicht.

Die dem Wegebaupflichtigen zuständigen Rechte dürfen erst ausgeübt werden, wenn derselbe in das Grundstück, beziehungsweise die daran auszuübenden Rechte eingewiesen ist. Dieser Einweisung muß die Zahlung oder Sicherstellung der Entschädigung auf Grund mindestens vorläufiger Festsetzung vorausgehen.

Wegen Auszahlung der Entschädigungssumme findet die in § 36 gegebene Bestimmung Anwendung.

Titel VI.

Schluß- und Übergangsbestimmungen.

§ 54. Dieses Gesetz findet keine Anwendung:

1. auf die in besonderen Gesetzen oder im Gewohnheitsrechte begründete Entziehung oder Beschränkung des Grundeigentums im Interesse der Landeskultur, als: bei Regulierung gutsherrlicher und bäuerlicher Verhältnisse, bei Ablösung von Reallasten, Gemeinheitsteilungen, Vorflutsangelegenheiten, Entwässerungs- und Bewässerungsangelegenheiten, Benutzung von Privatflüssen, Deichangelegenheiten, Wiesen- und Waldgenossenschaftsangelegenheiten;
2. auf die Entziehung und Beschränkung des Grundeigentums im Interesse des Bergbaues und der Landestriangulation.

§ 55. Bereits eingeleitete Enteignungsverfahren werden nach den bisherigen Vorschriften zu Ende geführt. Wird in einem solchen Verfahren der Rechtsweg beschritten, so findet der § 40 auch hier Anwendung.

§ 56. Im Geltungsbereich der Kreisordnung vom 13. Dezember 1872 und in den Hohenzollernschen Landen werden die durch dieses Gesetz der Bezirksregierung bzw. dem Landrat beigelegten Befugnisse und Obliegenheiten

a) soweit dieselben in den §§ 5, 15, 18 bis 20, 24 und 27 enthalten sind, von den Präsidenten der Bezirksregierungen,

b) soweit dieselben in den §§ 3, 4, 14, 21, 29, 32 bis 35 und 53 Absatz 2 enthalten sind, von den Verwaltungsgerichten,

c) soweit dieselben in § 53 Absatz 1 enthalten sind, von den Kreisausschüssen, beziehungsweise in den Stadtkreisen von den Magisträten, und in den Hohenzollernschen Landen von den Amtsausschüssen wahrgenommen.

Die in Gemäßheit des § 3 von dem Verwaltungsgericht zu treffende Entscheidung erfolgt auf das Gutachten des Kreisausschusses, beziehungsweise des Magistrats in den Stadtkreisen, und des Amtsausschusses in den Hohenzollernschen Landen.

§ 57. Alle den Vorschriften dieses Gesetzes entgegenstehenden Bestimmungen, sowie die Bestimmungen über das Wiederkaufsrecht bezüglich des enteigneten Grundstücks werden aufgehoben.

Ein gesetzliches Vorkaufsrecht findet wegen aller Teile von Grundstücken statt, welche infolge des verliehenen Enteignungsrechts zwangsweise oder durch freien Vertrag an den Unternehmer abgetreten sind, wenn in der Folge das abgetretene Grundstück ganz oder teilweise zu dem bestimmten Zweck nicht weiter notwendig ist und veräußert werden soll.

Das Vorkaufsrecht steht dem zeitigen Eigentümer des durch den ursprünglichen Erwerb verkleinerten Grundstücks zu. Wer das Enteignungsrecht ausgeübt hat, muß die Absicht der Veräußerung und den angebotenen Kaufpreis dem berechtigten Eigentümer anzeigen, welcher sein Vorkaufsrecht verliert, wenn er sich nicht binnen zwei Monaten darüber erklärt. Wird die Anzeige unterlassen, so kann der Berechtigte seinen Anspruch gegen jeden Besitzer geltend machen.

§ 58. Insoweit in anderen Gesetzen auf die Vorschriften der aufgehobenen Gesetze Bezug genommen ist, treten an die Stelle der letzteren die entsprechenden Vorschriften dieses Gesetzes.

Gesetz über ein vereinfachtes Enteignungsverfahren.

Vom 26. Juli 1922 (Pr. Ges.S. 1922 S. 211).

Der Landtag hat folgendes Gesetz beschlossen:

§ 1. Für Unternehmen, bei denen das Enteignungsverfahren aus Gründen des öffentlichen Wohls, insbesondere zur Beseitigung oder Abwendung größerer Arbeitslosigkeit oder eines sonstigen Notstandes, einer besonderen Beschleunigung bedarf, kann das Staatsministerium durch einen im Amtsblatt bekanntzumachenden Erlaß anordnen, daß ein vereinfachtes Enteignungsverfahren stattfindet.

Soweit eine solche Anordnung ergeht, sind die Vorschriften des Gesetzes über die Enteignung von Grundeigentum vom 11. Juni 1874 (Gesetzsamml. S. 221) in Verbindung mit dem XXII. Titel des Gesetzes über die Zuständigkeit der Verwaltungs- und Verwaltungsgerichtsbehörden vom 1. August 1883 (Gesetzsamml. S. 237) mit den nachstehenden Änderungen anzuwenden.

§ 2. An die Stelle des Bezirksausschusses tritt der Regierungspräsident.

§ 3. Die im § 19 des Enteignungsgesetzes vorgesehene Frist von 2 Wochen wird auf 1 Woche verkürzt.

§ 4. Der Beschluß über die Feststellung der Entschädigung (§ 29 des Enteignungsgesetzes) und der Enteignungsbeschluß (§ 32 des Enteignungsgesetzes) werden verbunden. In geeigneten Fällen können diese Beschlüsse auch mit dem Beschluß über die Feststellung des Planes (§ 21 des Enteignungsgesetzes) verbunden werden.

Für jeden Teil des Beschlusses verbleibt es bei den gesetzlich verordneten Rechtsbehelfen.

§ 5. Das Eigentum des enteigneten Grundstücks geht auf den Unternehmer erst nach Zahlung oder Hinterlegung der Entschädigungssumme über.

§ 6. Der Regierungspräsident kann den Unternehmer auf Antrag vorläufig in den Besitz der im Plan bezeichneten Grundstücke einweisen, sobald der Beschluß über die Feststellung des Planes ergangen ist (§ 21 des Enteignungsgesetzes). Auf Antrag eines Beteiligten ist der Zustand des Grundstückes, soweit er für die spätere Feststellung des Grundstückswertes und der Nebenentschädigungen von Bedeutung ist, im Besitzeinweisungstermin oder, wenn das nicht sofort möglich ist, in einem mit kurzer Frist anzuberaumenden neuen Termin, nötigenfalls unter Zuziehung eines oder mehrerer Sachverständiger, schriftlich niederzulegen. Dem Besitzer des Grundstücks ist der durch die Einweisung entstandene, nötigenfalls im Rechtswege festzustellende Schaden zu vergüten. Ist der Eigentümer im Besitz des Grundstücks, so ist ihm die für die Enteignung zu gewährende Entschädigung vom Tage der Besitzeinweisung an zu verzinsen. Erleidet er einen weiteren Schaden, so ist ihm auch dieser zu ersetzen.

Die Entschädigung (Abs. 1) ist tunlichst bereits in dem Beschluß, durch den der Unternehmer in den Besitz eingewiesen wird, festzustellen. Sie ist dem Besitzer alsbald zu zahlen; wird die Zahlung schuldhaft verzögert, so ist auf den Antrag des Besitzers der Beschluß aufzuheben.

Der Beschluß ist dem Eigentümer und dem Besitzer zuzustellen oder zu Protokoll zu verkünden. Ihnen steht binnen 1 Woche nach der Zustellung oder Verkündung die Beschwerde an den Minister für Handel und Gewerbe zu. Die Beschwerde hat keine aufschiebende Wirkung. Gegen die Entscheidung über eine Entschädigung ist der Rechtsweg gemäß § 30 des Enteignungsgesetzes zulässig.

§ 7. Ergeht eine Anordnung nach § 1 Abs. 1 für einen Fall, in dem ein Enteignungsverfahren nach den Bestimmungen der §§ 135 ff. des Allgemeinen Berggesetzes für die Preußischen Staaten vom 24. Juni 1865 (Gesetzsamml. S. 705) in Verbindung mit § 150 Abs. 2 des Gesetzes über die Zuständigkeit der Verwaltungs- und Verwaltungsgerichtsbehörden vom 1. August 1883 (Gesetzsamml. S. 237) stattfindet, so finden die §§ 2 und 6 Anwendung, und zwar § 6 mit folgenden Maßgaben:

1. im § 6 Abs. 1 treten an die Stelle des Regierungspräsidenten das Oberbergamt und der Regierungspräsident;
2. die Besitzeinweisung (§ 6 Abs. 1) kann durch die Kommissare des Oberbergamts und des Regierungspräsidenten in gegenseitigem Einvernehmen bereits in dem nach § 143 Abs. 1 des Allgemeinen Berggesetzes an Ort und Stelle abzuhaltenden Termin erfolgen;

3. in § 6 Abs. 3 Satz 2 treten an die Stelle des Ministers für Handel und Gewerbe dieser Minister und der Minister für Landwirtschaft, Domänen und Forsten.

§ 8. Die zur Ausführung dieses Gesetzes notwendigen Bestimmungen erläßt der Minister für Handel und Gewerbe.

§ 9. Das Gesetz tritt mit dem 1. Juli 1922 in Kraft. Soweit in Gesetzen und Verordnungen auf die Bestimmungen der Verordnung vom 11. September 1914 (Gesetzsamml. S. 159) Bezug genommen ist, treten die Bestimmungen dieses Gesetzes an deren Stelle.

Das vorstehende, vom Landtage beschlossene Gesetz wird hiermit verkündet. Die verfassungsmäßigen Rechte des Staatsrats sind gewahrt.

Berlin, den 26. Juli 1922.

Das Preußische Staatsministerium.

Braun. Siering.

Gesetz über die Enteignung von Grundeigentum.

Vom 11. Juni 1874 (GS. S. 221 ff.).

Titel I.

Zulässigkeit der Enteignung.

§ 1. Das Grundeigentum kann nur aus Gründen des öffentlichen Wohles für ein Unternehmen, dessen Ausführung die Ausübung des Enteignungsrechtes erfordert, gegen vollständige Entschädigung entzogen oder beschränkt werden.

I. Die Vorschrift des Gesetzes fällt jetzt in den weiteren Rahmen des Art. 153 Abs. 1 RVerf.: „Eine Enteignung kann nur zum Wohle der Allgemeinheit und auf gesetzlicher Grundlage vorgenommen werden. Sie erfolgt gegen angemessene Entschädigung, soweit nicht ein Reichsgesetz etwas anderes bestimmt. Wegen der Höhe der Entschädigung ist im Streitfalle der Rechtsweg bei den ordentlichen Gerichten offen zu halten, soweit Reichsgesetze nichts anderes bestimmen." Enteignung im Sinne des Art. 153 a. a. O. ist Abnötigung (RG. 107, 261 = JW. 24, 1964 [4]) nicht nur des Eigentums, sondern auch sonstiger subjektiver Berechtigungen dinglicher oder persönlicher Art (RG. 111, 123 u. dort angeführte). Art. 153 gilt nur für Enteignungen, die vor seinem Inkrafttreten stattgefunden haben (RG. 109, 11).

II. 1. Das Gesetz bezieht sich nur auf die von ihm geordneten Enteignungen. Bei Enteignungen nach Reichsrecht ist es unanwendbar und es ist mangels gegenteiliger reichsrechtlicher Vorschriften für Entschädigungsansprüche unmittelbar der Rechtsweg eröffnet JW. 26, 264[1]; RG. 112, 51; 111, 224; 107, 261. Über Zulässigkeit des Rechtswegs bei Enteignungen zu Siedlungszwecken Entsch. d. RG. v. 11. Jan. 1927.

2. Grundeigentum ist auch der Anteil eines Bruchteilseigentümers (Gruch. 51, 1156) und andere Rechte an einem Grundstück (§ 6); nicht Rechte an anderen Sachen. In Betracht kommen Grundstücke jeder Art, auch solche des Staates; auch eines Unternehmens, dem das Enteignungsrecht früher verliehen ist, wenn nicht das früher verliehene das stärkere, was durch die berufene Staatsbehörde zu entscheiden ist. Auch gewerbepolizeilich genehmigte Anlagen sind der Enteignung unterworfen (Landeswasseramt in PrVBl. 40, 472).

3. Die Entziehung oder Beschränkung sonstiger (sog. wohlerworbener) Rechte fällt nicht unter das Ges. Die Entschädigungspflicht in solchen Fällen ist jetzt durch Art. 153 RVerf. gesichert. Über die frühere Rechtslage vgl. JW. 05, 70[1] und 125[35]; RG. 64, 183 = JW. 06, 778[47] (FranzR.); RG. 72, 85 (mit Zit.); 74, 220; 94, 71 = JW. 09, 742[49]; 11 S. 55[54], 413[41]; 13, 998[27]; 22, 1127[9]; RG. 94, 72 (GemR.); Gruch. 54, 635; JW. 06, 163[7]; 08, 255[28]; 12 S. 651[27], 879[48] = RG. 69, 50; 79 S. 64, 427 (PrR.).

4. Gründe des öffentlichen Wohles lassen sich nicht fest umschreiben. Den Gegensatz bilden Privatinteressen. Vgl. KG. in Recht 23 Nr. 1196/7 (?). Der Erlaß des HM. v. 14. 6. 23 (s. zu § 2) bemerkt wegen der Prüfung dieser Voraussetzung: Die Angabe, daß sonst Arbeiter entlassen werden müßten, kann für sich allein nicht genügen. Bei einem an sich Privatzwecken dienenden Unternehmen ist Förderung des Allgemeinwohls in erheblichem Umfange nötig. Besonders eingehend ist zu prüfen, ob das Unternehmen in der geplanten Form ausführbar und finanziell gesichert ist. Genehmigungs-

pflichtigen Anlagen, z. B. Kleinbahnen, muß zuvor die Genehmigung erteilt sein. In jedem Fall ist eine Übersichtskarte beizufügen, die beim Bau von Überlandleitungen das Stromversorgungsgebiet und die Führung der Leitung ergeben muß. Berührt die Leitung das Stromversorgungsgebiet anderer Elektrizitätsgesellschaften, muß feststehen, ob deren Interessen berührt sind. Meinungsverschiedenheiten sind mündlich mit allen Beteiligten zu klären.

5. Das Unternehmen braucht kein öffentliches zu sein; es genügt ein privates, wenn nur die Enteignung dem Wohle der Allgemeinheit dient. JW. 26, 1476[5].

6. Zur Prüfung der Voraussetzung, daß die Ausführung des Unternehmens die Ausübung des Enteignungsrechts fordert, bemerkt der Erl. HM. (Anm. 4 oben): Unternehmen, denen das Enteignungsrecht in allgemeiner Form verliehen zu werden pflegt, insbes. solche, bei denen wegen ihrer räumlichen Ausdehnung die genaue Bezeichnung der Grundstücke schwierig, z. B. elektrischen Überlandleitungen, kann überlassen werden, die nötigen Verhandlungen mit den Eigentümern nach der Verleihung des Enteignungsrechts, aber vor Einleitung des Planfeststellungsverfahrens zu führen. In allen andern Fällen, in denen die Enteignung auf bestimmte Grundstücke beschränkt wird oder ohne Schwierigkeiten beschränkt werden kann, muß den Eigentümern Gelegenheit gegeben werden, Einwendungen gegen das Unternehmen als solches und gegen die Inanspruchnahme gerade ihrer Grundstücke geltend zu machen, nötigenfalls in einem Ortstermin. Zum Nachweis, daß freihändiger Erwerb ausgeschlossen, muß der Unternehmer neben der Ablehnung der Geldentschädigung auch dartun, daß diese angemessen ist, daß etwaige weitergehende Forderungen ihn unbillig belasten und das Unternehmen undurchführbar machen, gegebenenfalls, daß er auch die Wünsche nach Tauschland nicht befriedigen kann. Zur Nachprüfung der Billigkeit der Forderung des Eigentümers und des Angebots des Unternehmers sind die wirtschaftlichen

Verhältnisse beider Parteien, insbes. der beiderseitige Grundbesitz, die bisherige Nutzungsart, die etwaige Bedrohung der Existenz des Eigentümers durch den Verlust seines Grundbesitzes klarzulegen und gegebenenfalls eine Äußerung des Gemeindevorstehers einzuholen.

7. Die „vollständige Entschädigung“ ist angemessen im Sinne RVerf. Art. 153 (JW. 24, 800[7]; 26, 807[3]; RG. 112, 192).

8. Entziehung und Beschränkung stehen sich im Sinne des Ges. gleich (vgl. §§ 6, 12, 21, 50 ff.) Grundsätzlich ist der Eigentümer nur verpflichtet zu dulden; ein Handeln kann von ihm nicht verlangt werden. Kann er sich aber die Benutzung eines Restgrundstücks durch eine geringfügige, leicht herzustellende Anlage, deren Kosten der Unternehmer zahlen muß, ermöglichen, so darf er diesen Ausgleich nicht ablehnen und auf Übernahme nach § 9 bestehen (Recht 17, 140).

9. Keine Entziehung oder Beschränkung ist nötig für ein die Anlegung öffentlicher Verkehrsanstalten bezweckendes Unternehmen gegenüber dem Bergwerksbesitzer. Dieser hat dem öffentlichen Verkehr zu weichen RG. 58, 147; 84, 254.

10. Gesetzliche Beschränkungen des Eigentums an Grundstücken und solche infolge von polizeilichen Verfügungen gehören nicht hierher. Vgl. § 54 Anm. 2.

11. Wegen der Wirkung der Enteignung vgl. §§ 44 ff.

Vorbemerkungen zu §§ 2 ff.

I. Reichsrecht. 1. Mit dem Übergange der Eisenbahnen und der Wasserstraßen auf das Reich ist die Enteignungsbefugnis auf das Reich übergegangen RVerf. Art. 90, 97 Abs. 5. Seit der Gründung der Reichsbahngesellschaft ist deren Enteignungsbefugnis geregelt durch das ReichsbahnG. v. 30. 8. 24, RGBl. 1924 II 272, § 38: „(1) Die Gesellschaft hat zur Erfüllung ihrer Aufgaben das Enteignungsrecht. (2) Die Zulässigkeit der Enteignung im Einzelfalle wird auf Antrag der Gesellschaft durch den Reichspräsidenten endgültig festgestellt. Die endgültige Entscheidung über die Zulässigkeit der Inanspruchnahme fremder Grundstücke zur Ausführung von Vorarbeiten trifft der für die Aufsicht über die Eisenbahnen zuständige Reichsminister nach Anhörung der zuständigen Landespolizeibehörde. Die endgültige Entscheidung über die Art der Durchführung und den Umfang der Enteignung trifft, soweit sie nicht in einem Verwaltungsstreitverfahren ergeht, der für die Aufsicht über die Eisenbahnen zuständige Reichsminister nach Anhörung der Landespolizeibehörde. Im übrigen gelten die Enteignungsgesetze der Länder." Eine Einschränkung der Enteignungsbefugnis gegenüber der Reichsbahngef. enthält § 38 Abf. 3 a. a. O.: „(3) Die Enteignung von Teilen des Reichseisenbahnvermögens und von Grundstücken der Gesellschaft ist nur nach vorheriger Genehmigung der Reichsregierung zulässig", besondere Vorschriften über die Kosten der Änderung von Wegen wegen des Betriebes der Reichsbahn § 39 a. a. O.: „Wenn an einer Kreuzung der Reichsbahn mit einem öffentlichen Verkehrsweg infolge Vermehrung des Verkehrs oder sonstiger Veränderung der Verhältnisse die Anlagen der Reichsbahn oder des Verkehrswegs oder beider geändert werden müssen, so sind die Kosten von der Gesellschaft allein zu tragen, wenn die Veränderung allein durch den Reichsbahnverkehr veranlaßt war, allein vom Wegebaupflichtigen, wenn sie allein durch den Wegeverkehr veranlaßt war. Die Kosten sind zwischen beiden angemessen zu verteilen, wenn die Veränderung sowohl durch den Reichsbahn-, als auch durch den Wegeverkehr veranlaßt war. Bei Streit über die Verteilung der Kosten wird die endgültige Entscheidung, soweit sie nicht in einem Verwaltungsstreitverfahren ergeht, von dem für die Aufsicht über die Eisenbahnen zuständigen Reichsminister getroffen."

Bis dahin trafen die Ges. über die Feststellung des Reichshaushalts die nähere Regelung, für 1926 nur noch für die Reichswasserstraßen, Haushaltsges. v. 31. 3. 26, RGBl. II

S. 187 § 15: „Für Zwecke, für die im Reichshaushaltsplane der Verwaltung der Reichswasserstraßen für 1926 Mittel vorgesehen sind, stellt der Reichspräsident die Zulässigkeit der Enteignung fest. Die endgültige Entscheidung über die Art der Durchführung und den Umfang der Enteignung, soweit sie nicht in einem Verwaltungsstreitverfahren ergeht, sowie über die Zulässigkeit der Inanspruchnahme von fremden Grundstücken zur Ausführung von Vorarbeiten trifft der Reichsverkehrsminister nach Anhörung der zuständigen Landespolizeibehörden. Im übrigen gelten die Landesenteignungsgesetze." (Vgl. Reichshaushaltsges. v. 30. 3. 22 § 7, 22. 3. 23 § 8, 18. 3. 24 § 6, 28. 7. 24 § 13 und 30. 1. 26 § 14, RGBl. 22 I S. 305, 23 II S. 181, 24II S. 67, 171, 26 II S. 103.) Nach diesen Vorschriften hat der Reichspräsident die Zulässigkeit der Enteignung festzustellen. Sodann entscheidet der Reichsverkehrsminister über die Art der Durchführung und den Umfang der Enteignung, insbes. über Beschwerden gegen den Planfeststellungsbeschluß endgültig, über die Zulässigkeit von Vorarbeiten, über die Anordnung des vereinfachten Enteignungsverfahrens. Im übrigen gelten die Enteignungsgesetze der Länder. Die Einschränkung, daß die Entscheidung gegebenenfalls im Wege der Verwaltungsgerichtsbarkeit erfolgen soll, hat für Preußen keine Bedeutung. StaatsGerH. in RG. 107 Anh. 1. Wegen der Konzessionierung privater Eisenbahnen des allgemeinen Verkehrs vgl. StaatsGerH. in RG. 109, Anh. 17.

2. Festungsgemeinden kann nach Aufhebung oder Ermäßigung von Rayonbeschränkungen das Recht zur Enteignung der betroffenen Grundstücke zu bestimmten gemeinnützigen Zwecken verliehen werden RG. v. 27. 4. 20, RGBl. 697; die Durchführung erfolgt im vereinfachten Verfahren PrG. v. 13. 1. 21, GS. 303.

3. Der Bezirkswohnungskommissar, d. i. der Regierungspräsident und für Berlin der Oberpräsident (Verf. v. 24. 1. 19, MBliV. S. 80), kann Bau- und Gartenland für Klein- und

Mittelwohnungen enteignen. Das Verfahren ist besonders geregelt. RVO. zur Behebung der dringendsten Wohnnot v. 9. 12. 19, RGBl. S. 1968, PrAusf.Best. v. 22. 1. 20, MBliV. S. 65, PrVO. v. 14. 2. 21, GS. S. 315, Erl. v. 17. 3. 23, VMBl. S. 212, PrAusf.VO. v. 25. 4. 25, VMBl. S. 183.

4. RGes. über die Enteignung von Grundeigentum bei der Kanalisierung des Neckar v. 3. 8. 20, RGBl. S. 1613, für Preußen ohne Bedeutung.

5. Das Siedlungsunternehmen, der Landlieferungsverband, die Landgemeinde können die Enteignung von Land zu Siedlungszwecken betreiben. §§ 15 RSiedlG. v. 11. 8. 19 RGBl. S. 1429, ErgänzGes. z. RSiedlG. v. 7. 6. 23, RGBl. I S. 364 u. v. 18. 8. 23, RGBl. I S. 805; für die Enteignung und das Verfahren gelten besondere Vorschriften PrAusfG. v. 15. 12. 19; GS. 20 S. 31.

6. Der Bezirkswohnungskommissar ist zuständig zu Enteignungen nach der RBeamtenSiedlO. und nach dem Pr.Ges. über Beamtenansiedlung. Das Verfahren ist das zu 3. oben erwähnte RG. v. 11. 2. 24 §§ 11—16 RGBl. I 53, PrG. v. 27. 3. 24, 9 GS. S. 195, Anweis. d. Min. f. VW. v. 28. 8. 24 Art. 24, VMBl. S. 337.

7. RayonG. v. 21. 12. 71, RGBl. 459.

II. Preuß. Recht: 1. Ges. v. 1. 7. 22 zur Erhaltung des Baumbestandes und zur Erhaltung und Freigabe von Uferwegen, GS. S. 213, Anweisung VWM. v. 14. 12. 22, VMBl. 23, 28 (diese hält die Einschränkungen des Gesetzes offenbar nicht für Enteignungen).

2. Ges. zur Bildung von Bodenverbesserungsgenossenschaften v. 5. 5. 20, GS. S. 351, § 15; AusfBest. des LM. v. 23. 10. 20, LMBl. S. 350 (letztere ohne einschlägige Bestimmungen).

3. Siehe Einleitung S. 13.

§ 2. Die Entziehung und dauernde Beschränkung[1] des Grundeigentums[2] erfolgt auf Grund[3] Königlicher

Verordnung[4], welche den Unternehmer[5] und das Unternehmen[6], zu dem das Grundeigentum in Anspruch genommen wird, bezeichnet.

Die Königliche Verordnung wird durch das Amtsblatt derjenigen Regierung bekanntgemacht[7, 8], in deren Bezirk das Unternehmen ausgeführt werden soll.

1. Wegen vorübergehender Beschränkungen vgl. §§ 4, 5.

2. Vgl. § 1 Anm. II 2.

3. Kraft des Enteignungshoheitsrechts verleiht der Staat dem Unternehmer das Enteignungsrecht. Damit erwirbt der Unternehmer einen öffentlich-rechtlichen Anspruch gegen die mit dem Enteignungsakt betrauten Behörden (Bezirksausschuß, Regierungspräsidenten, Polizeipräsidium), daß sie zu seinen Gunsten die Enteignung aussprechen, d. h. ihm unter Vernichtung des Rechts des bisherigen Eigentümers Eigentum verleihen RG. 69, 68 = JW. 08, 35[46].

4. An die Stelle der Königlichen Verordnung ist der Beschluß des Staatsministeriums getreten (PrVerf. Art. 82 Abs. 1; vgl. § 5 des Ges. z. vorl. Ordn. der Staatsgewalt v. 20. 3. 19, GS. S. 53). Der nicht veröffentlichte Erl. d. HM. v. 14. 6. 23, Va 5007, II Ang., betr. Verleihung des Enteignungsrechts und Zulassung des vereinfachten Enteignungsverfahrens (vgl. auch Vorbemerkung vor § 15) regelt das Nähere, im wesentlichen, wie folgt: Das Enteignungsrecht wird dem Unternehmer durch Beschluß des Staatsministeriums entweder allgemein oder, wenn die in Anspruch zu nehmenden Grundstücke von vornherein genau feststehen, für die einzelnen Grundstücke verliehen (§§ 2, 21, Abs. 1 Ziffer 1). In beiden Fällen ist eine Abänderung des Beschlusses im Wege der Beschwerde weder vor noch nach Einleitung des der Durchführung des Enteignungsrechts dienenden Planfeststellungsverfahrens möglich. Die am Verfahren Beteiligten können daher nicht mit der Behauptung gehört werden, das Unternehmen diene nicht dem öffentlichen Wohle und sei unnötig

oder die zu enteignenden Grundstücke hätten auch durch freihändigen Kauf erworben werden können. Die Begrenzung der Enteignungsbefugnis auf bestimmte Grundstücke hat außerdem zur Folge, daß auch Einwendungen der Grundstückseigentümer oder der sonstigen Beteiligten gegen die Notwendigkeit der Inanspruchnahme gerade dieser Grundstücke unzulässig sind. Im Planfeststellungsverfahren kann nur noch darüber Entscheidung getroffen werden, ob die Grundstücke in ihrem gesamten Umfange oder nur zu einem Teil für das Unternehmen erforderlich sind. In Anbetracht dieser Rechtslage ist es Pflicht aller mit der Vorbereitung der Entscheidung des Staatsministeriums betrauten Behörden, eingehend zu prüfen, ob die Voraussetzungen für die Zulässigkeit der Enteignung auch tatsächlich gegeben sind. Wegen Prüfung der Voraussetzungen des § 1 sind zu vergleichen Anm. II 4 und 6 zu § 1. Wenn das Enteignungsrecht beschleunigt durchgeführt werden soll, kann der Antrag auf Verleihung des Enteignungsrechts mit dem Antrag auf Zulassung des vereinfachten Enteignungsverfahrens gemäß § 1 VereinfEVG. verbunden werden. Die Voraussetzung für die Anwendung dieses Gesetzes ist die gleiche wie im § 1 des Enteignungsgesetzes für die Zulässigkeit der Enteignung. Das Verfahren muß „aus Gründen des öffentlichen Wohles" einer besonderen Beschleunigung bedürfen. Als Beispiele sind genannt: die Beseitigung oder Abwendung größerer Arbeitslosigkeit oder eines sonstigen Notstandes. Das Vorhandensein derartiger oder ähnlicher Gründe ist in den Anträgen auf Zulassung des vereinfachten Enteignungsverfahrens nachzuweisen.

Nach Abschluß des Prüfungsverfahrens sind die gesamten Vorgänge dem die Verleihung des Enteignungsrechts vorbereitenden Ressortminister vorzulegen, also z. B. die Enteignungsanträge für Wegebauten dem Minister des Innern, für Erweiterung von Schulgebäuden dem Minister für Wissenschaft, Kunst und Volksbildung, für Wassergewinnungsanlagen dem Minister für Landwirtschaft, Domänen und

Forsten, für Spielplätze dem Minister für Volkswohlfahrt, für Hafenbauten, Privateisenbahnen, Kleinbahnen und Privatanschlußbahnen, elektrische Anlagen, Erweiterungsbauten industrieller Werke dem Minister für Handel und Gewerbe, der auch in allen anderen Fällen in der Ministerialinstanz als mitbeteilgt behandelt wird. Die Prüfung der Anträge auf Verleihung des Enteignungsrechts und auf Zulassung des vereinfachten Enteignungsverfahrens und die Berichterstattung hat sich also auf folgende Punkte zu erstrecken: 1. Bezeichnung des Unternehmers (Träger des Unternehmens), 2. Bezeichnung des Unternehmens; genaue Beschreibung der Anlagen unter Beifügung einer einfachen Handzeichnung in Aktenformat, bei Kleinbahnen tunlichst unter Benutzung von Generalstabskarten; 3. Finanzierung des Unternehmens und deren Sicherstellung; 4. bei genehmigungspflichtigen Anlagen Feststellung, daß die Genehmigung erteilt ist, unter Beifügung einer Abschrift der Genehmigungsurkunde; 5. Bezeichnung des in Anspruch zu nehmenden Grundeigentums: a) bei Beschränkung des Enteignungsantrages auf einzelne Grundstücke grundbuch- oder katastermäßige Bezeichnung der Parzellen, b) bei generellen Enteignungsanträgen Angabe der Gemarkung oder Kreise; 6. Angabe der für das Zustandekommen des Unternehmens sprechenden Gründe des öffentlichen Wohles; 7. Nachweis der Notwendigkeit der Enteignung: a) Angabe, ob der Verkauf der Grundstücke von dem Eigentümer überhaupt abgelehnt wird, b) Angabe der Forderungen des Eigentümers aa) Höhe der Geldforderung, bb) Angabe sonstiger Forderungen, insbesondere auf Tauschland, c) Stellungnahme zu der Angemessenheit der geltend gemachten Forderungen; 8. Angabe der Gründe für die beschleunigte Durchführung des Enteignungsverfahrens (§ 1 des Gesetzes v. 26. Juli 1922). Beizufügen ist der Entwurf der Urkunde über Verleihung des Enteignungsrechts entsprechend den Anträgen des Unternehmers nach folgendem Muster: „Dem . . . . . wird hierdurch auf Grund des Gesetzes vom 11. Juni 1874 (GS. S. 221) das Recht verliehen, das zum ...... erforderliche Grundeigentum im Wege der Enteignung zu erwerben oder, soweit dies ausreicht, mit einer dauernden Beschränkung zu belasten. Auf staatliche Grundstücke und staatliche Rechte an fremden Grundstücken findet dieses Recht keine Anwendung. (Dieser Satz fällt fort bei Beschränkung auf bestimmte Grundstücke.) Gleichzeitig wird auf Grund des § 1 des Gesetzes über ein vereinfachtes Enteignungsverfahren, vom 26. Juli 1922 (GS. S. 211) bestimmt, daß die Vorschriften dieses Gesetzes bei der Ausübung des vorstehend verliehenen Enteignungsrechtes anzuwenden sind." Dazu bestimmt die Verf. des VWM. v. 21. 12. 23, MBliV. 24, 5: Soll nach § 11 FlLinG. eine Enteignung erfolgen, so muß der Plan nach § 8 FlLinG. festgestellt sein. Diese Feststellung ersetzt die in den §§ 15—23 geordnete Feststellung des Enteignungsplans, so daß bei diesen Enteignungen nur noch die Entschädigung festgestellt und die Enteignung ausgesprochen werden muß. Wird das einer Gemeinde nach § 11 FlLinG. zustehende Enteignungsrecht in den Formen des VereinfEVG. durchgeführt, so kommt außerdem noch die Entscheidung nach § 1 dieses Ges. in Frage. Mit dem Antrage auf Zulassung des vereinfachten Enteignungsverfahrens ist neben den in dem Erl. des HM. v. 14. 6. 23 (oben) geforderten Unterlagen eine Abzeichnung des Planes mit den beglaubigten Vermerken über die vorschriftsmäßige Durchführung des Fluchtlinienverfahrens beim VWM. vorzulegen.

Wegen Vorbereitung durch Vorarbeiten § 5. Ein Beschluß des Staatsministeriums ist unnötig in Fällen der §§ 3 — Geradelegung oder Erweiterung öffentlicher Wege und Umwandlung von Privatwegen in öffentliche —, 4, 5 — vorübergehende Beschränkungen —, 50—53 — Entnahme von Wegebaumaterialien, ferner wo Reichs- oder Landesgesetz allgemein zur Enteignung von Grundeigentum ermächtigt, vgl. z. B. RayG. und die in der Einleitung S. 13 und in der Vorbemerkung zu § 2 angeführten Gesetze.

5. Das Enteignungsrecht steht nur der beliehenen Person zu, ist nicht übertragbar. Rechte und Pflichten aus der Enteignung bleiben dem beliehenen Unternehmer, auch wenn er das Unternehmen durch einen Dritten für dessen Rechnung ausführen läßt. RG. 9, 276; vgl. auch Warn. 11, 237 = Recht 11, 307; anders, wenn durch Gesetz der Dritte ermächtigt ist, das mit dem Enteignungsrecht ausgestattete Unternehmen an Stelle des früheren Unternehmers auszuführen JW. 89, 80[52]; vgl. § 7 Anm. 1; auch RG. 65, 94 = JW. 07, 158[44].

6. Der Umfang des verliehenen Enteignungsrechts richtet sich nach dem Inhalt des Beschlusses des Staatsministeriums. Wird darin ohne spezielle Bezeichnung der zu enteignenden Grundstücke das Enteignungsrecht allgemein für ein Unternehmen verliehen, entscheiden über den Umfang die nach diesem Gesetz zuständigen Verwaltungsbehörden. Ausnahmsweise Rechtsweg über den Umfang vgl. § 9 Anm. 5, 6, § 30 Anm. 1.

Das ohne spezielle Bezeichnung verliehene Enteignungsrecht umfaßt, wenn der Beschluß nicht anders bestimmt, räumlich und zeitlich unbegrenzt auch später nötig werdende Ergänzungen und Erweiterungen nach Maßgabe des jeweiligen Bedürfnisses, auch des Betriebes der Anlage, z. B. infolge Entwickelung des Verkehrs oder erst später sich zeigender Gefährdung des Betriebs; aber nur Ergänzungen und Erweiterungen, nicht Anlagen, die ein neues, selbständiges Unternehmen bedeuten.

Ist ein Grundstück tatsächlich auf Grund des öffentlichen Rechts zu einem dem öffentlichen Interesse dienenden Zweck verwendet, so können Privatrechte an demselben, solange die Verwendung dauert, nicht geltend gemacht werden. OT. 75, 154; Braun und Blum, Annalen 5, 214. Vgl. auch § 12 Anm. 1 und § 46 Anm. 6 a. E.

7. Die Frage der gehörigen Bekanntmachung unterliegt der Prüfung der Behörden.

8. Außerdem Aufnahme einer Anzeige der verkündeten Verordn. in die Gesetzsammlung. Ges. v. 10. 4. 72; Staats-

minBeschl. v. 21. 2. 76, vgl. Verf. d. HM. v. 5. 3. 76, MBliV. S. 43.

§ 3. Ausnahmsweise bedarf es zu Enteignungen der in § 2 gedachten Art einer Königlichen Verordnung nicht für Geradelegung oder Erweiterung öffentlicher Wege[1], sowie zur Umwandlung von Privatwegen[2] in öffentliche Wege, vorausgesetzt, daß das dafür in Anspruch genommene Grundeigentum außerhalb der Städte und Dörfer belegen[3] und nicht mit Gebäuden besetzt ist. In diesem Falle wird die Zulässigkeit der Enteignung von der Bezirksregierung[4] (Landdrostei[5]) **ausgesprochen.**

1. Öffentliche Wege sind die für den gemeinen Gebrauch bestimmten.

2. Ein offenkundiger Privatweg kann zwangsweise nur im Wege der Enteignung in einen öffentlichen Weg verwandelt werden. Ist streitig, ob ein Weg ein öffentlicher oder ein Privatweg ist, so steht den Verwaltungsgerichten zu, den Weg für einen öffentlichen Weg zu erklären. Dem Berechtigten bleibt nur der Anspruch auf Entschädigung im Rechtsweg. § 56[4] ZustG. OVG. 9, 223. Für eine Enteignung ist insoweit kein Raum.

3. Innerhalb der Städte und Dörfer findet das FlLinG. Anwendung.

4. Vgl. § 56. An Stelle der Bezirksregierung entscheidet jetzt der Bezirksausschuß, in Berlin die erste Abt. des Polizeipräsidiums. § 150 ZustG. Im vereinfachten Enteignungsverfahren tritt der Regierungspräsident an die Stelle des Bezirksausschusses. § 2 VereinfEVO. Zuständig ist die Behörde der belegenen Sache; wenn die Grundstücke in mehreren Bezirken gelegen oder zweifelhaft, zu welchem Bezirk sie gehören, die vom Oberpräsidenten bzw. Min. d. Inn. bestimmte Behörde. §§ 57[1], 58 LVG. Die Entscheidung erfolgt durch Be-

schluß — § 4 Abs. 3 —, in dem der Unternehmer und das Unternehmen, wie in dem Beschluß nach § 2, zu bezeichnen. Zustellung des Beschlusses nach § 39 an die Beteiligten, d. s. der Unternehmer und die durch den Beschluß in ihrem Recht Betroffenen. Bekanntmachung des Beschlusses im Amtsblatt nicht nötig. Gegen den Beschluß schriftliche, beim Bezirksausschuß anzubringende Beschwerde binnen zwei Wochen an den HM. §§ 150, 157 ZustG., § 122 LVG., MinZustRG. v. 15. 8. 21, GS. 487. Wegen der Höhe der Entschädigung vgl. § 12.

5. Vgl. Anm. 4. Die Landdrosteien sind durch die Regierungen ersetzt. § 25 LVG.

§ 4. Vorübergehende Beschränkungen[1] werden von der Bezirksregierung[2] angeordnet[3].

Dieselben dürfen wider den Willen des Grundeigentümers die Dauer von drei Jahren nicht überschreiten. Auch darf dadurch die Beschaffenheit des Grundstücks nicht wesentlich oder dauernd[4] verändert werden. Zur Überschreitung dieser Grenzen[5] bedarf es eines nach § 2 eingeleiteten und durchgeführten Enteignungsverfahrens.

[6]Gegen den Beschluß der Bezirksregierung[2] in den Fällen der §§ 3 und 4 steht innerhalb zehn Tagen nach der Zustellung jedem Beteiligten der Rekurs an die vorgesetzte Ministerialinstanz offen.

1. Begriff: Abs. 2.

2. Bezirksausschuß bezw. erste Abt. des Polizeipräsidiums in Berlin oder im vereinfachten Verfahren der Regierungspräsident. Vgl. § 3 Anm. 4. Soweit es sich um Enteignungen für die Reichsbahn oder für Reichswasserstraßen handelt, entscheidet endgültig der Reichsverkehrsminister.

3. Bedingung für die Zulässigkeit, daß die Beschränkung

für ein mit Enteignungsrecht versehenes Unternehmen in den Grenzen dieses Rechts erfolgt.

4. Beschränkungen, die die Wiederherstellung des früheren Zustandes unmöglich machen, sind unzulässig; dasselbe gilt, wenn sie nur Vorläufer der Enteignung, insbesondere Änderungen auf dem Grundstück vorbeugen sollen. Vgl. § 13 Anm. 3.

5. Beschränkungen, die diese Grenze überschreiten, sind nur nach Abs. 3, nicht im Rechtsweg anfechtbar. Das nach §§ 15 ff. bzw. §§ 24 ff. vorgesehene Verfahren wegen des Umfangs der Beschränkung und wegen der Entschädigung hat auch stattzufinden im Falle der Anordnung einer Beschränkung gemäß § 4.

6. Vgl. § 3 Anm. 4. Zuständig für die Beschwerde ist jetzt der HM., MinZustRG. 15. 8. 21. Vgl. aber auch oben Anm. 2 a. E.

§ 5. Handlungen, welche zur Vorbereitung eines die Enteignung rechtfertigenden Unternehmens[1] erforderlich sind, muß auf Anordnung[2] der Bezirksregierung[3] der Besitzer auf seinem Grund und Boden geschehen lassen[4]. Es ist ihm jedoch der hierdurch etwa erwachsende, nötigenfalls[5] im Rechtswege festzustellende Schaden[6] zu vergüten. Zur Sicherstellung der Entschädigung darf die Bezirksregierung vor Beginn der Handlungen vom Unternehmer eine Kaution[7] bestellen lassen, und deren Höhe bestimmen. Sie ist hierzu verpflichtet, wenn ein Beteiligter die Kautionsstellung verlangt.

Die Gestattung der Vorarbeiten wird von der Bezirksregierung[3] im Regierungsamtsblatte generell bekanntgemacht. Von jeder Vorarbeit hat der Unternehmer unter Bezeichnung der Zeit und der Stelle, wo sie stattfinden soll, mindestens zwei Tage zuvor den

Vorstand des betreffenden Guts- oder Gemeindebezirks in Kenntnis zu setzen, welcher davon die beteiligten Grundbesitzer speziell oder in ortsüblicher Weise generell benachrichtigt. Dieser Vorstand ist ermächtigt, dem Unternehmer auf dessen Kosten einen beeidigten Taxator zu dem Zwecke zur Seite zu stellen, um vorkommende Beschädigungen sogleich festzustellen und abzuschätzen. Der abgeschätzte Schaden ist, vorbehaltlich dessen anderweiter Feststellung im Rechtswege, den Beteiligten (Eigentümer, Nutznießer, Pächter, Verwalter) sofort[8] auszuzahlen, widrigenfalls der Ortsvorstand auf den Antrag des Beteiligten die Fortsetzung der Vorarbeiten zu hindern verpflichtet ist.

Zum Betreten von Gebäuden und eingefriedigten Hof- oder Gartenräumen bedarf der Unternehmer, insoweit dazu der Grundbesitzer seine Einwilligung nicht ausdrücklich erteilt, in jedem einzelnen Falle einer besonderen Erlaubnis der Ortspolizeibehörde, welche die Besitzer zu benachrichtigen und zur Offenstellung der Räume zu veranlassen hat.

Eine Zerstörung von Baulichkeiten jeder Art, sowie ein Fällen von Bäumen ist nur mit besonderer Gestattung der Bezirksregierung[3] zulässig[9].

1. Vor der Zulassung vorbereitender Handlungen bedarf es der Erlaubnis der zuständigen Behörde zur Vornahme von Vorarbeiten zu einem Unternehmen der im § 1 gedachten Art. Für Eisenbahnen Erl. d. HM. v. 22. 10. 74, MBliV. S. 241; für Kleinbahnen Erl. d. Min. d. ö. A. v. 13. 1. 96, MBliV. S. 14. Soweit das Reich für Eisenbahnen und Wasserstraßen zuständig ist (vgl. Vorbem. zu § 2 I 1) steht die endgültige Entscheidung über Maßnahmen der im § 5 gedachten Art dem Reichsverkehrsminister zu.

2. Beschluß des Bezirksausschusses, in Berlin der ersten Abt. des Polizeipräsidiums, oder im vereinfachten Verfahren des Regierungspräsidenten (vgl. § 3 Anm. 4). Dagegen Beschwerde an den HM. Vgl. § 3 Anm. 4 und 6. Rechtsweg unzulässig.

3. Bezirksausschuß bzw. erste Abt. des Polizeipräsidiums oder der Regierungspräsident. Vgl. Anm. 2 oben.

4. Vollstreckung durch polizeilichen Zwang. § 132[3] LVG.

5. Feststellung des Schadens durch einen Taxator. Vgl. Abs. 2.

6. Berechnung der Entschädigung nach §§ 7 ff.

7. Der Fiskus ist kautionsfrei. § 41.

8. Art. 52, 53 EG.BGB. sind unanwendbar. Vgl. Art. 109 Satz 2 a. E. EG.BGB.

9. Wegen anderer als der zugelassenen Handlungen steht den Beteiligten der Rechtsweg offen. Selbsthilfe nach § 859 BGB.

§ 6. Dasjenige, was dieses Gesetz über die Entziehung und Beschränkung des Grundeigentums bestimmt, gilt auch von der Entziehung und Beschränkung der Rechte am Grundeigentum[1].

1. In Betracht kommen nach § 6 nur Rechte an solchem Grundeigentum, das nicht selbst vom Unternehmer im Wege der Enteignung in Anspruch genommen wird. RG. 86, 184 = JW. 15, 412[22]; im übrigen dingliche Rechte jeder Art an Grundstücken. Vgl. Recht 11, 630: Rechte Dritter an Grundstücken, die im Eigentum des Unternehmers stehen; Warn. 12, 203: Fährgerechtigkeit an einem Grundstück des Unternehmers; JW. 16, 913[11] = Recht 16, 478: Belastung, wonach der Eigentümer sich die Hebung seines Hauses und Aufschüttung des anschließenden Landes gefallen lassen soll; Gruch. 43, 1104: Hypothek; 46, 1163; Recht 15, 308: Wegerecht; RG. 94, 71: Servitut der Unbebaubarkeit; 44, 325: Recht des An-

liegers an städtischer Straße auf Erhaltung ungeschmälerter Verbindung mit dieser, Recht auf Stehenlassen eines Walles bei Erniedrigung des Nachbargrundstücks gemäß § 187 I 8 ALR.; im übrigen über Straßenanliegerrecht § 11 Anm. 4.

Titel II.

Von der Entschädigung.

Übersicht über das materielle Entschädigungsrecht.

Für die Entziehung des Eigentums ist der volle Wert des Grundstücks zu vergüten. Naturalersatz ist ausgeschlossen (§ 7). Wegen der für die Bestimmung des Werts maßgebenden Zeit vgl. § 8 Anm. I 2. Der Wert ist zu bestimmen nach der bisherigen und, wenn eine andere Benutzungsart des Grundstücks vorteilhafter ist, nach der vorteilhaftesten Benutzungsart. Bei der Abschätzung nach der bisherigen Benutzungsart sind auch die besonderen Vorteile zu berücksichtigen, die das Grundstück gerade für den zeitigen Eigentümer wegen des von ihm darauf betriebenen Gewerbes hat, sogenannter individueller Wert (vgl. § 8 Anm. I 1). Für die Feststellung dieses Werts bilden die Anschaffungskosten eines geeigneten Ersatzgrundstücks die obere Grenze, welche die Entschädigung nicht übersteigen darf. Wird der bisherige Ertrag zur Grundlage genommen, so müssen alle Momente rein persönlicher Natur (geschäftliche Tüchtigkeit des Inhabers u. dergl.) ausgeschieden werden. Weil dies außerordentlich schwierig ist, empfiehlt es sich gerade bei der Feststellung des individuellen Werts, den Verkehrswert eines geeigneten Ersatzgrundstücks zu ermitteln. Wird nach dem bisherigen Ertrage gerechnet, so muß evtl. das dem Gewerbe anhaftende Risiko berücksichtigt oder in anderer Weise den Schwankungen Rechnung getragen werden, denen Einnahmen aus gewerblichen Betrieben unterworfen sind. Mit anderen Worten darf nur der nachhaltige jährliche Reinertrag die Grundlage bilden. Das gilt bei jeder Schätzung nach dem Ertrage. Werden Gebäude nach dem nachhaltigen Mietsertrage geschätzt, so ist eine Abnutzungsquote für einen Neubau und für die über die ganze Zeit sich erstreckende Wert- und Ertragsminderung einzustellen; es kann dafür ein Durchschnittssatz angenommen werden. Ist die Vorauszahlung der Mieten üblich, so bildet sie einen werterhöhenden Faktor. Besteht ein Gewerbe im wesentlichen in der Ausbeutung der Bodenschätze eines Grundstücks (Steinbruch, Ziegelei, Torfstich), so wird der maßgebende Ertrag durch Ausscheidung der Betriebskosten gefunden.

Zu welchem Zinssatze der jährliche Reinertrag zu kapitalisieren, ist reine Tatfrage. Der örtlich und zeitlich herrschende Zinsfuß ist zu berücksichtigen. Bei Berliner Zweckgrundstücken (Gegensatz: Rentengrundstücke) waren in Berlin vor dem Kriege 4½% in guter Lage üblich.

Ist die bisherige Benutzungsart die günstigste, so bietet eine Schätzung des Tauschwertes (Verkehrswertes) des Grundstücks die beste Kontrolle für die Richtigkeit der Berechnung. Wie der Tauschwert zu ermitteln, ist Tatfrage. Vergleichskäufe bilden die geeignetste Grundlage.

Kann das Grundstück vorteilhafter als bisher genutzt werden, so ist diese günstigste Benutzungsfähigkeit zur Grundlage der Berechnung zu machen. Es muß sich aber um eine schon gegenwärtig vorhandene oder in sicherer Aussicht stehende Benutzungsfähigkeit handeln. Unsichere Hoffnungen, z. B. unsichere Arrondierungsmöglichkeit, die wertvolles Bauland schüfe, ist nicht zu berücksichtigen. Die Berücksichtigung günstigerer Ausnutzung eines Grundstücks ist besonders praktisch bei sogenanntem Bauland. Dabei ist baureifes Land, dessen Bebauung nach dem gewöhnlichen Lauf der Dinge in absehbarer Zeit zu erwarten steht, und sogenanntes merkantiles Bauland zu unterscheiden. Bei baureifem Land wird der Wert zweckmäßig nach dem Ertragswert eines fingierten Neubaues berechnet. Es ist ein den Verhältnissen entsprechendes, möglichst rentables Bauprojekt zugrunde zu legen. Durch Abzug des Bauwerts von dem ermittelten Ertragswert ergibt sich der Baustellenwert. Auch hier bietet der aus Vergleichskäufen ermittelte Verkehrswert eine gute Kontrolle. Sogenanntes merkantiles Bauland nennt man solches Land, bei dem der Verkehr bei der Preisbildung schon gegenwärtig mit der künftigen Bebauung rechnet. Insofern hier alle Faktoren, mit denen man bei einem fingierten Neubau rechnen muß, völlig ungewiß sind, muß die Grundlage der Wertermittelung der Verkehrswert sein.

Auch bei aufstehenden Gebäuden kann sich die Berechnung des Baustellenwertes vorteilhafter stellen. Es ist dann der Mietausfall des alten Gebäudes und der Zwischenzins zu berücksichtigen.

Bei Gebäudeschätzungen ist es vielfach üblich, den Ertragswert und den Wert des Grund und Bodens nebst dem Materialwert der Gebäude zusammenzuzählen und den Durchschnitt als Wert anzunehmen. Das Reichsgericht erkennt die Richtigkeit dieser Berechnungsart aber nicht an, obwohl sie, wie alle derartigen Methoden, ersichtlich darauf ausgeht, der Unsicherheit der Faktoren einer Schätzung des Ertragswerts durch Vergleich mit etwas zuverlässigeren Werten gerecht zu werden.

Bei der Bewertung des Grundstücks kommen Grunddienstbarkeiten und andere Nutzungsrechte Dritter als wertmindernd nicht in Betracht; auch die Belastung mit Hypotheken spielt keine Rolle. Dagegen wird der Wert durch öffentlich-rechtliche Lasten, z. B. die Deichlast, gemindert. Wegen des Einflusses der Servitut der Unbebaubarkeit nach altem Recht und der Baubeschränkungen aus dem FlLinG. vgl. § 8 Anm. I 2 a. E. Beschränkungen, die der Eigentümer durch die tatsächliche Verwendung faktisch für sein Grundstück geschaffen hat, müssen aber auch als wertmindernd berücksichtigt werden (vgl. § 8 Anm. I 4).

Umgekehrt sind ebenso tatsächliche Vorteile in Rechnung zu ziehen, wenn begründete Aussicht auf eine gewisse Dauer vorhanden ist, obwohl ein Recht auf den Fortbestand oder die Gewähr der Dauer fehlt (vgl. § 8 Anm. I 5). In Betracht kommen z. B. die Anliegerschaft an einem Weg oder Kanal, die Nachbarschaft von Gärten oder dergleichen. Neben dem Grundstückswert ist die schon vor der Enteignung eingetretene und durch diese verursachte Minderung oder Entziehung von Nutzungen zu ersetzen, z. B. der Rückgang der Mieten oder ein Mietsausfall, der auf die erste Aufstellung und Vorlage des Plans zurückgeht. Bei der Schätzung des sogenannten individuellen Wertes können ferner die Kosten des Umzuges und einer neuen Geschäftseinrichtung in Betracht kommen. Soweit die tatsächlichen Vorteile bisher durch den Unternehmer unverbindlich gewährt waren, kann ihr Fortbestand als werterhöhend nicht in Betracht kommen. Auch bei tatsächlichen Vorteilen ist nicht nur der bestehende Zustand, sondern auch ihre sicher mögliche Ausnutzbarkeit in Rechnung zu ziehen.

Zu beachten ist schließlich, daß es sich in den Dringlichkeitsfällen um Schätzung des gegenwärtig bereits eingetretenen Schadens, in den übrigen Fällen um die Feststellung des zukünftigen Schadens handelt.

Von großer praktischer Bedeutung ist die Teilenteignung (vgl. § 8 Anm. II 1 ff.). Bei ihr muß die Entschädigung den Mehrwert umfassen, den der abzutretende Teil durch seinen örtlichen oder wirtschaftlichen Zusammenhang mit dem Ganzen hat, sowie den Minderwert, der für den übrigen Grundbesitz durch die Abtretung entsteht. Beide, Mehr- und Minderwert, d. i. der Nutzen, den der Teil dem Ganzen leistet, gesehen einmal vom Standpunkt des Teils, das andere Mal von dem des Restes, decken sich zwar nicht ausnahmslos, aber in der Regel.

Die Berechnung ist einfach, wenn sich der Minderwert des Restes durch Einrichtungen beseitigen läßt, die nicht unbillig umständliche Arbeiten, z. B. nur kleine bauliche Änderungen, fordern. Dann sind die dafür aufzuwendenden Kosten dem Wert des abgetretenen Teiles hinzuzuzählen. Sonst hat man die Wahl zwischen der Differenzberechnung und der Durchschnittsberechnung. Bei dieser ermittelt man den Wert einer Flächeneinheit (z. B. eines Quadratmeters) des Ganzen und danach den Wert des Restes, wobei der Minderwert nach der Rechnungsmethode in dem Wert der Flächeneinheit mitberücksichtigt ist. Bei jener werden der Wert des Ganzen und der des Restes selbständig ermittelt. Dabei ist zu schätzen der Wert des Ganzen vor der Enteignung und der Wert des Restes nach der Enteignung, letzterer unter Ausscheidung der dem Rest durch das Unternehmen zufließenden allgemeinen Vorteile. Die Differenz ergibt den zu ersetzenden Nachteil. Die Durchschnittsberechnung kann angebracht sein bei geschlossenen Baustellen und Geringfügigkeit der abzutrennenden Flächen, bei Enteignung von kleinen Grundstücksteilen, die den Wert des Ganzen kaum berühren, bei selbständiger wirtschaftlicher Nutzbarkeit der Teile. Auch ist es nicht unzulässig, für die Verkleinerung noch einen Zuschlag zu machen. In den meisten Fällen ist aber die Differenzberechnung sicherer und daher durchweg vorzuziehen. Auch bei dieser Methode muß von der höchsten Ausnutzungsfähigkeit des Grundstücks ausgegangen werden, und zwar nach einheitlichen Grundsätzen für den Wert des Ganzen und des Restes; es darf daher nicht für den Wert des Ganzen eine geringere Bebauungsmöglichkeit zugrunde gelegt werden, als für den Wert des Restes. Auch hier kommt bei der Berechnung der Werte nach einem fingierten Neubau nur der Abbruchswert, nicht der Ertragswert des alten Gebäudes in Betracht. Wird ein Minderwert des Restes in dem Verlust des Vorgartens gefunden, so darf zu dem entsprechend ermittelten Minderwert nicht noch der Baulandwert des Vorgartens zugerechnet werden. Erschöpft sich der Minderwert in Mietausfällen, so kann er durch Kapitalisierung dieser Ausfälle berechnet werden.

Die allgemeinen Vorteile (vgl. § 8 Anm. II 3) der neuen Anlage sind niemals auf die Entschädigung anzurechnen, z. B. nicht der Vorteil, den die Schaffung der Straße, der Eisenbahn, des Kanals für alle Anlieger oder etwa die Bewohner der näheren Umgebung hat. Die besonderen Vorteile des einzelnen dürfen auch nicht auf die auf das enteignete Stück fallende Entschädigung angerechnet werden; dagegen sollen sie mit dem Minderwert des Restes kompensiert werden können. Von einer Vorteilsausgleichung ist keine Rede, wo nicht auf beiden Seiten selbständige Faktoren vorliegen, sondern die einheitliche Wirkung derselben Tatsache, z. B. das Heranrücken an die Straße und damit verbunden die polizeiliche Nötigung, das Grundstück einzuräumen.

Mehr- und Minderwert sind nur zu ersetzen, wenn zwischen den Teilen ein wirtschaftlicher Zusammenhang besteht; es genügt, daß ein Teil den wirtschaftlichen Bedürfnissen des anderen zu dienen geeignet ist und tatsächlich, wenn auch nicht dauernd, gedient hat.

Auch die aus der Ausführung und dem Betriebe des Unternehmens erwachsenden Nachteile, z. B. Raucheinwirkungen der Bahn, Lage, Veränderung durch Aufhöhung des enteigneten Landes u. dergl. sind zu ersetzen. Die Nachteile müssen nur in ursächlichem Zusammenhang mit der Enteignung stehen. Die Ursächlichkeit wird dadurch nicht berührt, daß andere Nichtenteignete denselben Nachteil erleiden.

Bei der Teilenteignung kann statt der Entschädigung die Übernahme des ganzen Grundstücks verlangt werden, wenn es durch die Abtretung so zerstückelt werden würde, daß der Rest nach seiner bisherigen Bestimmung nicht mehr zweckmäßig benutzt werden kann. Die Bestimmung des Rests entscheidet; zu verstehen ist darunter der wirtschaftliche Zweck, zu dem der Eigentümer sein Grundstück tatsächlich benutzt hatte. Künftig mögliche Benutzungsarten sind belanglos. Ob der Rest weiter bestimmungsgemäß benutzt werden kann, ist nach der durch die Enteignung geschaffenen Lage zu prüfen.

Trifft die geminderte Benutzbarkeit nur bestimmte Teile, so sind nur diese zu übernehmen. Teilweise in Anspruch genommene Gebäude müssen ganz übernommen werden. Im übrigen vgl. die Anm. zu § 9.

Bereits erwähnt ist, daß bei Abschätzung des Werts nach dem bisherigen Ertrage die Kosten der Anschaffung eines Ersatzgrundstücks die obere Grenze für den zu ermittelnden Schaden bilden.

Wertsteigerungen durch die neue Anlage bleiben außer Betracht. Vgl. § 10 Abs. 2.

Der Betrag des Schadens, den Nutzungs-, Gebrauchs- und Servitutberechtigte, Pächter und Mieter durch die Enteignung erleiden, ist, soweit er nicht in der für das Eigentum bestimmten Entschädigung oder deren Nutzung begriffen ist, besonders zu ersetzen. Mieter oder Pächter haben aber nur Anspruch auf eine Sonderentschädigung, wenn sie bereits in den Besitz des Grundstücks gelangt sind (vgl. § 12).

Für bloße Beschränkungen (im Gegensatz zur Entziehung) des Eigentums ist die Entschädigung nach den eben erörterten Grundsätzen zu bestimmen. Dabei ist aber wegen der durch Festsetzung einer Fluchtlinie eintretenden Beschränkung auf § 8 Anm. I 2 a. E. zu verweisen.

§ 7[1]. Die Pflicht der Entschädigung liegt dem Unternehmer[2] ob. Die Entschädigung wird in Geld[3] gewährt. Ist in Spezialgesetzen[4] eine Entschädigung in Grund und Boden vorgeschrieben, so behält es dabei sein Bewenden.

1. Durch die Enteignung werden zwischen dem Unternehmer und dem Betroffenen obligatorische Beziehungen begründet, die für alle in ihnen wurzelnden Entschädigungsansprüche ausschließlich maßgebend bleiben; dies gilt insbes. für die Benachteiligung von Restparzellen, wofür Entschädigung nicht aus allgemeinen Rechtsgrundsätzen abgeleitet werden kann Recht 11, 734; Warn. 4, 49; KompKonflGH. im PrVBl. 42, 74. Vgl. auch § 24 Anm. 1.

2. Wer formell im Enteignungsverfahren Unternehmer, ist entschädigungspflichtig. Vgl. § 2 Anm. 5; RG. 44, 325: Berufung darauf, daß die Enteignung zugunsten oder im Interesse eines Dritten erfolgt, unzulässig.

3. Der Anspruch auf Entschädigung und die Pflicht zur Entschädigung gehen nur auf Geld; Naturalrestitution ist weder zu geben noch zu nehmen. RG. 41, 257; 69, 64; 71, 203; 86, 17; Recht 12, 532; 13, 70; 15, 140; JW. 08, 317[30]; 09, 437[46], 13, 220[40]; 15, 148[17] PrVBl. 34, 527. Der Anspruch kann bei Entziehung eines andern Rechts (§ 6), z. B. einer Fährgerechtigkeit, auch nicht durch Übernahme der Last ausgeglichen werden, wenn diese Übernahme erst nach der Enteignung erfolgt. Warn. 12, 203. Die Zurückweisung des Naturalersatzes (Angebot eines zur Errichtung von Ökonomiegebäuden ausreichenden Landstreifens, eines Wegerechts statt des Zuganges über eigenes Land, eines den Verlust des Jagdrechts durch Besitzverkleinerung ausgleichenden Gebietes) wird nicht durch den Einwand der Arglist geschlagen. JW. 15, 798[15] = Recht 15, 540; RG. 86, 17 = Recht 15, 140; RG. 41, 257. Auch bei vorübergehenden Beschränkungen Wiederherstellungsangebot ungenügend. JW. 95, 215[63]. Selbstverständlich können die Parteien Naturalersatz vereinbaren; § 7 enthält nicht zwingendes Recht, RG. 86, 17 = JW. 15, 148[17]; auch liegt kein Verstoß gegen § 7 darin, daß die Geldentschädigung nach den Kosten einer den Schaden ausgleichenden neuen Einrichtung bemessen wird, Recht 16, 478 = JW. 16, 913[11]. In gewissem Sinne wird durch § 14 eine Ausnahme begründet. Ist der Unternehmer nach § 14 zu Anlagen verpflichtet, die einen rechtlich gesicherten Bestand haben, und wird dadurch ein dem früheren gleicher oder ähnlicher Zustand geschaffen, ist der Schaden ausgeglichen oder nicht entstanden und daher ein Anspruch auf Entschädigung nicht gegeben, RG. 71, 203; JW. 13, 220[40] = Recht 13, 70. Abweichend doch wohl JW. 96, 309[50]: Verurteilung zur Herstellung eines Durchlasses, wozu Unternehmer sich erboten. Angebot des Unternehmers zur Bestellung

einer Grundgerechtigkeit auf Ableitung von Wasser, auch noch im gerichtlichen Verfahren, kann nicht abgelehnt werden. JW. 13, 220[40] = Recht 13, 70 erklärt die Entscheidung damit, daß es sich nicht um die Entziehung eines bereits ausgeübten Rechts, sondern nur um Beschränkung der Benutzungsfähigkeit gehandelt habe. Vgl. übrigens auch § 1 Anm. II. 8 am Ende.

4. Für das ALR. vgl. Förster-Eccius, Preuß. Privatr. 6 Bd. 2 § 131 Anm. 36. Vgl. ferner die provinziellen Wegeordnungen, §§ 8 ff. FrankfUmlegG. 27. 7. 02. (GS. 273), § 14a FlLinG.

§ 8. Die Entschädigung für die Abtretung des Grundeigentums besteht in dem vollen Werte des abzutretenden Grundstücks, einschließlich der enteigneten Zubehörungen und Früchte.

Wird nur ein Teil des Grundbesitzes desselben Eigentümers in Anspruch genommen, so umfaßt die Entschädigung zugleich den Mehrwert, welchen der abzutretende Teil durch seinen örtlichen oder wirtschaftlichen Zusammenhang mit dem Ganzen hat, sowie den Minderwert, welcher für den übrigen Grundbesitz durch die Abtretung entsteht.

I. 1. Wert.

Werterſatz in Geld (§ 7), kein Anspruch auf Gewährung eines gleichartigen Grundstücks oder einer Summe, die stets (vgl. Anm. zu § 10 Abs. 1) die Anschaffung eines solchen ermöglichte. RG. 58, 422. Voller Wert als Inbegriff der vollständigen Entschädigung (§ 1) reichlich bemessener Ersatz aller Nachteile, die der Eigentümer durch die Enteignung erleidet, einschließlich des entgangenen Gewinns, nicht Affektionswert, RG. 5, 248; auch das besondere vermögensrechtliche Interesse, das gerade für diesen Eigentümer das Grundstück hatte — sog. individueller Wert — ausschließlich aller nur durch subjektive Verhältnisse zu begründenden Momente RG. 32, 298; JW. 00, 198[37] u. 541[48]; 01, 412[42]; 05, 300[32]; 08, 284[27]; 11, 727[30]. Ein Grundstück, auf dem der Eigentümer seit langer Zeit ein Gewerbe betrieben hat, kann durch Verknüpfung mit den persönlichen Fähigkeiten und der Tätigkeit des Eigentümers und dadurch, daß es besonders geeignet ist, diesen dienstbar gemacht zu werden, in der Person des Eigentümers und für ihn einen höheren Wert haben, als für andere und als bei einem Verkaufe zu erzielen. (Individueller Wert). Eine Schätzung des individuellen Werts nach dem Ertrage fordert Scheidung der Erträge, die im Grundstück und seinen Eigenschaften ihren Ursprung haben von den subjektiv bedingten, was schwierig; besserer Maßstab im allgemeinen Verkehrswert eines geeigneten Ersatzgrundstücks JW. 12, 814[37]; Gruch. 56, 445; Warn. 12, 395; PrVBl. 33, 842. Unter Umständen kann nach dem Ertrage des Gewerbes, wie nach dem Reinertrage eines Grundstücks geschätzt werden, unter Kürzung des Reingewinns mit Rücksicht auf Konjunkturschwankungen und Risiko JW. 11, 727[30]; Recht 11, 523. Der individuelle Wert des Nachbargrundstücks kommt dem Enteigneten zustatten, wenn der Nachbar den Erwerb ins Auge fassen mußte RG. 79, 296; JW. 12, 815[38]. Wert bedingt durch die vorhandene oder in sicherer Aussicht stehende und den Wert schon beeinflussende Benutzungsfähigkeit — vgl. hier I. 6. u. § 10 Anm. 1 — des Grundstücks RG. 17, 162; JW. 87, 23[38]; auf objektiver Grundlage JW. 95, 107[14]; 96, 91[109]. Unsichere Hoffnungen, z. B. unsichere Arrondierungsmöglichkeit, die wertvolles Bauland schüfe, nicht zu beachten Recht 15, 141; 16, 257; Gruch. 27, 1045; 60, 873; RG. 30, 295. Absicht des Eigentümres beim Erwerb gleichgültig RG. 37, 305. Die vorteilhafteste Benutzungsart, also die Benutzungsfähigkeit — wegen der bisherigen Benutzungsart vgl. § 10 Abs. 1 — entscheidet RG. 8, 237; 32, 298; 53, 194; JW. 03, 55[34]; 05, 508[45]; Recht 13 S. 440, 530; 719. Nicht der höchste Wert, aber Ersatz für alle Nachteile und innerhalb der natürlichen Wertschwankungen der reichlich bemessene Wert JW. 04, 577[13]. Die Anwendung des § 254 BGB. ist nicht grundsätzlich ausgeschlossen. Ein Verschulden kann aber nicht in dem käuflichen Erwerb von Grundstücken gefunden werden, deren künftige Beeinträchtigung durch Bahnanlagen der Erwerber kennt Recht 11, 734. Verhältnis des enteigneten Bergbautreibenden zu einer öffentlichen Verkehrsanstalt, für die enteignet wird s. § 1 Anm. II 9 a. E. Die Enteignungsentschädigung gilt als Veräußerungspreis im Sinne des § 8 WertZuwachsSteuG. OVG. 77, 17; 71, 33. Für die sog. Aufwertung, richtiger Umrechnung, muß der Tag des Beschlusses zu Grunde gelegt werden. Entsch. d. RG. v. 11. Jan. 27.

2. Die maßgebende Zeit für die Wertermittlung: ist die Zeit der Enteignung, genauer der Zustellung des Entschädigungsfeststellungsbeschlusses, vorbehaltlich des Grundsatzes des § 10 Abs. 2 — § 10 Anm. 5—7 — RG. 27, 263; 102, 193; JW. 91, 433[76]; 92, 156[24]; 95, 253[42]; 02, 233[10] u. [11] u. 549[23]; 11, 605[65]; Recht 13, 530; 15, 202; 23 Nr. 269; Warn. 25, 213. Im Falle des § 16 entscheidet die Zeit der Eigentums- bzw. Besitzüberlassung RG. 69, 347; JW. 08, 726[28]. Dieser Satz gilt in allen Fällen der früheren Besitzübertragung, die als im voraus erfolgte Erfüllung des vom Unternehmer gestellten Enteignungsbegehrens in Betracht kommt, vgl. die eingangs angeführten Entscheidungen. Der vorangestellte Satz hindert nicht, daß bei einer Schätzung nach einem fingierten Neubau höhere Mieten zugrunde gelegt werden, wenn der Verkehr sicher mit höheren Mieten rechnet Recht 15, 141. Früher bezahlter, zu hoher Kaufpreis gleichgültig JW. 03, 56[35]. Die Zeit der Zustellung des Entschädigungsfeststellungsbeschlusses maßgebend auch für die Bewertung von Land, das nach § 11 FlLinG. unbebaubar geworden und nach dem FlLinG. enteignet wird, wobei die Baubeschränkung nicht zu berücksichtigen — § 10 Abs. 2 —. Gruch. 37, 125; RG. 53, 133 (= JW. 03, 38[53]); 55, 70; 101, 148; JW. 07, 118[20]; Recht 13, 440; 16 S. 424, 515 und wegen des Bauverbots aus § 12 FlLinG. RG. 53, 406;

JW. 03, 55[34]. Baubeschränkungen einer kurz vor der Enteignung erlassenen Polizeiverordnung wirken wertmindernd, wenn ihr Erlaß nicht in tatsächlichem Zusammenhang mit dem Unternehmen steht. Recht 13, 809. Vgl. auch RG. 74, 18; JW. 10, 766[39]; Recht 14, 114. Zu unterscheiden ist die Zeit der Entstehung des Anspruches RG. 70, 12 = JW. 08, 757[29]. Vgl. auch hier I. 4.

3. Vorwirkungen der Enteignung:

Die schon vor der Enteignung eingetretene und durch diese verursachte Minderung oder Entziehung von Nutzungen ist neben dem Grundstückswert zu ersetzen JW. 03, 36[57]; auch wenn das auf die Enteignung gerichtete Verfahren — RG. 31, 214; JW. 93, 211[67] — oder die die Fluchtlinienfestsetzung vorbereitenden Schritte — JW. 99, 356[62] — die Ursache. Mietausfall wegen drohender Enteignung ist zu ersetzen, auch wenn die Kündigung des Eigentümers die erste Ursache; Gruch. 55, 1179; Recht 18, 164. Bei Enteignungen nach dem FlLinG. kommt als der früheste Zeitpunkt die erste Aufstellung und Vorlage des Plans durch den Gemeindevorstand in Betracht. RG. 43, 356 (vgl. Anm. zu § 10 Abs. 2). Rückgang der Mieten wegen der bevorstehenden Enteignung bleibt bei Berechnung des Werts des Grundstücks außer Betracht. JW. 88, 174[34]. Entschädigung eines Gastwirts (Pächters) wegen Rückganges der Wirtschaft nach der Planfeststellung infolge der bevorstehenden Enteignung JW. 07, 290[52]. Zinspflicht als Teil der Entschädigung für schon vor der Enteignung erwachsene, aber mit ihr zusammenhängende Nachteile aus früherem Besitzverlust des Grundstücks; Recht 15, 202.

4. Belastungen des Grundstücks und Verwandtes:

Den Unterschied zwischen den etwaigen höheren Zinsen der Realgläubiger und den Hinterlegungszinsen trägt der Eigentümer RG. 68, 116; JW. 08, 316[29]. Vgl. § 36 Anm. 7. Grunddienstbarkeiten und andere Nutzungsrechte Dritter mindern den Wert nicht. Zu berücksichtigen jedoch Beschränkungen, die der Eigentümer durch die tatsächliche Verwendung faktisch für sein Grundstück geschaffen RG. 30, 176; 33, 303; JW. 92, 435[34]; 94, 492[5]; Gruch. 43, 1098; JW. 93, 51[54]; Einfluß der Vermietung JW. 10, 663[31]. Vgl. § 11. Ein Kirchplatz, der nicht dem öffentlichen Verkehr dient, aber dem Fußgängerverkehr tatsächlich offengestanden hat, nach seiner besonderen Bedeutung zu bewerten RG. 76, 256; 11, 604[63]. Enteignung eines öffentlichen Weges JW. 10, 813[32]; 09, 236[35]. Gruch. 53, 1175; PrVBl. 33, 455; eines mit Wegedienstbarkeit belasteten Privatweg Gruch. 56, 1148; PrVBl. 34, 318; eines nur tatsächlich als Zugang zur öffentlichen Straße dienenden Grundstücks JW. 13, 1113[13]; Gruch. 58, 500. Öffentlich-rechtliche Lasten mindern den Wert, so die Deichlast JW. 96, 455[70]; die schon vor Geltung des FlLinG. eingetretene öffentlich-rechtliche Baubeschränkung RG. 32, 202; JW. 02, 179[52]; 03, 301[38]; 11, 995[41]; Recht 12, 210; RG. 50, 314; 55, 70; auch die tatsächliche Unbebaubarkeit infolge eines früheren Bebauungsplans RG. 17, 162. Vgl. aber RG. 63, 298; JW. 06, 446[35]. Anders wegen § 10 Abs. 2 bei der Baubeschränkung infolge der Fluchtlinienfestsetzung. Vgl. I 2 a. E. Berücksichtigung der Wahrscheinlichkeit eines Baudispenses. Recht 12, 356. Vgl. auch JW. 06, 581[59]. Ist der Unternehmer Nebenberechtigter (§ 11) und sein Schaden im Wert des Grundstücks begriffen, so mindert sich die Entschädigung des Eigentümers um den Wert dieses Rechts. Das Interesse des Nebenberechtigten am Bestehen ist aber nicht gleich dem Interesse des Eigentümers am Nichtbestehen der Last. Gruch. 40, 1088; 61, 690; JW. 03, 438[17]; 17, 856[16]; Recht 14, 753; 17, 386.

5. Tatsächliche Vorteile oder Eigenschaften des Grundstücks: z. B. aus seiner Lage erwachsende, auch wenn kein Recht auf ihren Fortbestand oder für ihre Dauer keine Gewähr, doch zu vergüten, wenn begründete Aussicht auf eine gewisse Dauer ist und die Möglichkeit ihrer Ausnutzung vom Verkehr preissteigernd gewertet wird, Recht 13, 209; RG. 17, 162; JW. 86, 455[42]; 88, 433[26] — An-

liegerschaft am Kanal —; 89, 522[20]; 00, 541[48] — Nutzung eines Nachbargrundstücks durch Pacht —; 04, 371[43] — Nachbarschaft von Gärten —; 05, 508[45] — Bestehen einer Schankkonzession; Gruch. 43, 757; 46, 1167 — Anliegerschaft am öffentlichen Fluß bzw. Weg; 09, 119[18] — Bedürfnis zweigleisigen Ausbaus der enteigneten Bahn; Recht 12, 64: Aussicht auf Anlandungen nicht wertsteigernd, wenn der Verkehr sie nicht so wertet. Keine Entschädigung für widerruflich vom Unternehmer eingeräumte Vergünstigung RG. 74, 295 = JW. 11, 118[76] oder für tatsächliche Vorteile, die der Unternehmer jederzeit wieder entziehen konnte Recht 12, 532. Bei Enteignungen durch die Eisenbahn (Kanal) kommt die Aussicht auf einen Bahnanschluß nicht in Betracht. RG. 84, 255; Gruch. 63, 766; JW. 14, 598[17]; Recht 14, 271; anders wenn die Enteignung für einen Unternehmer erfolgt, den vor höherer Entschädigung zu bewahren der Fiskus kein Interesse JW. 13, 388[25]; anders auch, wo es sich um den Fortgenuß des Vorteils einer bestehenden Ladestelle (an der kanalisierten Saar) handelt, die nur aus Gründen des öffentlichen Wohls entzogen werden durfte RG. 91, 86; Recht 18, 36. Heimliche Benutzung Recht 11, 236. Einwirkungen einer Bauordnung sind nicht gemäß Auslegung der Bauordnung durch das Gericht, sondern nach ihrer praktischen Handhabung zu werten Gruch. 56, 1148. Auch tatsächliche Vorteile (Ausladestelle) sind nicht bloß nach ihrer bisherigen Inanspruchnahme, sondern gegebenenfalls nach ihrer Ausnutzungsfähigkeit zu werten Recht 15, 530; Möglichkeit der Ausnutzung einer Wasserkraft JW. 14, 318[6]. Für Einziehung eines öffentlichen Weges im Gebiete des gemein. R. keine Entschädigung, weil nach gemein. R. in solchen Fällen kein Entschädigungsrecht, Recht 15, 141 (? s. unten Anm. II 5).

6. Baulandeigenschaft anzunehmen, wenn das Bebauen nach dem gewöhnlichen Lauf der Dinge in naher Zukunft bevorsteht RG. 8, 214; Gruch. 31, 876; 45, 345; JW. 93, 211[60]; 99, 20[65] u. 173[10]; 00, 327[42] u. 480[35]; 02, 227[50] u. 323[57]; 03, 36[57]. Vgl. auch JW. 07, 118[20]. (Sog. merkantiles)

Bauland ist auch solches, für das der Verkehr bei der Preisbildung mit der künftigen Bebauung rechnet, JW. 10, 630[36]. Recht 09, 486; 13, 809; 14, 114; 15, 202; 16, 174. Zu scheiden Baustellenland, das zu einer von städtischer Bebauung unmittelbar ergriffenen Gegend gehört, von der Zwischenstufe zwischen ihm und Acker oder ähnlichem Land, dem Baurohland, spekulativen, werdenden Bauland; verschiedene Bewertung der Flächen bei besonderer Tiefe des Grundstücks und der Notwendigkeit der Erschließung durch besondere Straßen JW. 11, 726[38]; Recht 11, 524 = Gruch. 55, 1176. Wieweit ein Grundstück wegen eines Bauzonentarifs baulich ausgenutzt werden kann, hat Bedeutung nur für die Bewertung, nicht für Baulandeigenschaft Recht 14, 114. Vgl. auch PrVBl. 34, 472.

Die abweichende Benutzungsart (Aufwuchs) kann Zuschlag zum Baulandwert bedingen OLG. Frankfurt in PrVBl. 38,74.

7. Gewerbebetrieb und andere persönliche Vor- und Nachteile:

Ein Gewerbebetrieb ist als werterhöhender Faktor für ein Grundstück anzuerkennen, wenn sich das Grundstück nach seiner Lage und Beschaffenheit für einen bestimmten Betrieb eignet und der Einfluß dieser Möglichkeit sicher erkennbar Gruch. 36, 1104; JW. 08, 284[27]. Entschädigung für die Aufgabe einer günstigen Geschäftslage und sonstige Nachteile der Geschäftsverlegung JW. 97, 378[38]. Entschädigung für die Kosten des Umzugs und der Geschäftseinrichtung RG. 32, 298. Vgl. hier I. 1. u. 5. Berücksichtigung der Vorteile einer Geschäftsverlegung RG. 67, 202 = JW. 08, 75[11]. Über objektiven Annehmlichkeitswert s. Anm. 8 unten.

8. Berechnungsgrundsätze (vgl. unten II 6):

Im gewöhnlichen Verfahren Feststellung des künftigen Schadens, im Dringlichkeitsverfahren (§ 34) — ebenso im vereinfachten Enteignungsverfahren — des bereits eingetretenen RG. 71, 203 = JW. 09, 437[46]. Ob nach dem Ertrage oder nach dem Verkaufswert zu schätzen, ist Tatfrage Recht 14, 753;

19, 45; 20 Nr. 2237; Gruch. 63, 236. Der zeitlich und örtlich herrschende (Tatfrage!) Zinsfuß ist bei der Kapitalisierung zu berücksichtigen. Gruch. 28, 255; 37, 1124; Recht 13, 440; 14, 337; JW. 93, 51[56]; 00, 541[49]; 10, 847[95] — § 246 BGB. bindet nicht. Bei Berliner Zweckgrundstücken (Gegensatz: Rentengrundstück) ist in guter und gesuchter Stadtgegend eine Kapitalisierung mit 4½ % üblich. Gruch. 63, 236; Recht 19, 45. Das Operieren mit dem Verkaufswert ist hypothetisch zulässig auch für unverkäufliche Grundstücke (Kirchen, öffentliche Wege) JW. 00, 424[33]; 09, 236[35]; Gruch. 53, 1175. Burg Giebichenstein zu schätzen nach dem Wert, den sie für Reflektanten aus dem begrenzten Kreis von Kunst- und Altertumsliebhabern hat („objektiver Annehmlichkeitswert") Gruch. 59, 533; Recht 15, 490. Addieren des Werts des Grund und Bodens, des Werts des Hauses und einer Summe für das Aufgeben der günstigen Geschäftslage und für die sonstigen Nachteile der Geschäftsverlegung ist eine zulässige Berechnungsart JW. 97, 378[38]. Der Wert eines bebauten Grundstücks darf nicht nach dem Durchschnitt des Grund- und Gebäudewerts einer-, und des allgemeinen Ertragswert andrerseits gefunden werden; ebensowenig durch Addieren des Werts der Fläche und des Gebäudes für sich, ohne Rücksicht darauf, daß es nur Abbruchswert hat; der Verkaufswert ist nach dem Ertrage, aber unter Berücksichtigung der Preise gleichartiger Grundstücke zu bemessen Gruch. 55, 1179; Recht 12, 325. Durchschnittziehen aus verschiedenen abweichenden Schätzungen setzt voraus, daß die Sachverständigen nur in Wertangaben abweichen, sonst aber von gleichen Grundsätzen ausgehen Recht 12, 678. Der kapitalisierte, nachhaltige Reinertrag ist mindestens der Grundstückswert RG. 54, 115; 57, 288; JW. 03, 193[68]; 04, 221[47]. Wird der Ertrag nach dem sich als Benutzungsart (vgl. § 10 Anm. 1) des Grundstücks darstellenden Gewerbe (Steinbruch, Ziegelei, Torfstich) berechnet, so sind die Betriebskosten auszuscheiden. Falsch, den Durchschnitt der Summe des Ertragswerts und des Werts des Grund und Bodens zu nehmen;

die beim Ertragswert abzusetzenden Lasten, Abgaben und Unkosten müssen nach Lage des Falles, dürfen nicht summarisch, nach einer Schablone, berechnet werden RG. 57, 288; 66, 311; JW. 04, 221[47]; 07, 720[34]. Bewertung nach dem Ertrage eines fingierten Neubaus als am günstigsten gegenüber der geringeren Bewertung nach dem bisherigen Ertrage und nach Vergleichskäufen JW. 11, 556[47]. Vgl. auch JW. 08, 284[27]; 10, 630[35]. Bei Schätzung nach dem Ertragswert eines Hauses kann Tilgungsbeitrag außer Ansatz bleiben, wenn die Bodenwertsteigerung die Gebäudeabnutzung ausgleicht; bei baufälligen Gebäuden ist aber anders zu verfahren Gruch. 63, 236; Recht 19, 45. Falsch, die Jahreserträge einer für Feldbrand geeigneten Lehmschicht, einer Ziegelei, eines Torfstichs, nach Abzug der Zwischenzinsen zu addieren. Richtiger, Preis unter Berücksichtigung der Verkehrsschwankungen u. dgl. zu ermitteln, oder den Preis, für den gleich brauchbares Grundstück zu haben gewesen wäre. SeuffA. 35 Nr. 216; RG. 8, 214; JW. 85, 38[58]. Wird eine Ziegelei als Bauland gewertet, kann ein Zuschlag für das Lehmlager begründet sein Recht 18, 164. Bauland in der Hand eines Bauunternehmers kann um den Unternehmergewinn wertvoller sein, in dem Maße, in dem es ihm durch die von ihm selbst hergestellte Bebauung gelingt, die Baukosten herunterzudrücken Recht 16, 174. Die Miete kann die Grundlage der Berechnung sein, wenn das Grundstück durch die Bebauung voll ausgenutzt und der Mietsertrag als nachhaltiger gelten kann JW. 99, 122[100]. Bei Gebäuden ist eine Abnutzungsquote für einen Neubau und für die sich über die ganze Zeit erstreckende Wert- und Ertragsminderung einzustellen. Annahme eines Durchschnittssatzes zulässig RG. 54, 115; 56, 92; JW. 03, 193[68] u. 438[17]; JW. 10, 630[35]. Die Vorauszahlung der Mieten, wenn sie üblich, ein werterhöhender Faktor RG. 56, 92; 63, 224. — Berücksichtigung bei fingiertem Neubau; dabei Belastung des Grundstücks mit Hypotheken gleichgültig; Einfluß der Belastung auf die Höhe des Baukapitals. Ein bebautes Grundstück kann, wenn dies günstiger, nach dem Baustellenwert geschätzt werden Gruch. 35, 697; JW. 91. 282[41]. Berücksichtigung des Mietausfalls des alten Gebäudes und des Zwischenzinses. RG. 72, 211; JW. 10, 76[34]. Bewertung des auf Grund des FlLinG. enteigneten Landes nach fingiertem Neubau; RG. 74, 18 = JW. 10, 766[39]. Bei Bauland ergibt eine Ertragstaxe unter Zugrundelegung eines zweckmäßigen und möglichst rentablen Bauprojekts nach Abzug des Bauwerts den Baustellenwert. Eine Schätzung unter Zugrundelegung der in der maßgebenden Zeit für Baustellen gleicher oder ähnlicher Lage gezahlten Preise meist vorzuziehen Gruch. 38, 1096; 41, 1002; vgl. auch JW. 03, 193[70]. Bei Bewertung von Bauland nach einem Bauentwurf ist in der Regel ein Abzug für unentgeltlich abzutretendes Straßenland und für Grunderwerbskosten als Teil der nicht zu vergütenden Anliegerbeiträge zu machen; anders gegebenenfalls bei sehr großem Komplex oder bei Lage des Grundstücks am Kopfende einer Sackgasse Recht 18, 82. Ist der Ertragswert auffallend höher als der Verkaufswert, so ist dieser vorzuziehen, bei Berechnung nach Durchschnittspreis pro Quadratmeter unter Einbeziehung des Hofraums JW. 06, 320[29]. Verhältnis von Ertrags- zum Tauschwert JW. 07, 719[33]. Ist der Wert an sich richtig berechnet, so muß der Eigentümer, der mehr fordert, behaupten, daß er unter den bestehenden Verhältnissen mit der Summe eine gleich hohe und sichere Kapitalbelegung nicht erreichen oder den Betrag anders nicht gleichwertig verwenden kann RG. 58, 422. Wegen Benutzungsart und Benutzungsfähigkeit s. unten Anm. II. 6.

9. Die Entschädigung ist eine einheitliche; auch da, wo die Entschädigung sich aus verschiedenen Einzelposten zusammensetzt, nicht mehrere Einzelansprüche, sondern einheitliche Forderung RG. 65, 129; 74, 155; JW. 07, 192[32]; 10, 955[41]; JW. 12, 147[28]; 08, 24[32]. Auch die Zinsen, insbes. die nach § 36 Abs. 2 zu zahlenden sind nicht Verzugszinsen, sondern Nutzungsentgelt und bilden einen Teil der Entschädigung RG. 98, 43

mit Nachweisen. Vgl. aber auch Gruch. 59, 537; JW. 14, 844[18]; Recht 14, 432. Vgl. JW. 10, 1007[22]. RG. 74, 287: Wirtschaftserschwernisse nur Rechnungsposition; Gruch. 50, 1217: Posten der Schadensrechnung des Pächters. Vgl. auch hier Anm. II 2.

II. 1. Mehrwert, Minderwert, der Nutzen, den der Teil dem Ganzen leistet, gesehen einmal vom Standpunkte des Teils, das andere Mal von dem des Restes; Folge der Lösung des Zusammenhanges (Recht 15, 308) decken sich daher in der Regel JW. 94, 154[46]; 03, 348[14]; RG. 32, 350; dürfen nicht addiert werden. RG. 32, 350; 53, 194; JW. 03, 55[34]; JW. 94, 213[73]; Gruch. 38, 1092; sind bei der Durchschnittsberechnung (vgl. S. 91 Note*) berücksichtigt Gruch. 37, 1124; JW. 93, 51[56]; 00, 899[15]; sind nicht vorhanden, wenn sie sich nur aus der bisherigen Benutzungsart ergeben, durch eine andere, allgemein und jederzeit mögliche Verwertbarkeit aber sich ein ebenso hoher Wert des Restes ergibt JW. 00, 881[32]; vgl. auch JW. 96, 309[50]. Wird der Zusammenhang eines im Miteigentum stehenden Grundstücks (gemeinschaftliche Einfahrt) gelöst, so ist der Nachteil besonders zu vergüten, wenn auch nicht der Fall des § 8 Abs. 2 gegeben ist Recht 13, 530. Ein zur Baumaske gewordener Rest erleidet erfahrungsgemäß keine Wertminderung Gruch. 60, 873 = Recht 16, 297. Anwendung des § 8 Abs. 2 auch bei Enteignungen nach dem FlLinG. JW. 03, 348[14]; aber Einschränkung für den Fall des § 13 Abs. 2 FlLinG. JW. 08, 756[28]. Keine Teilenteignung, wenn dem Eigentümer, der Bergbau betreibt, nur sein Grundstück entzogen, Bergbau aber verbleibt RG. 58, 147; JW. 04, 434[46]; vgl. dazu JW. 06, 43[56]; auch RG. 84, 254; Recht 14, 272.

2. Einheit der Entschädigung: bei Mehrheit der Schadenspositionen RG. 2, 234. Der Minderwert des Restes Teil der Entschädigung für das Trennstück RG. 14, 267; vgl. oben I. 9. u. § 30 Anm. 6.

3. Vorteilausgleichung: Die dem Restgrundstück erwachsenden allgemeinen Vorteile, die die Enteignung allen Anliegern bringt, sind nie gegen die Entschädigung aufzu-

rechnen; sie sind auch keine Werterhöhung des abzutretenden Grundstücks „infolge der neuen Anlage" im Sinne des § 10 Abs. 1 Gruch. 32, 714; JW. 88, 46[107] u. 171[25]; 90, 212[40]; Recht 13, 209; 15, 309; JW. 93, 109[51] — Vorteil, daß das Haus an die Straße rückt —; 96, 162[88] — auch nicht auf den Minderwert des Restes —; 03, 55[34]; RG. 53, 194; Gruch. 43, 757 — Vorteil der besseren Ausnutzung von Bauland —; JW. 07, 61[26]; Recht 12, 170 — Vorteil näherer Bahnverbindung —. Die besonderen Vorteile dürfen auch nicht auf die für das enteignete Stück gewährte Entschädigung angerechnet werden RG. 57, 242; JW. 04, 187[41]. Auf den Minderwert des Restes sind die besonderen Vorteile anzurechnen; Nachteil der Entziehung des Vorgartens kompensiert mit dem Vorteil, daß das Haus an die Straße rückt und deshalb höhere Miete bringt JW. 04, 371[43]. Vorteil, daß infolge der Enteignung ein Haus an der neuen Straße gebaut werden kann, nicht anrechnungsfähig JW. 05, 240[27]. Begrifflich kein Ausgleich, wo nicht auf beiden Seiten selbständige für sich bestehende Faktoren, sondern einheitliche Wirkung derselben Tatsache, Heranrücken an die Straße und nunmehr polizeiliche Nötigung zur Einzäunung; für die (künftig) nötige Errichtung eines Zauns kann daher ebensowenig Entschädigung gefordert werden, wie für künftig nötige Anliegerbeiträge JW. 08, 82[19]; 15, 931[19]; RG. 67, 173; Recht 15, 400; 16, 257; Gruch. 60, 873. Vgl. allgemein RG. 57, 242.

4. Wirtschaftlicher Zusammenhang: fordert nicht, daß der Teil für das Ganze nötig, wenn der Teil nur geeignet, den wirtschaftlichen Bedürfnissen des Ganzen zu dienen, und tatsächlich, wenn auch nicht dauernd und ununterbrochen gedient hat JW. 85, 39[59]. Der Zusammenhang muß vorhanden sein zur Zeit der Zustellung des Entschädigungsfeststellungsbeschlusses? JW. 93, 319[52]. Vgl. aber RG. 70, 12; JW. 08, 757[29].

5. Nachteile aus dem Betriebe des Unternehmens. Kausalzusammenhang:

Vollständige Entschädigung auch für die Nachteile — Verlust von Vorteilen ist dasselbe —, die dem Enteigneten aus der Ausführung und dem Betriebe des Unternehmens erwachsen, ursächlicher Zusammenhang der Nachteile mit der Enteignung vorausgesetzt. Dahin gehört auch Nachteil aus Aufhöhung der Straße, selbst wenn der Eigentümer sich die Aufhöhung ohne Enteignung entschädigungslos hätte gefallen lassen müssen. Die Ursächlichkeit wird nicht dadurch ausgeschlossen, daß andere Nichtenteignete dieselben Nachteile erleiden, und daß es möglich, daß der Schaden auch ohne die Enteignung eingetreten wäre. Nur wenn letzteres gewiß, sind die Nachteile nicht zu ersetzen. RG. 13, 244; 44, 331; Gruch. 26, 1140; 29, 415; 31, 1057; 32, 717 (= JW. 88, 47[109]); 37, 1124 (= JW. 93, 51[56]); 40, 173; 43, 757; 46, 1167; 47, 1102; 54, 1192; SeuffA. 40 Nr. 114; 46 Nr. 195; Warn. 12, 511; Recht 12, 604; PrVBl. 34 S. 244, 472. JW. 88, 338[28] u. 433[26]; 90, 421[35]; 91, 227[21]; 93, 149[52] u. 282[56]; 98, 176[60]; 99, 717[43], [44]; 02, 322[55]; 03 S. 17[44], 36[56], 113[47] u. 347[13]; 06, 94[22]; 10, 490[40]. Auch mittelbare Enteignungsfolgen sind zu entschädigen, so Raucheinwirkungen der Bahn und Nachteile einer kraft selbständiger Entschließung angelegten Bedürfnisanstalt, auch wenn nicht die Bahn, sondern die Gemeinde für eine Zufahrtstraße enteignet JW. 20, 785[12]; Recht 20 Nr. 3306. Künftige Anliegerbeiträge, ortsstatutarische Straßenanlagekosten (JW. 88, 236; 08, 82[18]; 10, 592[38]; 12, 94[51]; Gruch. 32, 717; RG. 57, 249; PrVBl. 32, 11) sind nicht zu entschädigen; dasselbe gilt für Beiträge nach § 9 KommAbgG. Gruch. 55, 1179; JW. 12, 94[51]; Recht 12, 64; s. auch § 8 Anm. II. 2. a. E., § 9 Anm. 9. Bei Eisenbahnlinien ohne weiteres anzunehmen, daß die gewählte Linienführung die gebotene, eine andere als möglich nicht in Frage JW. 03, 113[47]. Nachteile durch das Unternehmen sind auch dann zu ersetzen, wenn die Teilenteignung für einen Teil des Plans erfolgt ,der unschädlich ist, sofern der Teil ein Stück der das ganze Unternehmen bedingenden Erfordernisse JW. 93, 53[61] u. 282[56]; 03, 36[56]. Für die von ihm zu entrichtende Wertzuwachssteuer kann der Eigentümer Entschädigung nicht fordern RG. 80, 128; JW. 13, 150[30]; ebensowenig gehört die kommunale Umsatzsteuer — der heutigen Grunderwerbsteuer wesensgleich OVG. 78, 12 — zur Enteignungsentschädigung RG. 58, 422; JW. 17, 167[17]; Recht 17,47; a.A.OVG. 68, 184. Über die mögliche Bedeutung der Zuwachssteuer für die Höhe der Entschädigung bei Bewertung von Vergleichsgrundstücken s. aber OLG. Düsseldorf im Recht 19, 267. Baulandwertminderungen, die nicht durch Fluchtlinienfestsetzung, sondern durch Einbeziehung einer Chaussee in das Ortsstraßennetz entstehen, müssen berücksichtigt werden Recht 16, 174. Über ursächlichen Zusammenhang zwischen Wertänderung und Unternehmen (Anlage) vgl. im übrigen § 10 Anm. 5.

6. Berechnungsgrundsätze (vgl. oben I. 8):

Kann die Wertminderung durch Einrichtungen gehoben werden, so kann sie nicht besser als nach den Kosten dieser geschätzt werden. JW. 92, 228[48]; 16, 913[11]; Recht 16, 478. Soll die Schmälerung einer Einfahrt durch den Preis der Nachbarparzelle ausgeglichen werden, so muß feststehen, daß diese dafür zu haben ist PrVBl. 34, 472. Die Kosten der Einrichtungen sind nur Rechnungsposition; kein Zwang für den Eigentümer, Einrichtungen zu treffen. Unbillig umständliche Arbeiten sind ihm nicht zuzumuten; Einrichtungen, die solche nötig machen, zur Berechnung ungeeignet JW. 98, 629[81]. Erforderliche Um- und Neubauten sind zu vergüten JW. 88, 46[107]. Gruch. 32, 714. Der Unternehmer, der sich zur Einräumung einer Dienstbarkeit zur Ableitung von Wasser erboten hat und demgemäß zur Herstellung eines Durchlasses verurteilt wird, hat den Minderwert nur unter Berücksichtigung dieser Einrichtung zu ersetzen JW. 96, 309[50] (vgl. § 7 Anm. 2). Die Differenzberechnung*) ist im allgemeinen als zu

*) Bei Teilenteignungen ermittelt man den Wert, indem man vom Wert des Ganzen vor der Enteignung den des Restes nach der Enteignung, aber unter Ausscheiden der dem

sichereren Ergebnissen führend vorzuziehen; erfolgt sie bei bebauten Grundstücken auf der Grundlage eines fingierten Neubaus, dann darf nur der Abbruchswert der alten Gebäude zugerechnet werden Recht 14, 114; 13, 753; Gruch. 58, 497; Warn. 12, 206; JW. 12, 94[51]. Ergibt die Differenzberechnung — siehe auch Gruch. 55, 1179 — verhältnismäßig höheren Wert des Restes, so ist die Durchschnittsberechnung falsch RG. 53, 194; JW. 03, 55[34]. Differenzberechnung ist nicht geboten. Ist nach dem örtlichen und wirtschaftlichen Zusammenhang des Trennstücks mit dem Ganzen dessen Gleichwertigkeit auch mit anders genutzten (bebauten) Teilen des Ganzen anzunehmen, Durchschnittsberechnung am Platze Recht 14, 114; JW. 00, 899[15]; 03, 193[70]. Auch Bewertung nach dem wirklichen Ertrage des Teils kann angebracht sein, wenn der Teil und der Rest für sich selbständig wirtschaftlich nutzbar sind und der Fortfall des Teils keine Wertminderung bedeutet Recht 16, 515; zulässige Nichtanwendung der Differenzberechnung, wenn nur kleine Teile enteignet, ohne daß dadurch der Wert des Restes gemindert Recht 13, 809. Berücksichtigung eines baupolizeilichen Dispenses (dazu auch Recht 12, 356). Durchschnittsberechnung angebracht bei geschlossenen Baustellen und Geringfügigkeit der abzutrennenden Flächen, evtl. mit Zuschlag für Verkleinerung. Sicherer Differenzberechnung. Bewertung des Restes nach der Zeit nach der Enteignung meist zulässig, soweit nicht § 10 Abs. 2. RG. 62, 268; JW. 06, 151[30]. Durchschnittsberechnung als in concreto zu mechanisch abgelehnt JW. 03, 113[48]. Bei der Differenzberechnung muß die Ermittelung des Werts des Ganzen und

---

Rest durch das Unternehmen zufließenden allgemeinen Vorteile abzieht (Differenzberechnung) oder indem man den Wert des Ganzen, danach den Wert einer Flächeneinheit (z. B. Quadratmeter) und danach den Wert des Restes (Durchschnittsberechnung) berechnet. Vgl. dazu Samter in JW. 15 S. 1217.

des Restes nach einheitlichen Grundsätzen erfolgen, man darf nicht mehrere in ihren Grundlagen verschiedene Bewertungsmethoden nebeneinander gebrauchen Recht 16, 515; unzulässig für den Wert des Restes die tatsächlich vorhandene, für den des Ganzen eine geringere Bebauung zugrunde zu legen JW. 03, 193[69]. Neben dem höheren Wert der Benutzungsart ist kein Betrag für die Benutzungsfähigkeit zuzusprechen, neben dem aus den tatsächlichen Verhältnissen abgeleiteten höheren Wert nicht der geringere Baulandwert; höherer Wert aus Aufwuchs ist aber hinzuzurechnen JW. 12, 94[50] u. [51]; Warn. 12, 206. Bei Bewertung des Teils nach der von der Benutzungsart abweichenden Benutzungsfähigkeit darf aus dem Zusammenhang mit dem Rest Mehrwert nur hergeleitet werden, wenn dieser Zusammenhang die Benutzungsfähigkeit erhöht, daher nicht für Bauland aus Zusammenhang mit Ackerwirtschaft Recht 15, 141. Die möglichste Ausnutzungsfähigkeit des Ganzen und des Restes ist zu unterstellen; doch kommt nur eine der wirtschaftlichen Lage entsprechende Benutzungsfähigkeit, die über die Benutzungsart hinausgeht, in Betracht, z. B. bei Bauland, ob die Bauausführung wirtschaftlich zweckmäßig ist. Die unsichere Möglichkeit, bei Zukauf eines Grundstücks die bauliche Ausnutzung zu verbessern, muß außer Betracht bleiben. RG. 32, 350; 53, 194; Recht 14, 668; 15, 141; 16, 257; JW. 06, 581[59]; 03, 55[34]. Auch ein z. Zt. unausführbarer Bauentwurf kann die Grundlage der Berechnung bilden, indes nicht zu empfehlen, wenn die Verhältnisse noch zu unsicher Recht 18, 82. Dem Minderwert des Restes für den Verlust des Vorgartens darf der Wert des Vorgartens als solchen nicht hinzugerechnet werden. Der Vorgarten darf dann nur als Trennstück, abgesehen von seiner werterhöhenden Eigenschaft, geschätzt werden JW. 94, 213[73]; Gruch. 38, 1092. Schätzung eines Vorgartens, der allen Mietern gemeinsam dient und keine andere Bedeutung hat, nur nach den Mietausfällen RG. 67, 271; JW. 08, 82[18]; Recht 17, 537. Sind die Wirtschaftsgebäude eines

Landguts für den Rest verhältnismäßig zu groß, so ist der Minderwert mitgeschätzt, wenn das Enteignete ohne Rücksicht auf seine Verbindung mit dem Gut geschätzt ist JW. 96, 455[69]. Ersatz für gleich hoch bleibende Löhne, Gespannkräfte, Versicherungsbeiträge, Gebäudeunterhaltungskosten Recht 12, 170. Der Minderwert von Bauland wegen Nähe der Bahn kann durch Kapitalisierung des Mietausfalls ermittelt werden RG. 7, 258. Der Nutzen eines zu Zechenzwecken verpachteten Baches ist nach dem Ertrage, gegebenenfalls mit einem Zuschlage für anderweite dauernde Nutzung zu werten Recht 16, 648. Werden abgeschnittene Teile nach der Enteignung veräußert, so sind die Wirtschaftserschwernisse nur für die Dauer der Zusammengehörigkeit des Restes zu ersetzen RG. 3, 239. Vgl. dagegen Anm. I, 2. Der Grundsatz des § 10 Abs. 1 gilt auch im Falle des § 8 Abs. 2; JW. 96, 294[67].

III. Einzelne Fälle der Entschädigung oder Nichtentschädigung für: die Entziehung der Anliegerschaft am öffentlichen Weg bzw. Kanal. Gruch. 46, 1167; JW. 88, 433[26]; Anliegerrecht an öffentlichem Fluß und Uferlinie JW. 21, 127[4]; die Vermehrung der Arbeitskräfte. JW. 88, 352[35]; Bauland. JW. 06, 151[30] (= RG. 62, 268) u. 320[20]; 07, 719[33] u. 720[34] (= RG. 66, 311); 08, 284[27]; 10, 76[34] (= RG. 72, 211); 630[35, 36] u. 766[39] (= RG. 74, 18); RG. 63, 224; Anliegerbeiträge Anm. II. 5; Anlandungen Recht 12, 64; Aufhöhung der Straße Warn. 12, 511; Recht 12, 604; PrVBl. 34, 244; des Bergbautreibenden gegenüber öffentlichen Verkehrsanstalten RG. 58, 147; 84, 254; JW. 04, 434[46]; die Enteignung einer Brandstätte. JW. 03, 36[57]; die Last des Anlegens, Erhaltens, Reinigen des Bürgersteiges. JW. 94, 198[38]; eines Teiles einer Eisenbahnanlage JW. 09, 119[18]; die Verstärkung des Forst- und Jagdschutzes JW. 93, 50[53]; Gruch. 37, 1130; die Einbeziehung in den Feuerrayon RG. 2, 234; 7, 265; Gruch. 36, 459; JMBl. 83, 324; JW. 99, 20[66]; die Kosten der Geschäftseinrichtung RG. 32, 298; die Aufgabe der günstigen Geschäftslage, die Kosten der Geschäftsverlegung JW. 97, 378[38]; für eine Fährgerechtigkeit Warn. 12, 203; einen Kirchplatz RG. 76, 256; JW. 11, 604[63]; Burg Giebichenstein Gruch. 59, 533; Recht 15, 490; die Immission von Rauch, Ruß, Funken RG. 7, 265; Gruch. 36, 459; 40, 173; von Staub von Anmarschwegen zum Exerzierplatz JW. 10, 490[40]; Kundenverlust JMBl. 81, 27; Kosten, Stempel, Umsatzsteuer und Provision für den Kauf eines Ersatzgrundstücks RG. 58, 422; Umsatzsteuer, Zuwachssteuer Recht 17, 47; JW. 13, 150[30]; 17, 167[17]; RG. 80, 328; Kosten der Vertretung durch einen Anwalt im Entschädigungsfeststellungsverfahren RG. 58, 422; die Entziehung von Licht und Wärme Gruch. 40, 173; die Abgeschlossenheit und Ruhe des ländlichen Aufenthalts Gruch. 26, 1140; für eine Ladestelle Recht 15, 530; den Mietausfall wegen Nähe der Bahn RG. 7, 258; die Entziehung des Mahlwassers Gruch. 47, 1002; den Nutzen eines Baches Recht 16, 648; den Verlust benachbarten Pachtlandes JW. 00, 541[48]; Nachbargärten JW. 04, 371[43]; Verlust der Schankkonzession JW. 05, 508[45]; die Erhöhung der Pflastersteuer und Straßenreinigungskosten Gruch. 37, 1124; JW. 93, 51[56]; Straßenanlagekosten Gruch. 32, 717; JW. 88, 47[109]; die Tieferlegung einer Straße RG. 44, 325; PrVBl. 34, 472; Schmälerung einer Einfahrt PrVBl. 34, 472; SeuffA. 46 Nr. 195; einen Steinbruch, Torfstich, Ziegelei, Tonlager RG. 57, 288 = JW. 04, 221[47]; Gruch. 29, 969; JW. 85, 38[58]; SeuffA. 35 Nr. 216 = JMBl. 80, 161; Um- und Neubauten Gruch. 32, 714; JW. 88, 46[107]; JMBl. 88, 230; Umzugskosten RG. 32, 298; Zugroßwerden der Wirtschaftsgebäude JW. 96, 455[69]: Vorgärten JW. 08, 82[18] (= RG. 67, 271); 94, 213[73] (= Gruch. 38, 1092); Wegeerschwerungen (Umweg, Bahnübergang, Fähre, zeitweise Wegsperrung). RG. 3, 239; Gruch. 30, 1036; 46, 1163 (= JW. 01, 357[11]); JW. 93 S. 53[61], 282[56]; eines öffentlichen Weges JW. 09, 236[35] (= Gruch. 53, 1175); 10, 813[32]; Wasserkraft JW. 14, 318[6]; Ziegelei Recht 18, 164.

III. Aufwertung: Der Enteignete hat Anspruch auf eine Summe Geldes, die in ihrer inneren Kaufkraft z. Zt. des Urteils dem Wert entspricht, den das Grundstück z. Zt.

der Zustellung des Beschlusses über die Entschädigungsfeststellung oder z. Zt. einer früheren Besitzüberlassung gehabt hat. Keine Aufwertung im gewöhnlichen Sinn. Späteres Sinken der Grundstückspreise kommt nicht in Betracht. So ständige Rechtsprechung Entsch. d. RG. v. 11. Jan. 27, ferner RG. 109, 259; (= JW. 25, 228 [11]); 107, 228; LZ. 25, 472; JW. 25, 1105 [3]; 26, 2364 [5] (= Warn. 25, 211); Warn. 25, 213; s. auch OLG. Hamm in JW. 25, 1525 [6]. Vgl. auch Zusammenstellung in JW. 25, 2664. Dieselben Grundsätze gelten, wenn eine Planfestsetzung nach § 15 stattgefunden hat, und ein Vertrag über die Entschädigung nach § 16 geschlossen ist JW. 26, 2629 [12]. Über Berechnung im Falle von Teilzahlungen Warn. 25, 213. Über Aufwertung nach § 45 erloschener und gelöschter Hypotheken s. RG. in JMBl. 26, 223; JW. 26, 1471 [4].

§ 9. [1]Wird nur ein Teil[2] von einem Grundstück in Anspruch genommen[3], so kann der Eigentümer[4] verlangen, daß der Unternehmer das Ganze gegen Entschädigung[5] übernimmt[6], wenn das Grundstück durch die Abtretung[7] so zerstückelt werden würde, daß das Restgrundstück nach seiner bisherigen Bestimmung[8] nicht mehr[9] zweckmäßig benutzt werden kann.

Trifft die geminderte Benutzbarkeit nur bestimmte Teile des Restgrundstücks, so beschränkt sich die Pflicht zur Mitübernahme auf diese Teile.

Bei Gebäuden, welche teilweise in Anspruch genommen werden, umfaßt diese Pflicht jedenfalls das gesamte Gebäude[10].

Bei den Vorschriften dieses Paragraphen ist unter der Bezeichnung Grundstück jeder in Zusammenhang stehende Grundbesitz des nämlichen Eigentümers begriffen.

1. § 9 gilt unbeschränkt auch bei Enteignungen nach dem

FlLinG. RG. 2, 279; 31, 273; JW. 93, 319[50], für die daneben noch die besonderen Vorschriften des § 13 Abs. 3 u. 4 FlLinG. gelten.

2. Der hier vorausgesetzte Zusammenhang muß zur Zeit der Zustellung des Entschädigungsfeststellungsbeschlusses vorhanden sein JW. 93, 319[52]. Aus § 9 kann eine Pflicht zur Übernahme des Zubehörs, z. B. des Gastwirtschaftsinventars, nicht abgeleitet werden; ein Anspruch auf Übernahme des Inventars wäre nur anzuerkennen, wenn der Eigentümer nicht mehr in der Lage wäre, es sachgemäß zu verwerten Recht 14, 668.

3. Inanspruchnahme eines Teils liegt vor auch bei Beschränkungen im Sinne des § 12 Gruch. 48, 1075.

4. Nur der Eigentümer hat das Recht. Der Unternehmer darf nicht das Ganze verlangen, wenn das Trennstück für das Unternehmen genügt. JW. 00, 198[39]. Ist von der Enteignungsbehörde irrtümlich angenommen, daß die Voraussetzungen des § 9 gegeben seien oder übersehen, daß der Antrag des Eigentümers fehle, so kann im Verwaltungsstreitverfahren Abhilfe nicht erfolgen OVG. 72, 428. Vgl. auch § 1 Anm. II 8.

5. Ist die Übernahme im Administrativverfahren abgelehnt, aber vom Gericht zugebilligt, so muß das Gericht zugleich die Entschädigung festsetzen. Für ein ferneres Administrativverfahren ist kein Raum. JW. 96, 278[50].

6. Die Übernahmepflicht des Unternehmers ist ein Teil seiner Entschädigungspflicht, der das Recht des Eigentümers, Übernahme zu verlangen, entspricht. Das Recht des Eigentümers und die Pflicht des Unternehmers zugleich unterliegen der Entscheidung der Verwaltungsbehörde; deshalb hat der Eigentümer den Rechtsweg gegen die ohne Grund zugelassene Übernahme RG. 42, 225; Recht 23 Nr. 269.

Durch Anwendung des § 9 wird der Gegenstand der Enteignung erweitert. JW. 95, 401[69]. Vgl. § 45 Anm. 2.

7. Nur wenn die fernere bestimmungsmäßige Benutzbarkeit gerade durch die Zerstückelung oder Verkleinerung des

Grundstücks vereitelt wird, nicht wegen bloß mittelbarer Folgen der Enteignung, z. B. Zuführung von Rauch, Ruß, Geräusch usw., kann Übernahme verlangt werden. JW. 91, 402[45]; 01, 46[38]; vgl. auch Anm. 9 a. E.

8. Die Bestimmung des Rests entscheidet, nicht aber ob der Rest allein nach der Bestimmung des Ganzen benutzt werden kann. Gruch. 28, 461.

Die Bestimmung ist keine dem Grundstück innewohnende Eigenschaft, sondern nur der wirtschaftliche Zweck, zu dem der Eigentümer sein Grundstück tatsächlich benutzt hatte. Künftig mögliche Benutzungsarten sind ohne Belang. Gruch. 35, 1102; JW. 91, 403[47]; Recht 13, 378.

9. Ob der Rest nach seiner bisherigen Bestimmung zweckmäßig benutzt werden kann, ist nach der durch die Enteignung geschaffenen tatsächlichen Lage zu prüfen. Die Vorteile der neuen Anlage dürfen berücksichtigt werden, anders als im Falle des § 8 Abs. 2 (vgl. § 8 Anm. II. 3). Der Eigentümer darf nicht grundsätzlich ablehnen, durch Neubauten den Rest, wie bisher, nutzbar zu erhalten, muß tun, was ihm billigerweise zuzumuten, braucht unverhältnismäßige Kosten nicht aufzuwenden JW. 91, 403[47] (= Gruch. 35, 1102); 99, 65[101]; RG. 42, 394. Das Grundstück ist auch dann nicht mehr zweckmäßig benutzbar, wenn das Bauen deshalb unwirtschaftlich wird, weil die aufzuwendenden Anliegerbeiträge es unrentabel machen; auch dann kann Übernahme verlangt werden, obgleich Anliegerbeiträge nicht zu entschädigen sind RG. 99, 104; JW. 20, 785[12]; Recht 20 Nr. 3306. Vgl. auch RG. 39, 273.

10. Übernahme des Gebäudes heißt Übernahme des Grund und Bodens bzw. mit dem Grund und Boden, nicht auf Abbruch RG. 2, 279. Nicht jede Beschädigung (Beseitigung der Kellerbrüstung) ist teilweise Inanspruchnahme des Gebäudes. Es wird eine erhebliche Beeinträchtigung der bisherigen Benutzung, bei direkter Anwendung (vgl. Anm. 3 und § 12) ein erheblicher Eingriff in die körperliche Unversehrtheit des Ge-

bäudes vorausgesetzt RG. 39, 273. Erfolgt die Freilegung von Gebäuden nur deshalb, um nach § 13 Abs. 1 Nr. 2 FlLinG. den Entschädigungsanspruch gegen die Gemeinde zur Entstehung zu bringen, so sind die Voraussetzungen des § 9 Abs. 3 nicht gegeben RG. 79, 337; JW. 12, 816[39].

§ 10. Die bisherige Benutzungsart[1] kann bei der Abschätzung nur[2] bis zu demjenigen Geldbetrage Berücksichtigung finden, welcher erforderlich ist, damit der Eigentümer ein anderes Grundstück in derselben Weise und mit gleichem Ertrage benutzen kann[3, 4].

[5]Eine Werterhöhung, welche das abzutretende Grundstück erst infolge der neuen Anlage[6] erhält, kommt bei der Bemessung der Entschädigung nicht in Anschlag.

1. Die jeweilige Benutzungsart ist nur Beweismittel für die Benutzungsfähigkeit. Die vorteilhafteste ist zu schätzen; ist diese die bisherige, gilt die Einschränkung des Abs. 1 für die Abschätzung RG. 8, 237; 32, 298; JW. 09, 287[27]. Es kann aber nach Abs. 1 auch die Benutzungsfähigkeit berücksichtigt werden, wenn sie nur als eine schon gegenwärtige in Betracht kommt und ihre Ausbeutung schon zur maßgebenden Zeit ernstlich erwogen wurde Warn. 25, 213. Kapitalisierter Ertragswert eines Torfstichs ist nicht maßgebend, wenn für billigeren Preis gleich nutzbare Grundstücke zu haben. Gruch. 29, 969. Beim Vorhandensein eines Ersatzgrundstücks gilt Abs. 1 auch zugunsten von Grundstücken, die nicht Ertragszwecken dienen (Schule, Krankenhaus) Gruch. 28, 1114. Er bildet eine Schranke auch für die Feststellung des individuellen Werts (§ 8 Anm. I 1) Recht 19, 46. Zufällige oder vorübergehende Unterbrechungen in der bisherigen Benutzung, wenn anzunehmen, daß sie ohne Enteignung wiederhergestellt, schließen Abs. 1 nicht aus JW. 92, 156[25]. Benutzungsart des Grundstücks ist auch ein im wesentlichen in der Ausbeutung oder

Verarbeitung von im Boden vorhandenem Rohstoff bestehender Gewerbebetrieb (Steinbruch, Ziegelei, Torfstich). RG. 45, 253 (= JW. 00, 143[32]); 57, 288.

2. Die Einschränkung des Abs. 1 ist zugunsten des Unternehmers von Amts wegen zu beachten, auch bei der Instruktion der Sachverständigen. RG. 45, 253; Recht 11, 307; JW. 00, 143[32] 05, 300[32]; wegen der Beweislast des Unternehmers vgl. jedoch JW. 04, 158[38]. Der Eigentümer kann aus Abs. 1 keinen Anspruch darauf ableiten, daß die Entschädigung so bemessen wird, daß er sich ein gleichwertiges Grundstück kaufen könne Recht 14, 668.

3. Nur Rechnungsmethode unabhängig von der Anschaffung des Ersatzgrundstücks; obere Grenze des den gemeinen Wert übersteigenden (individuellen) Nutzungswerts JW. 92, 228[48] (= Gruch. 36, 1104); 09, 287[27]. Es ist Tatfrage, ob ein Ersatzgrundstück zu haben ist. Das Ersatzgrundstück braucht nicht buchstäblich gleich zu sein, auch nicht gegenwärtig alle Einrichtungen fertig zu tragen. Es genügt, wenn es in annähernd gleichem Umfang und mit entsprechendem Ertrage nutzbar zu machen ist. Die erforderlichen Arbeiten und Einrichtungen und die Zeitdauer ihrer Herstellung dürfen ein billiges Maß nicht überschreiten. Einrichtungskosten sind daneben zu vergüten Gruch. 36, 1104; 40, 173; JW. 92, 228[48]; 95, 533[50]; 04, 300[33]. Nach RG. 5, 248 genügt es, wenn der Eigentümer statt seines eigenen ein ebenso brauchbares fremdes Grundstück auch nur pachten kann (?).

4. Abs. 1 gilt auch für Teilenteignungen, örtlicher oder wirtschaftlicher Zusammenhang des Ersatzgrundstücks vorausgesetzt. Gruch. 36, 1104 (= JW. 92, 228[48]); 40, 173; JW. 96, 294[67].

5. Jede Wertänderung durch die Anlage ist gleichgültig RG. 8, 237; Recht 15, 540; Gruch. 60, 166. Vgl. jedoch JW. 09, 236[35]; Gruch. 53, 1175. Der ursächliche Zusammenhang zwischen der Werterhöhung und der Anlage kann vorhanden sein, wenn die wertsteigernde Bedeutung des Unternehmens darauf beruht, daß es mit einem andern verknüpft ist, rein

tatsächlich, nicht notwendig rechtlich oder wirtschaftlich zusammenhängt. Bei einem nur zeitlichen Zusammentreffen des andern Unternehmens mit der Enteignung ist die durch das Unternehmen eintretende Werterhöhung zu berücksichtigen Recht 12, 324. Entsprechend gilt die Wertminderung durch ein Unternehmen, das durch die tatsächliche Verknüpfung mit einem andern, nicht bei der Enteignung beteiligten Unternehmen diesen Erfolg gehabt hat, als durch das Enteignungsunternehmen verursacht Gruch. 60, 166; Recht 15, 540; desgleichen die Verhinderung der Herstellung von Bauland durch Aufhöhung, wenn die Aufhöhung wegen der durch das Unternehmen geplanten Änderungen polizeilich versagt wird Recht 16, 257; vgl. aber Recht 21 Nr. 2970, 2971: Neue Anlage ist stets eng zu begrenzen. Entscheidend ist der Wert, abgesehen von der neuen Anlage. Daher bleibt unberücksichtigt: Bei Enteignung nach vorgängiger Fluchtlinienfestsetzung die durch diese eingetretene Baubeschränkung RG. 28, 271; 53, 133; 101, 148; JW. 03, 38[58]; das Schwinden der Aussicht auf den Genuß tatsächlicher Vorteile (Anliegerschaft an Kanal, Fluß oder Straße) infolge Enteignung JW. 89, 522[29]; die Wertsteigerung durch die Anlage. Gruch. 28, 1116; JW. 00, 30[56]; die durch die Straßenanlage eintretende Baureife Recht 14, 114; auch die mittelbare z. B. die durch die Linienführung bedingte Straßenanlage schafft Bauland RG. 70, 304; JW. 09, 205[27]; Wertsteigerungen durch Spekulieren auf die Enteignung JW. 00, 198[37]; nicht bloß die nach Ausführung der Anlage, sondern schon diejenige Werterhöhung, die eingetreten ist, weil die neue Anlage durch Bewilligung der Enteignung in sicherer Aussicht, so daß sich der Zeitpunkt für die Wertfeststellung (vgl. § 8 Anm. I 2) gewissermaßen verschiebt JW. 92, 494[50]; 02, 549[23]; Recht 13, 141; entsprechend andrerseits der Rückgang des Mietsertrages wegen der in Aussicht stehenden Enteignung JW. 88, 174[34]. Vgl. auch § 8 Anm. I 3 und II 3.

6. Anlage, das ganze Projekt, das nach dem festgestellten

Plan Grundlage des Unternehmens. Die im Plan nicht vorgesehene Erweiterung des Unternehmens, die wiederholte Enteignung nötig macht, ist nicht Teil der (ersten) Anlage, sondern neue Anlage, auch wenn sie auf Grund derselben Verordnung (§ 2) erfolgt JMBl. 88, 16; RG. 64, 262; JW. 07, 30[33]; auch wenn die Erweiterung schon vorher in Aussicht genommen war RG. 49, 317; JW. 01, 861[60]; Recht 18, 163. Fluchtlinienfestsetzung und Straßenanlage eine Anlage JMBl. 92, 367; JW. 03, 38[58]; RG. 53, 133; 74, 19; 101, 148. Ob aber mehrere Straßen desselben Bebauungsplans, ist Tatfrage, für die der zeitliche Zusammenhang der Ausführung bedeutsam RG. 63, 1; JW. 08, 23[31]; Recht 11, 236; 15, 540; wird eine Fluchtlinie durch eine neue ersetzt und wegen dieser enteignet, so darf auf die alte nicht zurückgegriffen werden Recht 16, 515.

§ 11. Der Betrag des Schadens, welchen Nutzungs-, Gebrauchs- und Servitutberechtigte, Pächter und Mieter[1] durch die Enteignung erleiden, ist, soweit derselbe nicht in der nach § 8 für das enteignete Grundeigentum bestimmten Entschädigung oder in der an denselben zu gewährenden Nutzung begriffen ist[2], besonders zu ersetzen[3, 4].

1. Besondere Entschädigung fordern können nur die in § 11 bezeichneten dinglich Berechtigten — nach BGB. durch Erbbaurecht oder Dienstbarkeiten —, nicht Hypothek- und Grundschuldgläubiger (RG. 74, 410; Recht 11, 142); ferner Pächter und Mieter, obwohl ihr Recht nicht dinglich (RG. 29, 273; 93, 10; JW. 18, 514[15]) — aber nur wenn sie schon im Besitz JW. 11, 118[57]; RG. 74, 367; Recht 11, 75 — Gruch. 50, 1217; 54, 1194 (= JW. 10, 398[24]): bei gemischten Verträgen entscheidend, ob Mietvertrag die Hauptsache. Der Pächter, Mieter hat z. B. Anspruch auf Entschädigung wegen Verringerung seines Verdienstes, wegen Umzugs, Mehrausgaben für Wohnung, Erschwerung oder Rückgang der Wirtschaft, auf sog. individuellen

Mehrwert (vgl. Anm. 3) JW. 93, 90[50]; 07, 290[52] u. 720[35]; RG. 43, 256; RG. 101, 148 — vgl. § 8 Anm. I 3 —. Für den Ersatz der Ladeneinrichtung kann der Mieter nicht, wie der Eigentümer, den Kapitalbetrag, vielmehr nur den Zwischenzins für früheren Ersatz, bemessen nach der sicheren Mietsdauer, fordern Recht 14, 338. Zugunsten des Mieters ist die bisherige Benutzungsart in sinngemäßer Anwendung des § 10 Abs. 1 zu berücksichtigen JW. 95, 533[50]; auch § 10 Abs. 2 findet Anwendung; es ist daher bei der Frage, ob ein werterhöhender Umbau der Mieträume zulässig war, die mit der Fluchtlinienfestsetzung eingetretene Baubeschränkung als nicht vorhanden anzusehen RG. 101, 148; Recht des Mieters im Gebiete des ALR. auf ungehinderte Kommunikation mit der Straße JW. 96, 20[78]. Keine Pflicht des Vermieters, den Mieter wegen der Nachteile aus der Enteignung persönlich zu entschädigen, auch nicht, ihn von der Einleitung des Enteignungsverfahrens zu benachrichtigen, wenn er ohnehin Kenntnis hat RG. 35, 256; 68, 116 = JW. 08, 316[29]. Der Vorkaufsberechtigte gehört nicht zu den im § 11 genannten Berechtigten; er hat gegen den Unternehmer unmittelbar keinen Anspruch; er ist gegebenenfalls durch § 45 Abs. 2 geschützt RG. 86, 184; JW. 15, 412[22]; Recht 15, 201.

2. Der Anspruch des Eigentümers wird an sich durch den Anspruch des Mieters nicht berührt. Daß der Mieter Sonderansprüche neben der für den Eigentümer bestimmten Entschädigung erhebt, ist für die Entschädigungspflicht des Unternehmers gegenüber dem Eigentümer ohne Einfluß. Inwieweit der Unternehmer den Mieter an den Eigentümer verweisen kann, ist gegebenenfalls im Prozesse des Mieters mit dem Unternehmer, nicht in dem des Eigentümers mit dem Unternehmer zu entscheiden KG. im Recht 14, 145; JW. 10, 663[31]. Vgl. aber auch § 8 Anm. I 4 für die Fälle, in denen der Unternehmer Nebenberechtigter ist.

3. Der Schaden ist in der für das Grundstück bestimmten begriffen, soweit durch das Bestehen der erwähnten Rechte

der Wert des Eigentums gemindert ist Warn. 12, 203; Recht 12, 170; so ist z. B. der Schaden des Mieters dafür, daß ihm die Mieträume überhaupt entzogen sind, besonders zu vergüten, während der Nachteil, daß er die Räume nicht bis zum Ende der Miete für ein den Mietwert nicht erreichendes Entgelt nutzen kann, in der Enteignungsentschädigung des Eigentümers, der der höhere objektive Mietwert zugrunde liegt, begriffen ist KG. im Recht 14, 145. Der sog. individuelle Mehrwert (vgl. § 8 Anm. I 1), der dem Mieter für den Verlust des Mietrechts deshalb zusteht, weil er durch seinen in dem Hause geführten Gewerbebetrieb noch einen besonderen Nutzen, nämlich aus dem Gebrauche des Hauses für diesen Zweck, ziehen konnte, ist besonders zu ersetzen RG. 101, 148. Ob der Schaden in der für das Grundstück bestimmten Entschädigung begriffen, ist konkret zu prüfen. Ist ein Hausgrundstück als Baustelle unter der Fiktion eines Neubaues mit höchster Ausnutzung des Grundstücks geschätzt, so bleibt für die Entschädigung des Mieters nach § 11 kein Raum. Der Mieter kann sich dann nur an den Eigentümer halten RG. 51, 222 = JW. 02, 323[58]. Den im § 11 vorausgesetzten Schaden können nur die Nebenberechtigten liquidieren, nicht der Eigentümer. Für den Teil der Entschädigung aber, der im Wert des Grundstücks begriffen ist, haftet der Eigentümer dem Nebenberechtigten RG. 35, 256; 68, 116 = JW. 08, 316[29]. Die Nichtteilnahme am Administrativverfahren trotz Ladung entzieht den Anspruch auf die Sonderentschädigung nicht JMBl. 89, 253; 91, 251; Warn. 12, 203; Recht 12, 170. Vgl. § 25 Anm. 7. Vgl. auch § 31 Anm. 2.

4. Anliegerrecht an städtischen Straßen. RG. 78, 340; 66, 287 = JW. 06, 20[10]; Recht 14, 669 (FranzR.); RG. 66, 340 (= JW. 07, 721[36]); 70, 77 (= JW. 09, 63[30]); JW. 09, 87[26]; Gruch. 58, 502; 52, 701; Recht 12, 604; 14, 143 u. 754; 15, 199; 18 S. 164, 315, 427 (ALR.); nicht an Kommunikationswegen nach ALR. JW. 06, 163[7]; überhaupt nicht nach GemR. RG.

51, 251 (= SeuffA. 58, 266); JW. 03 Beil. S. 89. Über das Recht des Anliegers am Bürgersteig KGJ. 39 C 33.

§ 12. Für Beschränkungen (§§ 2, 4)[1] ist die Entschädigung nach denselben Grundsätzen[2] zu bestimmen wie für die Entziehung des Grundeigentums.

Tritt durch eine Beschränkung eine Benachteiligung des Eigentümers ein, welche bei Anordnung der Beschränkung sich nicht im voraus abschätzen läßt, so kann der Eigentümer die Bestellung einer angemessenen Kaution[3], sowie die Festsetzung der Entschädigung nach Ablauf jeden halben Jahres der Beschränkung verlangen[4].

1. Dauernde oder vorübergehende Beschränkungen der in den §§ 2, 4 gedachten Art. Vgl. § 1 Anm. II. 9. Für die durch Konzessionierung einer Eisenbahn eintretende Beschränkung der Anlieger, sich die aus dem Betriebe ergebenden nachteiligen Einwirkungen auf ihr Eigentum — Immission von Funken, Rauch, Ruß, Dampf — gefallen zu lassen, besteht ein Anspruch auf Entschädigung für die wirkliche Wertminderung oder den sonstigen Schaden auch ohne Enteignung. RG. 7, 265; JW. 91, 577[14]; 01, 370[15]; 05, 131[1]; Gruch. 49, 1132 — ALR. —; RG. 17, 103 — GemR. —; RG. 58, 130 (= JW. 04, 360[16]); RG. 59, 70; 70, 150 (= JW. 09, 110[7]); JW. 10, 580[15]. Vgl. auch RG. 62, 131; JW. 06, 67[20]; 12, 869[28]. Keine Entschädigung für Anlieger eines öffentlichen Flusses wegen Entziehung des auf öffentlichem Recht beruhenden Vorteils des Gemeingebrauchs am Fluß. JW. 82, 228[49]; vgl. auch RG. 41, S. 142, 191; Gruch. 42, 1007; RG. 59, 70. Vgl. §§ 1 Anm. II. 3, 2 Anm. 6 a. E., 14 Anm. 1 und 7, 18 Anm. 1, 46 Anm. 6 a. E.

2. §§ 7—11 gelten sinngemäß unbeschränkt. RG. 39, 273; Gruch. 48, 1075. Vgl. § 9 Anm. 10. Es gelten auch die all-

gemeinen Verfahrensgrundsätze. — §§ 24 ff. — Vgl. auch § 4 Anm. 5.

3. Der Fiskus hat keine Kautionspflicht. § 41. Die Kaution wird durch Beschluß bestimmt. § 29 Abs. 1.

4. Sonderregelung in § 51 WasserG. OVG. in JW. 26, 221.

§ 13. Für Neubauten, Anpflanzungen, sonstige neue Anlagen und Verbesserungen[1] wird beim Widerspruch des Unternehmers[2] eine Vergütung nicht gewährt, vielmehr nur dem Eigentümer die Wiederwegnahme auf seine Kosten bis zur Enteignung des Grundstückes vorbehalten, wenn aus der Art der Anlage, dem Zeitpunkte ihrer Errichtung oder den sonst obwaltenden Umständen erhellt, daß dieselben nur in der Absicht vorgenommen sind, eine höhere Entschädigung zu erzielen[3].

1. Auch wenn sie vor der Verleihung des Enteignungsrechts erfolgen.

2. Die formlose Geltendmachung des Widerspruchs im Verfahren nach §§ 24 ff. genügt. Die Beweislast für die dolose Absicht des Eigentümers trifft den Unternehmer.

3. Die Polizei ist durch § 13 nicht befugt, dem Unternehmer durch Versagung des Baukonsenses oder andere polizeiliche Mittel zu Hilfe zu kommen. OVG. 23, 368.

§ 14[1]. Der Unternehmer[2] ist zugleich zur Einrichtung derjenigen Anlagen an Wegen[3], Überfahrten, Triften, Einfriedigungen, Bewässerungs- und Vorflutsanstalten usw.[4] verpflichtet, welche für die benachbarten Grundstücke oder im öffentlichen Interesse zur Sicherung gegen Gefahren und Nachteile notwendig werden. Auch die Unterhaltung dieser Anlagen liegt

ihm ob, insoweit dieselbe über den Umfang der bestehenden Verpflichtungen zur Unterhaltung vorhandener, demselben Zwecke dienender Anlagen hinausgeht[5].

Über diese Obliegenheiten des Unternehmers[2] entscheidet die Bezirksregierung (§ 21[6, 7]).

1. Das Vorbild ist der § 14 des Eisenbahngeſ. vom 3. 11. 38 gewesen. Dieser lautet:

„Außer der Geldentschädigung ist die Gesellschaft auch zur Einrichtung und Unterhaltung aller Anlagen verpflichtet, welche die Regierung an Wegen, Überfahrten, Triften, Bewässerungs- und Vorflutsanlagen usw. nötig findet, damit die benachbarten Grundbesitzer gegen Gefahren und Nachteile in Benutzung ihrer Grundstücke gesichert werden.

Entsteht die Notwendigkeit solcher Anlagen erst nach Eröffnung der Bahn durch eine mit den benachbarten Grundstücken vorgehende Veränderung, so ist die Gesellschaft zwar auch zu deren Einrichtung und Unterhaltung verpflichtet, jedoch nur auf Kosten der dabei interessierten Grundbesitzer, welche deshalb auf Verlangen der Gesellschaft Kaution zu bestellen haben."

Außerhalb des Enteignungsverfahrens gilt diese Vorschrift noch jetzt. Vgl. auch RG. 32, 283; 37, 270; auch Anm. 7. Über den Unterschied zwischen diesem Paragraphen und § 14 siehe OVG. 65, 369; JW. 15, 39[24]; 18, 139[17]; Warn. 14, 452; Recht 14, 753; 18, 82; Gruch. 62, 421.

Dem § 14 nachgebildet und inhaltlich gleich ist § 18 KleinbahnG. Im Bereich des WasserStraßG. ist § 14 durch den § 12 WasserStraßG. ersetzt OLG.: Hamm in SeuffA. 75, 172. Vgl. Anhang V.

2. Nur dem Unternehmer kann die Auflage derartiger Einrichtungen gemacht werden. Deshalb hat der Eigentümer, dessen Grundstück der Unternehmer zur Erfüllung solcher Auflagen braucht, keine Klage gegen den Unternehmer auf Ein-

leitung und Durchführung des Enteignungsverfahrens. Die Verwaltungsbehörde muß nötigenfalls den Unternehmer anhalten, das Enteignungsverfahren in Gang zu bringen. Ohne Enteignung braucht der Eigentümer dem Unternehmer das zur Erfüllung der Auflage nötige Land nicht zu überlassen. Gruch. 45, 954 = JW. 01, 465[18]. Ebensowenig ist die Landespolizeibehörde durch § 14 ermächtigt, bei Gelegenheit der Genehmigung eines Eisenbahnbaues einem anderen als dem Unternehmer, insbesondere nicht dem Wegebaupflichtigen, Auflagen zu machen. OVG. 32, 203.

3. Verbindungswege, die Teil der Bahnhofsanlage, im Gegensatz zu öffentlichen Zufuhrwegen — über die mögliche verschiedene rechtliche Natur von Eisenbahnzufuhrwegen vgl. RG. 64, 6 = JW. 06, 485[49] — hat der Unternehmer herzustellen und zu unterhalten. OVG. 17, 312. Werden solche Wege nachträglich in öffentliche verwandelt, geht die Unterhaltungslast auf das zur Unterhaltung öffentlicher Wege allgemein verpflichtete Rechtssubjekt über. OVG. 15, 285. § 14 Abs. 1 Satz 2 ist eine materielle Vorschrift des öffentlichen Wegerechts — unberührt durch die provinzielle Wegegesetzgebung. OVG. 39, 236. — An den Kosten der Unterhaltung eines vom Unternehmer verlegten oder umgebauten Weges muß dieser in dem Verhältnis teilnehmen, in dem sich die Last der Unterhaltung durch die Änderung vermehrt hat. Die landespolizeiliche Ermächtigung des Unternehmers zum Eingriff in die Verhältnisse und die Gestaltung öffentlicher Wege schließt auch ohne ausdrücklichen Ausspruch die Verpflichtung in sich, die dadurch verursachte Vermehrung der Unterhaltungspflicht auf sich zu nehmen. OVG. 9, 199; 38, 245; 78, 295. Die Vermehrung der Unterhaltungslast aus anderen Gründen, auch wenn sie durch den infolge des Unternehmens zunehmenden Verkehr verursacht, hat der Wegeunterhaltungspflichtige zu tragen. OVG. 17, 312; 30, 184. Ist dem Unternehmer gemäß § 14 die Auflage zur Herstellung und Unterhaltung öffentlicher Wege gemacht, so kann die Ortspolizeibehörde ohne

weitere landespolizeiliche Festsetzung alles von ihm verlangen, was er danach zu leisten hat. OVG. 32, 219. Die Ortspolizeibehörde kann den Unternehmer nicht zum Ausbau eines nach landespolizeilicher Anordnung von ihm veränderten Weges deshalb anhalten, weil die Auflage unzureichend ergangen oder ungenügend ausgeführt. OVG. 30, 184. Die Ortspolizeibehörde kann den Unternehmer nicht zur Beleuchtung einer umgebauten Straße anhalten. OVG. 4, 419. Über die Beleuchtungspflicht bezüglich eines Eisenbahnzufuhrweges vgl. auch RG. 64, 6 = JW. 06, 485[49].

4. Für die Maßnahmen zur Vorbeugung der Feuersgefahr bei Eisenbahnanlagen gibt einen Anhalt das Muster einer Polizeiverordnung im Erl. d. Min. d. Inn. u. d. ö. A. v. 23. 7. 92 — MBliV. 92, 351 —, die für bestehende Eisenbahnen die Anlieger in ihren Rechten beschränkt. Vgl. aber § 23 Anm. 3.

5. Die Verbesserung bestehender Zustände, insbesondere die Anlage von Zufuhrwegen zu den Stationen, kann nicht verlangt werden. Vgl. auch Gruch. 26, 1064.

6. Bei der vorläufigen Planfeststellung entscheidet über die nach § 14 nötigen Anlagen die Landespolizeibehörde — nach § 15 Abs. 2 der Regierungspräsident —, im Planfeststellungsbeschluß (§ 21) der Bezirksausschuß bzw. im Stadtkreise Berlin die erste Abteilung des Polizeipräsidiums. Gegen die Entscheidung haben die Beteiligten binnen zwei Wochen die Beschwerde an den Min. d. ö. A. (§ 150 ZustG., §§ 42, 115 LandVerwG., § 22 Anm. 1). Die Befugnis der Enteignungsbehörden besteht nur für die Dauer des Enteignungsverfahrens. Vgl. Gruch. 45, 954 = JW. 01, 465[18]. Die Entscheidung über die Unterhaltung der angeordneten Anlagen kann behufs Beschleunigung des Enteignungsverfahrens bis zu ihrer Fertigstellung ausgesetzt bleiben. Ziff. 11 des Anhangs II. Soweit der Bezirksausschuß zur Entscheidung berufen ist (§ 21) tritt im vereinfachten Enteignungsverfahren an seine Stelle der Regierungspräsident.

7. Das Ob und Wie der Anlagen des § 14 unterliegt ausschließlich dem Ermessen der Verwaltungsbehörde; die aus § 14 folgende Pflicht des Unternehmers ist rein öffentlich-rechtlicher Natur; im Rechtsweg gibt es keine Klage auf Herstellung solcher Anlagen oder auf Zahlung der Kosten für diese. RG. 7, 265; 55, 361 (= JW. 03, 423[12]); 71, 203; 72, 228; 84, 113; JW. 94, 485[54]; 06, 579[58]; 15, 39[24]; Gruch. 26, 1064; 45, 954 (= JW. 01, 465[18]); Warn. 14, 377 JMBl. 82, 353; 84, 269; OVG. 74, 364. Eine Abbürdungsklage aus § 56 Abs. 4 ZustG. kann sich auf eine nach § 14 ergangene Entscheidung stützen, aber keine der Verwaltungsbehörde vorbehaltene Entscheidung herbeiführen OVG. 74, 364. Die von der Verwaltungsbehörde auferlegte Pflicht zur Herstellung gewisser Anlagen gibt keinen privatrechtlichen Anspruch auf Anordnung oder Fortbestand gewisser Anlagen. Abänderlichkeit der Auflage nachträglich durch polizeiliche Verfügung. RG. 84, 113; 72, 228; 71, 203 = JW. 10, 126[36]; 08, 317[30]; 14, 486[29]; 15, 39[24]; Gruch. 59, 539; Warn. 14, 452; Recht 14 S. 207, 753; 15, 999; OVG. 65, 369. § 14 schafft also keinen Anspruch der Eigentümer der Nachbargrundstücke gegen den Unternehmer, schließt vielmehr nur die abwehrende Eigentumsklage aus; daraus ist zu entnehmen, daß der beeinträchtigte Nachbar, wenn im übrigen die Voraussetzungen der abwehrenden Eigentumsklage gegeben sind, ohne den Nachweis eines Verschuldens auf seiten des Unternehmers Schadensersatz von dem Unternehmer verlangen kann, und nur darüber ist Streit, ob und inwieweit der Schadensersatzanspruch des Nachbareigentümers auch auf die mangelhafte Ausführung der im § 14 angeordneten Schutzanlagen oder auf deren Mangelhaftigkeit an sich gestützt werden kann RG. 84, 303; JW. 14, 648[11] und dort angeführte Entscheidungen, auch Warn. 14, 377. Abweichend für § 14 EisG. RG. 84, 113 = Recht 14, 207 = JW. 14, 486[29]: Gemäß § 14 hergestellte Anlagen sollen ohne Entschädigung eingezogen werden können. Dagegen Warn. 15, 44 = JW. 16, 143[24], das den Satz vertreten möchte, wo die Anlage den Er-

satz für entzogene Privatrechte bilde, dürfe sie ohne Entschädigung nicht wieder eingezogen werden. Vgl. auch über Schadenersatzansprüche aus § 14 des EisG. RG. 32, 283; 37, 270; JW. 08, 245[20] u. 334[17]; Warn. 11, 125; 12, 320; Recht 12, 270. Für § 14 EisG. ist angenommen, daß sich die Verpflichtung des Unternehmers nicht auf die Herstellung der von der Regierung für nötig erklärten Anlagen beschränkt, sondern darüber hinaus auch nicht angeordnete Maßnahmen umfaßt, wenn ihm ohne Verschulden nicht unbekannt bleiben konnte, daß solche Einrichtungen ausführbar und zum Schutze der Grundbesitzer erforderlich. Der gleiche Satz gilt für § 18 KeinbahnG. Vgl. auch §§ 2 Anm. 6 a. E., 12 Anm. 1 a. E., 14 Anm. 1, 46 Anm. 6 a. E.

Titel III.

Enteignungsverfahren.

Vorbemerkung: In den Fällen, in denen das Staatsministerium durch einen im Amtsblatt bekanntzumachenden Erlaß anordnet, daß ein vereinfachtes Enteignungsverfahren stattfindet, kommen die Vorschriften des Gesetzes über ein vereinfachtes Enteignungsverfahren vom 26. Juli 1922, GS. 211, im Zusammenhange abgedruckt Seite 49, zur Anwendung. Dazu sind ergangen AusfBest. des HM. v. 24. 8. 23, MBliV. S. 1091, und des VWM. v. 21. 12. 23, MBliV. 24 S. 5. Die Ausführungsbestimmungen sind an den in Betracht kommenden Stellen mitgeteilt oder verwertet. Das vereinfachte Verfahren — bisher vorgeschrieben im Art. 2 WohnG. — kann für Unternehmen, bei denen das Enteignungsverfahren aus Gründen des öffentlichen Wohls, insbesondere zur Beseitigung oder Abwendung größerer Arbeitslosigkeit oder eines sonstigen Notstandes, einer besonderen Beschleunigung bedarf, angeordnet werden. Vgl. auch § 2 Anm. 4. Die sich aus dem VereinfEVG. ergebenden Besonderheiten sind bei den einzelnen Paragraphen vermerkt. Der in allen Fällen an die Stelle des Bezirksausschusses tretende Regierungspräsident (VereinfEVG. § 2) ist befugt, sich beim Erlaß der nach dem Gesetz zu treffenden Entscheidungen vertreten zu lassen, insbesondere den mit der Führung der Verhandlungen betrauten Kommissar (§§ 20, 25) mit seiner Vertretung zu beauftragen (zu § 2 der angeführt. Ausführungsbestmmungen).

Wegen des Eingreifens der reichsrechtlichen Zuständigkeit bezüglich der Eisenbahnen und Wasserstraßen vgl. Vorbem. I 1 vor § 2. Soweit die Zuständigkeit des Reichs gegeben ist, haben die §§ 15 bis 23 und die dazu ergangenen Verordnungen ihre Bedeutung insofern verloren (StaatsGerH. in RG. 107 Anh. 1), als die endgültige Entscheidung über die Art der Durchführung und den Umfang der Enteignung dem Reichsverkehrsminister zusteht.

1. Feststellung des Planes.

§ 15. Vor Ausführung des Unternehmens[1] ist für dasselbe, unter Berücksichtigung der nach § 14 den Unternehmer treffenden Obliegenheiten[2], ein Plan, welchem geeignetenfalls die erforderlichen Querprofile beizufügen sind, in einem zweckentsprechenden Maßstabe aufzustellen und von derjenigen Behörde zu prüfen[3] und vorläufig festzustellen, welche dazu nach den für die verschiedenen Arten der Unternehmungen bestehenden Gesetzen berufen ist[4].

Ist eine besondere Behörde durch das Gesetz nicht berufen, so liegt diese Prüfung und Feststellung der Bezirksregierung[5] ob.

1. Die vorläufige Planfeststellung (endgültige s. § 21 Anm. 11) bedeutet den Beginn des Enteignungsverfahrens — RG. 70[45] = JW. 09, 62[35] — und ist die notwendige Voraussetzung für das weitere Verfahren. Vgl. Runderl. d. Min. d. ö. A. v. 3. 12. 96, MBliV. 96, 237. Sie erfolgt auf Antrag des

Unternehmers (§ 18). Ohne sie ist nicht festzustellen, daß ein Unternehmen im Sinne des § 1 vorliegt. Bei freiwilligen Veräußerungen bietet sie den einzigen Anhalt für die Frage, ob ein Grundstück dem Abtretungszwang unterliegt. Gruch. 46, 364; RG. 69, 68 = JW. 08, 355[46]; OVG. 54, 121; KGJ. 28 B 49; vorbehaltlich einer Übernahme gemäß § 9. OLG. 7, 451; 19, 262. Vgl. § 43 Anm. 7.

2. Im ganzen Umfange des § 14 Erl. d. Min. d. ö. A. v. 20. 10. 96: EVBl. S. 307. Erl. d. Min. d. ö. A. v. 12. 10. 92, MBliV. 93, 6.

3. Vgl. Ziff. 5 des Anhangs II — bezieht sich ausdrücklich auch auf Kanäle und ähnliche Bauten der Wasserbauverwaltung —. Für die Vorprüfung von Eisenbahnbauentwürfen ist ferner die Zuziehung der Wasserbau- und Meliorationsbaubeamten als Gutachter vorgeschrieben, soweit deichpolizeiliche Interessen berührt werden. EVBl. 02, 307. Nach § 47 des Ges., betr. Maßnahmen zur Hochwassergefahrverhütung in Schlesien, v. 3. 7. 00 — GS. S. 171 — sind die Wasserpolizeibehörde, Interessentenvertretung und der Oberpräsident vor der Planfeststellung zu hören. Wegen Ausdehnung dieses Ges. vgl. Verordn. v. 16. 9. 04, GS. S. 251. Nach dem Runderl. d. Min. d. ö. A. v. 23. 8. 96, MBliV. 180 sollte bei Eisenbahnbauten von Privateisenbahnen die Vermittelung des Eisenbahnkommissariats (Eisenbahndirektion) eintreten und es sollten die Prüfungs- und Abnahmeprotokolle vom Eisenbahnkommissar und vom Regierungspräsidenten bzw. dessen Vertreter vollzogen werden. Die preußischen Eisenbahndirektionen bestehen nicht mehr. Über die Zuständigkeit des Reichs (Zustimmung zu der bei Preußen verbliebenen Konzessionierung) vgl. StaatsGerH. in RG. 109 Anh. 17. Nach § 11 Abs. 2 des Wasserstraßengef. v. 1. 4. 05 — GS. S. 179 — haben bei der Aufstellung, Ausarbeitung und Ausführung der nach dem Gesetz aufzustellenden Pläne die Organe der landwirtschaftlichen Verwaltung mitzuwirken.

4. Für Eisenbahnen war früher d. Min. d. ö. A. nach §§ 4, 14 des EisenbahnG. v. 3. 11. 38, Erl. v. 7. 8. 78 und MinZustAbändG. v. 13. 3. 79 zuständig, jetzt unbeschadet der Zuständigkeit des Reichs (vgl. **Vorbem. I 1. vor § 2, § 2 Anm.** 4, § 4 Anm. 6 und Vorbem. vor § 15) der HM. Siehe auch unten Anm. 5 a. E. Für Kleinbahnen vgl. § 3 des KleinbahnG. v. 28. 7. 92, für Privatanschlußbahnen §§ 43 ff. KleinbahnG. Für Straßen- und Baufluchtlinien vgl. §§ 1, 7, 8 FlLinG. RG. 43, 358.

5. Dem Regierungspräsidenten, für den Stadtkreis Berlin dem Polizeipräsidenten. § 150 ZustG. § 42 LandVerwG. Bei den Bauplänen der Reichsbahn ist der Reichsverkehrsminister berufen, den Plan vorläufig festzustellen (Vorbem. I 1. vor § 2).

§ 16[1]**. Eine Einigung zwischen den Beteiligten über den Gegenstand der Abtretung, soweit er nach dem Befinden der zuständigen Behörde zu dem Unternehmen erforderlich**[2] **ist, kann zum Zwecke sowohl der Überlassung des Besitzes**[3]**, als der sofortigen Abtretung des Eigentums**[4] **stattfinden. Es kann dabei die Entschädigung nachträglicher Feststellung vorbehalten werden, welche alsdann nach den Vorschriften dieses Gesetzes**[5] **oder auch, je nach Verabredung**[6] **der Beteiligten, sofort im Rechtswege erfolgt. Es kann ferner dabei behufs Regelung der Rechte Dritter die Durchführung des förmlichen Enteignungsverfahrens, nach Befinden ohne Berührung der Entschädigungsfrage, vorbehalten werden**[7, 8, 9]**.**

1. Vgl. Ziff. 4 des Anhangs II.

2. § 16 bezieht sich auf Veräußerungen von Grundstücken nur, wenn sie in den festgestellten Plan (§ 15) fallen RG. 74, 191. Dann finden §§ 17, 43, ferner, mangels anderweiter Abrede, § 36 Abs. 2 — RG. 47, 311 —, eventuell auch § 46 An-

wendung. Die Gegenleistung des Unternehmers bestimmt sich nach den §§ 7 bis 13, falls die Einigung keinen anderen Inhalt hat. Der Eigentümer kann, je nach der Abrede, darauf klagen (§ 30) oder verlangen, daß der Unternehmer die Feststellung (§§ 24 ff.) betreibe. Die Planfeststellung nach §§ 18 ff. erübrigt sich RG. 72, 359; JW. 10, 195[26]; 11, 406[24]. Vgl. Runderl. des FM. v. 1. 4. 95 zu 2. EVBl. S. 383 und Erl. d. Min. d. ö. A. v. 8. 3. 97, EVBl. S. 45. Vgl. auch § 18 Anm. 1, § 24 Anm. 1 und § 31 Anm. 2.

3. Nach § 854 BGB. Das Planfeststellungsverfahren ist noch nötig, wenn nur die Bauerlaubnis erteilt ist. Vgl. den Erl. d. Min. d. ö. A. v. 8. 3. 97, EVBl. S. 45 u. S. 152.

4. Die Besitzüberlassung hat die Abtretung des Eigentums zum Ziel RG. 69, 347 = JW. 08, 726[28]. Vgl. § 8 Anm. I. 2. Wird das Eigentum ohne Vorbehalt (§ 16 Satz 2 und 3) übertragen, so bleiben die Rechte Dritter an sich unberührt Gruch. 43, 1102. Diese Einigung ist ein gewöhnlicher Kaufvertrag RG. 5, 246. Vgl. RG. 72, 354 u. 359 = JW. 10, 248[42] u. 195[26] und wegen der Rechtsfolgen Anm. 2 und § 46. Grunderwerbsverträge zur Vermeidung eines Enteignungsverfahrens sind keine Vergleiche, etwa wegen der Annahme, daß ein Weg gebaut werde Recht 12 Nr. 1778.

5. Der Vorbehalt verpflichtet den Unternehmer, das Verfahren nach §§ 24 ff. zu beantragen; er sichert die Anwendung des § 46. Die Planfeststellung (§§ 18 ff.) ist nicht nötig. Vgl. Anm. 2 am Ende.

6. Es kann auch formlos vereinbart werden, daß der Anspruch auf Entschädigung für eine auf Grund eines verliehenen Enteignungsrechts eingetretene Entziehung oder Beschränkung unter Vermeidung des Verwaltungsverfahrens nach §§ 24 ff. sofort im Rechtswege solle verfolgt werden können; solche Einigung liegt in dem angenommenen Verzicht auf die Einrede der Unzulässigkeit des Rechtswegs Recht 15, 638; die Verabredung kann auch stillschweigend erfolgen, ist z. B. zu finden in dem Nichtgeltendmachen der Unzulässigkeit des

8*

Rechtswegs in zwei Instanzen gegenüber der Klage und dem Erbieten, eine geringere als die eingeklagte Entschädigung zu zahlen JW. 95, 365[18].

7. Vgl. Anm. 5. Die Durchführung des Enteignungsverfahrens nur zur Regelung der Rechte Dritter begreift nicht die Planfeststellung nach §§ 18 ff., beschränkt sich zunächst auf das Aufgebot der Realberechtigten (§ 25), dem eventuell die Feststellung der Entschädigung durch Beschluß (§ 29) oder auf Klage (§ 30) und die Vollziehung der Enteignung (§ 32) mit ihrer Wirkung (§ 45) folgt RG. 5, 281. Vgl. auch Anm. 2 a. E. und § 46 Anm. 1.

8. Die Einigung über die künftige Abtretung zu Straßenland bei Enteignungen nach dem FlLinG. wird zweckmäßig durch Bewilligung und Eintragung einer Vormerkung zur Erhaltung des Rechts auf Auflassung gesichert. Vgl. KGJ. 25 A, 147.

9. Vertragsmuster siehe im Anhang III.

§ 17. Für die freiwillige Abtretung in Gemäßheit des § 16 sind die nach den bestehenden Gesetzen für die Veräußerung von Grundeigentum vorgeschriebenen Formen[1] zu wahren.

Handelt es sich um Grundstücke oder Gerechtigkeiten bevormundeter, in Konkurs geratener, unter Kuratel stehender oder anderer handlungsunfähiger Personen, so genügt der Abschluß des Vertrages durch deren Vertreter unter Genehmigung des vormundschaftlichen Gerichts oder desjenigen Gerichts, welches die Veräußerung der Grundstücke und Gerechtigkeiten solcher Personen aus freier Hand zu genehmigen befugt ist[2].

Lehns- und Fideikommißbesitzer sind befugt, solche Verträge unter Zustimmung der beiden nächsten Agnaten abzuschließen, sofern die Stiftungsurkunden

oder besondere gesetzliche Bestimmungen[3] jene Veräußerungen nicht unter erleichterter Form gestatten.

Im Bezirk des Appellationsgerichtshofes zu Köln sind die Vertreter der Minderjährigen, Abwesenden, Interdizierten und anderer handlungsunfähiger Personen, sowie der Fallitmassen befugt, gültig in die Veräußerung zu willigen, wenn sie dazu von dem Gericht auf Antrag in der Ratskammer nach Anhörung des öffentlichen Ministeriums ermächtigt sind[4].

Diese Vorschrift findet auch auf Dotal-[5] und Fideikommisgrundstücke Anwendung.

Veräußerungsbeschränkungen, welche zur Verhütung der Trennung von Gutsverbänden oder der Zerstückelung von Ländereien bestehen, finden keine Anwendung.

1. „Für den in den §§ 16, 17 bezeichneten Vertrag über die freiwillige Abtretung von Grundeigentum" genügt die schriftliche Form (Art. 12 § 1 Abs. 2 AG.BGB.), d. h. die Vertragsurkunde muß von den Parteien eigenhändig durch Namensunterschrift oder mittels gerichtlich oder notariell beglaubigten Handzeichens unterzeichnet werden; bei mehreren gleichlautenden Urkunden genügt es, wenn jede Partei die für die andere Partei bestimmte Urkunde unterzeichnet. Die schriftliche Form genügt auch für den Vertrag über die Entschädigung, es sei denn, daß sie in Grund und Boden gewährt wird, also ein Austausch von Grundstücken stattfindet. Dann bedarf es für die Verpflichtung des Unternehmers zur Übertragung des Grundstücks der im § 313 BGB. vorgeschriebenen Form RG. 96, 1; JW. 19, 582[20]; Gruch. 63, 740. Die gerichtliche oder notarielle Beurkundung ersetzt die schriftliche Form. § 126 BGB. Die nachfolgende Auflassung heilt den Formmangel. § 313 Satz 2 BGB. Für Verträge, die nicht unter §§ 16, 17 fallen, ist gerichtliche oder notarielle Beurkundung geboten. § 313 BGB., vgl. auch Art. 12 §§ 2, 4 AG.BGB.

Zur Übertragung des Eigentums, im Gegensatz zum obligatorischen Vertrag, ist Auflassung nötig. §§ 873, 925 BGB. Die erleichterte Form (Art. 12 § 1 AG.BGB.) genügt nicht für einen vor Erlaß der Verordnung (§ 2) geschlossenen Vertrag RG. 70, 45 = JW. 09, 62[35]; ebensowenig für einen Vertrag, den ein Dritter im eigenen Namen, aber im Interesse des Unternehmers schließt KGJ. 32 B 28 = OLG. 13, 286.

2. Bei bevormundeten, unter Pflegschaft stehenden oder anderen geschäftsunfähigen oder beschränkt geschäftsunfähigen Personen genügt jetzt allgemein der Abschluß durch den Vertreter unter Genehmigung des Vormundschaftsgerichts. §§ 1821, 1643, 1686, 1897, 1915 BGB. Zur Konkursmasse gehörige Grundstücke kann der Konkursverwalter veräußern. §§ 136, 134, 135 KO.

3. Vgl. Art. 20 AG.GBO. und die Zusammenstellung in Achilles-Strecker, Grundbuchordnung, Anm. 1 zu Art. 20 zit., S. 402 ff. Über Auflösung der Fideikommisse vgl. Achilles-Greiff, Bürgerliches Gesetzbuch, Nr. 38/39 der Guttentagschen Sammlung der Reichsgesetze, Anm. 1 zu Art. 59 EG.BGB.

4. Veraltet, vgl. Anm. 2.

5. Vgl. Art. 56 § 10 AG.BGB. Die Ermächtigung erfolgt für Dotal- und Fideikommißgrundstücke durch Beschluß der Zivilkammer des Landgerichts nach Anhörung der Staatsanwaltschaft. §§ 41, 42, 58 AG.GVG. Art. 130 PrFrGG.

§ 18. Auf Antrag des Unternehmers[1] erfolgt das Verfahren behufs Feststellung[2] des Planes.

Zu diesem Behufe hat derselbe der Bezirksregierung[3] für jeden Gemeinde- oder Gutsbezirk einen Auszug aus dem vorläufig festgestellten Plane nebst Beilagen vorzulegen[4], welche die zu enteignenden Grundstücke nach ihrer grundbuchmäßigen, katastermäßigen[5] oder sonst üblichen Bezeichnung und Größe, deren Eigentümer[6] nach Namen und Wohnort, ferner die nach

§ 14 herzustellenden Anlagen, sowie, wo nur eine Belastung von Grundeigentum in Frage steht, die Art und den Umfang dieser Belastung enthalten müssen.

1. Nur der Unternehmer, kein Dritter, auch nicht, wenn er vom Unternehmer mit Ausführung der Anlage beauftragt, kann den Antrag stellen. Runderl. d. Min. d. ö. A. v. 3. 12. 96, MBliV. S. 237. Im Enteignungsverfahren besteht an sich kein Zwang für den Unternehmer, den Antrag zu stellen. Die Möglichkeit des Zwanges durch die Verwaltungsbehörde besteht z. B., wenn der Unternehmer zur Erfüllung von Auflagen aus § 14 — vgl. § 14 Anm. 2 —, oder wenn der Wegebaupflichtige zur Erfüllung von Auflagen der Wegepolizeibehörde fremdes Eigentum braucht OVG. 40, 226. Der Enteignete kann, abgesehen von § 16 (vgl. § 16 Anm. 1) und den Fällen, wo das FlLinG. zur Enteignung verpflichtet, den Unternehmer auf Stellung des Antrages aus § 18 nur verklagen, wenn durch Gewährung des auf Verleihung oder unmittelbar auf Gesetz beruhenden Enteignungsrechts in Verbindung mit dem den ausgeführten Anlagen zustehenden staatlichen Schutz virtuell eine Entziehung von Grundeigentum aus Gründen des öffentlichen Wohls stattgefunden hat JW. 03, 300[36]; 05, 703[32] (= RG. 55, 7; 61, 322); 10, 397[23]; Recht 14, 36. Verpflichtung des Unternehmers nach der vorläufigen Planfeststellung wegen der daraus für den zu Enteignenden erwachsenden prekären Lage, den Antrag aus § 18 zu stellen RG. 55, 7. Vgl. § 16 Anm. 2 und ferner noch RG. 1, 171; 21, 216; 33, 238; Gruch. 46, 1163 (= JW. 01, 357[11]); 48, 633; 53, 436; JW. 91, 403[48]; 94, 249[34], [35]; 06, 445[34]; 08, 23[31] u. 318[31]; 09, 280[17]; 10, 126[37] u. 947[29] u. [30] (= RG. 74, 191 u. 242); Recht 11 S. 630, 734; 12, S. 64, 356; 14, 36; 15, 202; über die Verpflichtung des Unternehmers zur Durchführung des Administrativverfahrens nach §§ 18, 24 und darauf gerichtete Klagen. Eine Feststellungsklage ist unzulässig JW. 05, 151[37]; 06, 183[33]. Umgekehrt kann nicht auf

Nichtbestehen des Enteignungsrechts geklagt werden RG. 62, 193; JW. 06, 127[34]; 25, 1117[26]; Recht 13, 406; KompKonflGH. in JW. 26, 2652; PrVBl. 41, 475; 43, 618. Vgl. auch RG. 72, 354 = JW. 10, 248[42]: Erwerb eines zum Bahnbau schon verwendeten Grundstücks durch Zuschlag in der Zwangsversteigerung. Vgl. ferner § 12 Anm. 1, 24 Anm. 1 a. E. u. § 30 Anm. 1.

2. Sobald der Antrag des Unternehmers auf Einleitung des Enteignungsverfahrens (Feststellung des Planes) eingeht, hat der Regierungspräsident den Plan gemäß § 15 möglichst schleunig vorläufig festzustellen, soweit dazu nicht andere Behörden nach gesetzlicher Vorschrift berufen sind (§ 15 Anm. 5). Vgl. AusfBest. des HM. zum VereinfEVG. v. 24. 8. 23, MBliV. S. 1091, zu § 3.

3. Zuständig ist der Regierungspräsident, für den Stadtkreis Berlin der Polizeipräsident. § 150 ZustG., § 42 LVG. Gegen die Ablehnung des Antrages auf Planfeststellung Beschwerde beim HM. § 125 LVG. Vgl. § 3 Anm. 4, § 4 Anm. 6.

4. Größere Anforderungen dürfen nicht gestellt werden. Ziff. 6 des Anhangs II. Nach dem Erl. d. Min. d. ö. A. und des Min. d. Inn. v. 12. 6. 02 — MBliV. S. 111 — sollen die Beilagen, die in den Beschluß des Bezirksausschusses überzugehen bestimmt sind, in der nötigen Zahl von Abschriften beigegeben werden.

5. Vgl. Ziff. 2 des Anhangs I.

6. Ist der Eigentümer abwesend oder unbekannt, so kann der Unternehmer die Einleitung einer Pflegschaft (§§ 1911, 1913 BGB.) veranlassen. Vgl. Ziff. 3 des Anhangs II.

§ 19. Plan nebst Beilagen sind in dem betreffenden Gemeinde- oder Gutsbezirke während vierzehn Tagen[1] zu jedermanns Einsicht offenzulegen.

Die Zeit der Offenlegung ist ortsüblich bekanntzumachen.

Während dieser Zeit kann jeder Beteiligte im Umfange seines Interesses Einwendungen gegen den Plan erheben. Auch der Vorstand des Gemeinde- oder Gutsbezirks hat das Recht, Einwendungen zu erheben, welche sich auf die Richtung des Unternehmens oder auf Anlagen der in § 14 gedachten Art beziehen.

Die Regierung[2] hat diejenige Stelle zu bezeichnen, bei welcher solche Einwendungen schriftlich einzureichen oder mündlich zu Protokoll zu geben sind.

1. Im vereinfachten Enteignungsverfahren ist die Frist auf eine Woche verkürzt. Vgl. § 3 VereinfEVG. Für die Berechnung der Fristen sind §§ 187 Abs. 1, 188 BGB. entsprechend anzuwenden.

2. Der Regierungspräsident bzw. der Polizeipräsident. Vgl. § 18 Anm. 3.

§ 20. Nach Ablauf der Frist (§ 19) werden die Einwendungen gegen den Plan in einem nötigenfalls an Ort und Stelle abzuhaltenden Termin vor einem von der Bezirksregierung[1] zu ernennenden Kommissar[2] erörtert[3].

Zu dem Termine werden der Unternehmer, die Reklamanten[4] und die durch die Reklamationen betroffenen Grundbesitzer, sowie der Vorstand des Gemeinde- oder Gutsbezirks vorgeladen[5] und mit ihrer Erklärung gehört. Dem Kommissar bleibt es überlassen, Sachverständige, deren Gutachten erforderlich ist, zuzuziehen.

Die Verhandlungen haben sich nicht auf die Entschädigungsfrage[6] zu erstrecken.

1. Vgl. § 19 Anm. 1.

2. Vgl. Ziff. 1 des Anhangs II.

3. Vgl. Ziff. 5 des Anhangs II.

4. Die nach § 19 Einwendungen erhoben haben.

Wegen Benachrichtigung der Eisenbahndirektionen bei Kleinbahnunternehmen vgl. Erl. d. Min. d. ö. A. v. 21. 11. 00, EVBl. S. 591. Bei Privateisenbahnen schrieben die ZirkVerf. d. Min. f. Hand. u. d. Inn. v. 7. 11. 77, MBliV. 78, 10 und der Runderl. d. Min. d. ö. A. v. 23. 8. 96, MBliV. S. 180 die Benachrichtigung der Eisenbahndirektionen vor. Jetzt sind gegebenenfalls die Reichsbahndirektionen zu benachrichtigen.

5. Vgl. § 39. Die Ladung soll den Hinweis enthalten, daß auch beim Nichterscheinen der Geladenen über ihre Einwendungen verhandelt werde. Ziff. 5 des Anhangs II.

6. Dazu gehören auch Anträge auf Übernahme von Restgrundstücken gemäß § 9. Vgl. § 9 Anm. 6.

§ 21. Der Kommissar hat nach Beendigung der Verhandlungen letztere der Bezirksregierung[1] vorzulegen, welche[2, 3] prüft, ob die vorgeschriebenen Förmlichkeiten[4] beobachtet sind, mittels motivierten Beschlusses über die erhobenen Einwendungen entscheidet und danach

1. den Gegenstand[5] der Enteignung, die Größe[6] und die Grenzen des abzutretenden Grundbesitzes, die Art und den Umfang der aufzulegenden Beschränkungen, sowie auch die Zeit[7], innerhalb deren längstens vom Enteignungsrechte Gebrauch zu machen[8] ist — soweit die Königliche Verordnung (§ 2[9]) über diese Punkte keine Bestimmungen enthält —,
2. die Anlagen[10], zu deren Errichtung wie Unterhaltung der Unternehmer verpflichtet ist (§ 14),

feststellt[11].

Die Entscheidung wird dem Unternehmer, den Reklamanten und sonstigen Personen, welche an der Streiterörterung teilgenommen, sowie dem Vorstande des Gemeinde- oder Gutsbezirks zugestellt[12, 13, 14].

1. Dem Bezirksausschuß, in Berlin der ersten Abt. des Polizeipräsidiums. § 150 ZustG. Nach § 117 LVG. kann der Vorsitzende des Bezirksausschusses namens desselben entscheiden in unaufschieblichen Fällen oder wenn das Sach- und Rechtsverhältnis klar. Die Anwendung des § 117 in Enteignungssachen ist empfohlen in Ziff. 7 des Anhangs II, wiederholt im Erl. d. Min. d. ö. A. v. 12. 6. 02, MBliV. S. 111. Vgl. Gruch. 45, 954 = JW. 01, 465[18]. Im vereinfachten Enteignungsverfahren tritt an die Stelle des Bezirksausschusses der Regierungspräsident, VereinfEVG. § 3.

2. Was nach § 21 der Prüfung und Entscheidung der Verwaltungsbehörde vorbehalten, entzieht sich der Nachprüfung durch die Gerichte Recht 13, 406; Warn. 13, 553; Gruch 58, 476; 34, 742; vgl. § 18 Anm. 1, § 30 Anm. 5.

3. Die allg. Verf. d. Min. d. ö. A. v. 19. 11. 98, MBliV. S. 254, schreibt vor, daß es zur Änderung vorläufig festgestellter Eisenbahnbauentwürfe, wenn dadurch die Bahnlinie oder die baulichen und die Betriebsverhältnisse der Bahn berührt werden, der vorher einzuholenden Genehmigung des Min. d. ö. A. (jetzt des HM.) bedarf. Im Zuständigkeitsbereich des Reichs steht jetzt die endgültige Entscheidung dem Reichsverkehrsmnister zu. Vgl. Vorbem. I 1. vor § 2.

4. Die Beobachtung der §§ 2, 15, 18—20.

5. Bei Übernahme nach § 9 erfolgt die Feststellung nach § 25 Abs. 7.

6. Falsche Größenangaben sind belanglos, wenn die Identität des Grundstücks nicht zweifelhaft ist JW. 04, 300[33]. Vgl. § 30 Anm. 1.

7. Nach fruchtlosem Fristablauf findet § 42 Anwendung. Der festgestellte Plan verliert seine Geltung.

8. D. h. der Antrag auf Feststellung der Entschädigung nach §§ 24 ff. zu stellen ist.

9. Jetzt: Beschluß des Staatsministeriums. Vgl. § 2 Anm. 4.

10. Die Entscheidung über streitige Anlagen kann vorbehalten werden, wenn sie die Feststellung im übrigen nicht berührt — Ziff. 4 des Anhangs I —, ebenso die über die Unterhaltung von Anlagen — Ziff. 11 des Anhangs II.

11. Dies ist die endgültige (vgl. § 25 Abs. 1 „definitiv") Planfeststellung im Gegensatz zur vorläufigen nach § 15. Der Beschluß pflegt wegen der näheren Bestimmung der Flächen auf eine beigeheftete Nachweisung zu verweisen. Vgl. darüber KGJ. 50 A 174. Der endgültigen Planfeststellung des § 21 steht die förmliche Feststellung des Plans nach § 8 FlLinG. gleich.

12. Vgl. § 39.

13. In geeigneten Fällen kann der Beschluß über die endgültige Feststellung des Plans mit dem Beschluß über die Entschädigungsfeststellung (§ 29) und dem Enteignungsbeschluß (§ 32) verbunden werden. Für jeden Teil des Beschlusses bleibt es dann doch bei den gesetzlich verordneten Rechtsbehelfen (VereinfEVG. § 4). In den Verordnungen betr. ein vereinfachtes Enteignungsverfahren, aus denen das VereinfEVG. hervorgegangen ist, war die Verbindung aller drei Beschlüsse vorgesehen (vgl. z. B. § 5 der VO. v. 31. 7. 21 in der Fass. der Bek. v. 31. 8. 21, GS. 513). Aber schon in den Ausführungsbestimmungen des Min. d. ö. A. v. 21. 9. 14 (EVBl. 273) war zugelassen, daß, wenn die Festsetzung der Entschädigung zeitraubende Ermittlungen fordere und die Feststellung des Plans verzögern würde, die Planfeststellung sofort erfolgen müsse, und die Entschädigungsfeststellung und der Ausspruch der Enteignung einem weiteren Beschluß vorzubehalten seien. In der Praxis bildete dies die Regel. Die Vereinigung der Plan- und Entschädigungsfeststellung in einem Beschluß führt keineswegs eine Beschleunigung herbei,

sondern hat in vielen Fällen die unangenehme Folge, daß wegen der Kürze der Zeit die Entschädigungsfrage mangelhaft geklärt wird, und die Parteien auf den ordentlichen Rechtsweg gedrängt werden, was möglichst zu vermeiden ist. Das VereinfEVG. trennt deshalb grundsätzlich beide Feststellungen (§§ 21, 29) und gibt der Behörde lediglich die Möglichkeit gleichzeitiger Entscheidung in einfachen Fällen (vgl. Drucks. Landtag 1 Wahlper. 1 Tag. 1921/22 Begr. Nr. 3252). Die AusführBest. des HM. zu § 4 VereinfEVG. wiederholen daher die früher gegebene, oben ersichtliche Anweisung.

14. Mit der Planfeststellung kann im vereinfachten Verfahren die Besitzeinweisung erfolgen (vgl S. 149 ff).

§ 22[1]**. Gegen die Entscheidung der Bezirksregierung steht den Beteiligten der Rekurs an die vorgesetzte Ministerialinstanz offen.**

Der Rekurs muß bei Verlust desselben innerhalb zehn Tagen nach Zustellung des Beschlusses bei der Bezirksregierung eingelegt und gerechtfertigt werden. Die Regierung hat die Rekursschrift dem Gegner zur Beantwortung innerhalb einer Frist von sieben bis vierzehn Tagen mitzuteilen und nach Eingang der Schrift oder nach Ablauf der Frist die Akten an den zuständigen Minister zur Entscheidung einzusenden[2]**.**

1. Nach § 150 ZustG., §§ 122, 52 LVG. gilt jetzt folgendes: Gegen die nach § 21 vom Bezirksausschuß, dessen Vorsitzenden (§ 117 LVG.) bzw. der ersten Abt. des Polizeipräsidiums oder im vereinfachten Enteignungsverfahren (§ 21 Anm. 1) von dem Regierungspräsidenten getroffene Entscheidung haben die Beteiligten — d. s. die, denen nach § 21 Abs. 2 der Beschluß zuzustellen war — die Beschwerde innerhalb zwei Wochen seit Zustellung der Entscheidung an den HM. (§ 4 Anm. 6). Über Zustellungen vgl. § 39. Die Frist berechnet sich nach §§ 221, 222 ZPO., §§ 187 Abs. 1, 188

Abs. 2 BGB. In Fällen unverschuldeter Versäumung wird Wiedereinsetzung in den vorigen Stand gewährt. Anzubringen ist die gleichzeitig zu rechtfertigende Beschwerde bei der Behörde, von der der Beschluß ausgeht. Anbringung beim HM. wahrt aber die Frist. Ist die Frist versäumt, weist der Vorsitzende die Beschwerde durch Beschluß zurück mit der Eröffnung, daß dagegen Beschwerde an den HM. zustehe. Anderenfalls wird, wenn eine Gegenpartei vorhanden, dieser die Beschwerde zur Erklärung binnen zwei Wochen zugefertigt. Der Gegner kann sich der Beschwerde anschließen, auch wenn für ihn die Beschwerdefrist abgelaufen. Abschrift der Erklärung erhält der Beschwerdeführer. Dann werden die Verhandlungen mittels Bericht dem HM. eingereicht. Im Zuständigkeitsbereich des Reichs hat über die Beschwerde nur der Reichsverkehrsmin. zu entscheiden vgl. StaatsGerH. in RG. 107 Anh. S. 9 und § 2 Anm. 4 S. 60.

2. Nach § 11 Abs. 2 des WasserstraßenG. v. 1. 4. 05 — GS. S. 179 — ist bei Entscheidungen über Beschwerden im Planfeststellungsverfahren, das Enteignungen zur Ausführung des gedachten Gesetzes zum Gegenstande hat, der Min. f. Landw. „zuzuziehen, sofern Landeskulturinteressen in Betracht kommen".

§ 23[1]. Das Enteignungsrecht bei der Anlage[2] von Eisenbahnen erstreckt sich unter Berücksichtigung der Vorschriften dieses Gesetzes insbesondere[3]

1. auf den Grund und Boden, welcher zur Bahn, zu den Bahnhöfen und zu den an der Bahn und an den Bahnhöfen behufs des Eisenbahnbetriebes zu errichtenden Gebäuden erforderlich ist;
2. auf den zur Unterbringung der Erde und des Schuttes usw. bei Abtragungen, Einschnitten und Tunnels erforderlichen Grund und Boden;
3. überhaupt auf den Grund und Boden für alle

sonstigen Anlagen[4], welche zu dem Behufe, damit die Bahn als eine öffentliche Straße zur allgemeinen Benutzung dienen könne, nötig oder infolge der Bahnanlage im öffentlichen Interesse erforderlich sind;

4. auf das für die Herstellung[5] von Aufträgen erforderliche Schüttungsmaterial.

Dagegen ist das Enteignungsrecht auf den Grund und Boden für solche Anlagen nicht auszudehnen, welche, wie Warenmagazine und dergleichen, nicht den unter Nr. 3 gedachten allgemeinen Zweck, sondern nur das Privatinteresse des Eisenbahnunternehmers angehen.

Die vorübergehende Benutzung fremder Grundstücke soll bei der Anlage von Eisenbahnen, insbesondere zur Einrichtung von Interimswegen, Werkplätzen und Arbeiterhütten, zulässig sein.

1. Soweit die Zuständigkeit des Reichs eingreift (Vorbem. I 1. zu § 2), hat § 23 keine bindende Bedeutung.

2. Dasselbe wie die Anlage des § 31 RG. 43, 237.

3. Vorbild waren die §§ 8 u. 9 des EisenbG. v. 3. 11. 38.

4. Auch Brandschutzstreifen, vgl. Allg. Verf. d. Min. d. ö. A. v. 8. 6. 99, MBliV. S. 110, und wegen der Feuerschutzstreifen in Wäldern. Verf. d. Min. f. Landw. u. d. Min. d. Inn. v. 26. 1. 05, MBliV. S. 32.

5. Erstmalige Herstellung, nicht Unterhaltung. Vgl. JW. 02, 323[59].

2. Feststellung der Entschädigung.

§ 24. Der Antrag auf Feststellung der Entschädigung ist von dem Unternehmer[1] schriftlich bei der Bezirksregierung[2] einzubringen[3].

Der Antrag muß das zu enteignende Grundstück, dessen Eigentümer[4], sowie, wo nur eine Belastung in Frage steht, die Art und den Umfang derselben genau bezeichnen (§ 18[5]).

Dem Antrage ist zum Nachweis der Rechte am Grundstück ein beglaubigter Auszug aus dem Grundbuch (Hypothekenbuch, Währschaftsbuch, Stockbuch), wo aber ein solches nicht vorhanden ist oder nicht ausreicht, eine Bescheinigung des Ortsvorstandes oder der sonst zur Ausstellung solcher Bescheinigungen berufenen Behörde über den Eigentumsbesitz und die bekannten Realrechte beizufügen. Diese Urkunden haben die betreffenden Behörden dem Unternehmer auf Grund der Feststellung (§ 21) oder einer sonstigen Bescheinigung[6] der Regierung gegen Erstattung der Kopialien[7] zu erteilen, auch demselben Einsicht des Grundbuchs[8] usw. zu gestatten.

Gleichzeitig mit Erteilung des Auszugs hat die Grundbuchbehörde, soweit die betreffenden Grundbücher dazu geeignet sind, und zwar ohne weiteren Antrag[11], eine Vormerkung[9] über das eingeleitete Enteignungsverfahren im Grundbuche einzutragen, deren Löschung mit vollzogener Enteignung (§ 33) oder auf besonderes Ersuchen[10] der Regierung erfolgt. Auch hat dieselbe während der Dauer des Enteignungsverfahrens von jeder an dem Grundstücke eintretenden Rechtsveränderung, welche für die Vertretung des Grundstücks oder die Auszahlung der Entschädigung von Bedeutung ist, von Amts wegen[11] der Enteignungsbehörde Nachricht zu geben.

1. Nur der Unternehmer kann den Antrag stellen. Der Antrag wird der Regel nach den Planfeststellungsbeschluß zur

Grundlage nehmen. Wenn die Lage so ist, als ob enteignet wäre, kann der Enteignete den Unternehmer auf Stellung des Antrages aus § 24 verklagen. Vgl. § 18 Anm. 1, § 16 Anm. 2. Der Enteignete kann aber nicht, weil sein Haus durch den Bahnbetrieb Risse bekommen habe, mit Rauch und Ruß bedeckt werde, vom Dorfe abgeschnitten sei, ohne ein Verfahren nach §§ 24 ff. aus allgemeinen Rechtsgründen (Nachbarrecht, unerlaubte Handlung) auf Entschädigung im ordentlichen Rechtswege klagen, weil die Schäden wertmindernde im Sinne des § 8, §§ 24 ff. öffentlich-rechtliche, beide Teile bindende Vorschriften enthalten und die klagbegründenden Tatsachen mit der Enteignung zusammenhängen; Komp.-KonflGH. im PrVBl. 42, 74. Vgl. § 7 Anm. 1.

2. Dem Regierungspräsidenten, in Berlin dem Polizeipräsidenten. Wird der Antrag abgelehnt, Beschwerde an den HM. § 125 LVG. Vgl. § 4 Anm. 6.

3. Wegen der Frist vgl. § 21 Anm. 7.

4. Vgl. § 18 Anm. 6.

5. Das Planfeststellungsverfahren gemäß § 18 muß dem Antrag aus § 24 vorangehen und rechtskräftig erledigt sein (KGJ. 40, 130; 50, 174; Recht 11, 206). Anders im Falle der Einigung über die Abtretung gemäß § 16, nicht aber, wenn nur die Bauerlaubnis erteilt. Vgl. § 16 Anm. 2 u. 3; anders auch, wenn der Planfeststellungsbeschluß mit den nach §§ 29 und 32 zu erlassenden Beschlüssen über die Entschädigung und die Enteignung verbunden werden soll, was nach § 4 Abs. 1 Satz 2 VereinfEVG. in geeigneten Fällen zulässig ist. Vgl. § 21 Anm. 13.

6. Eine Bescheinigung, wenn sich durch die Einigung nach § 16 die Planfeststellung erübrigt. Vgl. Anm. 5. Bei Enteignungen nach dem FlLinG. ist die Bescheinigung der Gemeindebehörde nötig KGJ. 10, 315. Nach Art. 9 AG.GBO. muß die Feststellung oder die Bescheinigung ordnungsmäßig unterschrieben und mit Siegel oder Stempel versehen sein.

7. Keine Erstattung der Kopialien, wenn der Fiskus der Unternehmer ist. Allg. Verf. d. JM. v. 2. 7. 81, JMBl. S. 149.

8. Nach § 11 GBO. ist die Einsicht des Grundbuchs jedem gestattet, der ein berechtigtes Interesse darlegt. Insoweit auch ein Recht auf Erteilung von Abschriften. Vgl. Ziff. 5 des Anhangs I und Ziff. 6 des Anhangs II über die Beschaffung der Grundbuchauszüge schon im Planfeststellungsverfahren.

9. Die Vormerkung, anders als die nach § 883 BGB. — daher auch kein Widerspruch nach § 894 BGB. — ist ohne materiell-rechtliche Wirkung, auch ohne direkten Einfluß auf die Enteignung, hindert nicht die Veräußerung und Belastung, bezweckt im Interesse der Realberechtigten (vgl. §§ 44, 45) nur die Kundmachung, daß das Enteignungsverfahren im Gange ist, und die Erinnerung des Grundbuchamts an die Mitteilungen gemäß § 24 a. E., ist nur zulässig, wenn eine mit Rechtskraftzeugnis versehene Ausfertigung des Planfeststellungsbeschlusses oder eine Bescheinigung über die Einigung der Beteiligten (Anm. 5 und 6) vorgelegt wird, kann auch ohne Vorlage katasteramtlicher Nachweise erfolgen, wenn die Bezeichnung der Flächen nur § 21 entspricht, unbeschadet der Pflicht des Richters, nach der Eintragung genauere Angaben nötigenfalls nachzufordern OLG. 12, 166; KGJ. 32 A 208; 35 A 261; 40 A 130; 41 A 192; 50 A 174; Recht 11, 206; JFG. 3, 270. Im vereinfachten Enteignungsverfahren wird (vgl. Anm. 5 und 6) eine entsprechende Bescheinigung gleichfalls genügen müssen. Die Vormerkung wird in Abt. II Spalte 1—3 des Grundbuchs eingetragen (§ 11[3] Allg. Verf. d. JM. v. 20. 11. 99, JMBl. S. 349), und zwar des Grundbuchs, in dem die fragliche Fläche gebucht ist, wenn also die Fläche nach irrtümlicher Löschung der Vormerkung abgeschrieben ist, auf dem neuen Grundbuchblatt KGJ. 41 A 188. Über Löschung auf Antrag trotz § 71 Abs. 2 GBO. vgl. Recht 11, 206; KGJ. 40 A 130. Die Eintragung der Vormer-

kung ist kostenfrei. § 43. Benachrichtigt werden von ihr alle Realberechtigten. § 55 GBO.

10. Wegen der Form vgl. Anm. 6 a. E. Wegen der Kosten vgl. § 43.

11. Der Antrag des Unternehmers hat nur die Bedeutung, das Gericht zu einer Amtspflicht anzuregen, die durch die in Anm. 9 bezeichneten Nachweise ausgelöst wird KGJ. 50 A 174. Die Verletzung der Amtspflicht kann Schadensersatzansprüche begründen. § 12 GBO.; Art. 8 AG.GBO.

§ 25. Der Entscheidung der Bezirksregierung[1] muß eine kommissarische Verhandlung mit den Beteiligten unter Vorlegung des definitiv festgestellten Planes vorangehen.

Der Kommissar[2] hat auf Grund der nach § 24 beizubringenden Urkunden darauf zu achten, daß das Verfahren gegen den wirklichen Eigentümer[3] gerichtet wird.

Er hat den Unternehmer, den Eigentümer sowie auch Nebenberechtigte[4], welche sich zur Teilnahme an dem Verfahren gemeldet haben, zu einem nötigenfalls an Ort und Stelle abzuhaltenden Termine vorzuladen[5].

Alle übrigen Beteiligten[6] werden durch eine in dem Regierungsamtsblatt und in dem betreffenden Kreisblatt sowie geeignetenfalls in sonstigen Blättern bekanntzumachende Vorladung aufgefordert, ihre Rechte im Termine wahrzunehmen.

Die Ladungen erfolgen unter der Verwarnung[7], daß beim Ausbleiben der Geladenen ohne deren Zutun die Entschädigung festgestellt und wegen Auszahlung oder Hinterlegung der letzteren werde verfügt werden.

In dem Termine ist jeder an dem zu enteignenden Grundstücke Berechtigte befugt, zu erscheinen und sein Interesse an der Feststellung der Entschädigung, sowie bezüglich der Auszahlung und Hinterlegung derselben wahrzunehmen.

In dem Termine hat der Grundeigentümer seine Anträge auf vollständige Übernahme[8] eines teilweise in Anspruch genommenen Grundstücks (§ 9) anzubringen. Spätere Anträge dieser Art sind unzulässig.

1. Des Bezirksausschusses, in Berlin der 1. Abt. des Polizeipräsidiums, im vereinfachten Verfahren des Regierungspräsidenten an Stelle des Bezirksausschusses.

2. Vom Regierungspräsidenten, in Berlin vom Polizeipräsidenten zu ernennen. Für die landespolizeilichen und die enteignungsrechtlichen Angelegenheiten desselben Unternehmens soll möglichst derselbe Dezernent bestimmt, auch zu den Sitzungen des Bezirksausschusses zugezogen werden. Ziff. 1 u. 2 des Anhangs II. Vgl. auch Verf. d. Min. d. ö. A. u. d. Inn. v. 12. 6. 02, MBliV. S. 111.

3. Ausdrücklich wird der Legitimationspunkt nicht entschieden. RG. 7, 223.

4. Vgl. § 11 Anm. 1; § 30 Anm. 2; auch Hypotheken- usw. Gläubiger RG. 74, 410; JW. 11 S. 162[30], 604[64]; Recht 11 S. 142, 772. Vgl. aber JW. 11, 162[30]. Wegen des Vorkaufsberechtigten siehe RG. 86, 184; JW. 15, 412[22]; Recht 15, 201.

5. Vgl. § 39.

6. Beteiligt sind alle, deren rechtliches Interesse durch die Entscheidung der Verwaltungsbehörde berührt wird. RG. 28, 262. Vgl. auch Anm. 4. Wird ein Wegerecht entzogen, von dem der Unternehmer nichts wußte, wofür er daher auch nicht Festsetzung der Entschädigung beantragte, und meldet sich der Berechtigte nicht, so ist er im Sinne des Abs. 4 nicht beteiligt. (?) JW. 10, 397[23]. Vgl. § 30 Anm. 2. Nicht betei-

ligt sind die an der Herstellung von Anlagen gemäß § 14 Interessierten. Über solche Anlagen wird im Entschädigungsfeststellungsverfahren nicht entschieden; OLG. Hamm in SeuffA. 75, 172; vgl. § 14 Abs. 2, § 21 Abs. 1 Ziff. 2.

7. Die Nichtbeteiligung am Administrativverfahren hat weitere Nachteile nicht, schließt insbes. den Rechtsweg nicht aus. RG. 5, 281; 24, 205; RG. 68, 116; 74, 242; 86, 184; JW. 08, 316[29]; 10, 397[23] u. 947[30]; Recht 12, 170; 15, 201; Warn. 12, 203. Vgl. jedoch § 25 Abs. 7.

8. Vgl. § 9 Anm. 6. Der Antrag muß in einem auf mehrere Termine sich erstreckenden Verfahren spätestens im letzten Termin gestellt werden. Spätere Anträge unzulässig. JW. 08, 726[29].

§ 26. Der Kommissar hat eine Vereinbarung[1] der Beteiligten[2] zu Protokoll zu nehmen[3] und ihnen eine Ausfertigung auf Verlangen zu erteilen.

Das Protokoll[4] hat die Kraft einer gerichtlichen oder notariellen Urkunde[5, 6]. In bezug auf die Rechtsverbindlichkeit der vor dem Kommissar abgeschlossenen Verträge kommen die Bestimmungen des § 17 Abs. 2 und 5[7] zur Anwendung.

1. Die Vereinbarung kann die Übernahme von dinglichen Verbindlichkeiten durch den Unternehmer zum Gegenstande haben. Eine anderweite Übernahme hat für das Enteignungsverfahren keine Bedeutung KGJ. 41 A 194. Vgl. § 45 Anm. 4 a. Wird nur die Höhe der Entschädigung vereinbart, so geht das Verfahren weiter (§§ 29, 32). Wird auch die Abtretung des Eigentums vereinbart, so stellt die Enteignungsbehörde das Verfahren ein. Das Eigentum geht dann durch Auflassung und Eintragung im Grundbuch über. Nach dem Abschluß des Verfahrens und dem Übergang des Eigentums treten die Wirkungen der Enteignung mit Zahlung oder Hinterlegung (§ 37) der Entschädigung ein (§ 46) RG. 72,

359 = JW. 10, 195[26]. Wegen der Kostenfreiheit vgl. § 43. Nicht in den Plan (§§ 15, 18) aufgenommene und nicht nach § 9 zu übernehmende Grundstücke können nicht Gegenstand der Vereinbarung sein. Die Vereinbarung (bzw. das vereinbarte Verfahren) ist ein Stück des Enteignungsverfahrens, das daher im übrigen sinngemäße Anwendung findet. Setzt die Vereinbarung die Höhe der Entschädigung nicht ziffernmäßig fest, so bleibt das Rücktrittsrecht nach § 42 RG. 61, 102.

2. Auf Antrag von Nebenberechtigten, die im Termine erscheinen, der Vereinbarung aber nicht beitreten, ist das Verfahren (§§ 29, 32) durchzuführen. Im übrigen bleibt die Vereinbarung bindend. Vgl. JW. 10, 947[30] u. § 30 Anm. 2 a. E.

3. Auf das Zustandekommen der Vereinbarung ist tunlichst hinzuwirken. Ziff. 4 des Anhangs II.

4. Protokoll im Sinne des § 26 ist eine unter Angabe von Ort und Zeit von einer Amtsperson in hergebrachter Darstellungsform aufgenommene und durch Unterschrift vollzogene schriftliche Wiedergabe eines Vorganges, der sich vor der beurkundenden Amtsperson zugetragen hat. Die Unterschrift der Beteiligten wird nicht gefordert OLG. Frankfurt im Recht 19, 267; OLG. 38, 166. Die Form ist erst vollendet mit der Vollziehung des Protokolls durch den Kommissar. Die Parteierklärung ist daher nur bindend, wenn sie zu dieser Zeit noch bestand. Erklärt sich die Partei unbedingt, nimmt die andere an, und wandelt die erste ihre Erklärung vor Vollziehung des Protokolls in eine bedingte, so ist sie an die unbedingte nicht gebunden. § 128 BGB. ist nicht anwendbar JW. 03, 18[45].

5. Die Zwangsvollstreckung aus der Urkunde ist zulässig wegen des Anspruchs auf eine bestimmte Geldsumme, wenn sich der Schuldner der sofortigen Zwangsvollstreckung unterworfen hat. § 794 Ziff. 5 ZPO.

6. Andere Vorteile der Vereinbarung siehe Anm. 1.

7. Sollte heißen „bis“. Im übrigen vgl. § 17 Abs. 2 bis 5.

§ 27[1]. Zu der kommissarischen Verhandlung sind ein bis drei Sachverständige zuzuziehen, welche von der Bezirksregierung[2] entweder für das ganze Unternehmen oder einzelne Teile desselben zu ernennen sind. Doch steht auch den Beteiligten zu, sich vor dem Abschätzungstermine über Sachverständige zu einigen und dieselben dem Kommissar zu bezeichnen.

Die ernannten Sachverständigen müssen die in den betreffenden Prozeßgesetzen vorgeschriebenen Eigenschaften eines völlig glaubwürdigen Zeugen besitzen[3]; dieselben dürfen insbesondere nicht zu denjenigen Personen gehören, die selbst als Entschädigungsberechtigte von der Enteignung betroffen sind.

1. Vgl. Ziff. 5 des Anhangs I und Ziff. 9 des Anhangs II.

2. Dem Regierungspräsidenten, in Berlin dem Polizeipräsidenten.

3. Solche Vorschriften bestehen nicht mehr. Die entsprechende Anwendung der §§ 393, 406, 41, 42 ZPO. ist sachgemäß. Für die „bezeichneten" Sachverständigen (§ 27 Abs. 1 Satz 2) gelten die Vorschriften nicht.

§ 28. Das Gutachten wird von den Sachverständigen entweder mündlich zu Protokoll erklärt oder schriftlich eingereicht[1]. Dasselbe muß mit Gründen[2] unterstützt und beeidet[3] werden. Sind die Sachverständigen ein- für allemal als solche vereidet, so genügt die Versicherung der Richtigkeit des Gutachtens auf den geleisteten Eid im Protokoll oder unter dem schriftlich eingereichten Gutachten.

Den Beteiligten ist vor der Entscheidung der Bezirksregierung (§ 29) Gelegenheit zu geben, über das Gutachten sich auszusprechen[4].

1. Die Schätzungen sollen tunlichst am Tage ihres Beginnes zu Ende geführt, deshalb für jeden Tag nur so viel Schätzungen angesetzt werden, daß dies durchführbar; die Begutachtung soll durch Bereithalten vorbereiteter Formulare erleichtert, die Gutachten sofort zu Protokoll erklärt und den Beteiligten alsbald Gelegenheit gegeben werden, sich auszusprechen. Bei schwierigen Schätzungen ist eine Frist für die Einreichung des Gutachtens zu bestimmen, zugleich ein nur ausnahmsweise an Ort und Stelle abzuhaltender Termin zur Erklärung der Beteiligten. Ziff. 5 Abs. 7 des Anhangs I, Ziff. 9 des Anhangs II.

2. Die den gesetzlichen Vorschriften, §§ 8 ff., worüber die Sachverständigen zu belehren, entsprechen müssen.

3. Dahin, daß der Sachverständige das von ihm geforderte Gutachten unparteiisch und nach bestem Wissen und Gewissen erstatten werde. § 410 ZPO.

4. Vgl. Anm. 1.

§ 29. Die Entscheidung der Bezirksregierung[1] über die Entschädigung[2], die zu bestellende Kaution[3] und die sonstigen aus §§ 7—13 sich ergebenden Verpflichtungen[4] erfolgt mittels motivierten Beschlusses[5].

Die Entschädigungssumme ist für jeden Eigentümer[6] sowie für jeden der im § 11 bezeichneten Nebenberechtigten[7], soweit ihm eine nicht schon im Werte des enteigneten Grundeigentums begriffene Entschädigung zuzusprechen ist, besonders festzustellen. Auch ist da, wo die dem Nebenberechtigten gebührende Entschädigung in dem Werte des enteigneten Grundeigentums begriffen ist, auf Antrag des Eigentümers oder des betreffenden Nebenberechtigten das Anteilsverhältnis festzustellen, nach welchem dem letzteren innerhalb seiner vom Eigentümer anerkannten[8] Berechtigung aus der für das Eigentum festgestellten

Entschädigungssumme oder deren Nutzungen Entschädigung gebührt.

[9] In dem Beschlusse ist zugleich zu bestimmen, daß die Enteignung des Grundstücks nur nach erfolgter Zahlung oder Hinterlegung der Entschädigungs- oder Kautionssumme auszusprechen sei.

1. Des Bezirksausschusses, in Berlin der ersten Abt. des Polizeipräsidiums. § 150 ZustG. Wegen der Anwendung des § 117 LVG. vgl. § 21 Anm. 1 und § 30 Anm. 4. Nach VereinfEVG. § 4 sind im vereinfachten Verfahren der Beschluß über die Feststellung der Entschädigung (§ 29) und der Enteignungsbeschluß (§ 32) zu verbinden. Es verbleibt für jeden Teil des Beschlusses bei den gesetzlich verordneten Rechtsmitteln. Die Beschlüsse sind von dem Regierungspräsidenten zu erlassen (VereinfEVG. § 2 und Vorbem. zu § 15). Wegen der Verbindung dieser Beschlüsse mit dem Planfeststellungsbeschluß zu § 4 VereinfEVG. sollen, wenn die rungsbestimmungen zu § 4 VereinfEVG. sollen, wenn die Verbindung der Beschlüsse mit dem Planfeststellungsbeschluß unterbleibt, die Ermittlungen über die Höhe der Entschädigung unverzüglich durchgeführt werden und sofort nach ihrem Abschluß die Entschädigungsfeststellung und der Ausspruch der Enteignung erfolgen; auch wird für diesen Fall empfohlen, vor Erlaß der Beschlüsse über die Entschädigung und die Enteignung die Rechtskraft des Planfeststellungsbeschlusses abzuwarten, wenn der Umfang der Enteignung nicht bereits in dem Staatsministerialbeschluß über die Verleihung des Enteignungsrechts näher bestimmt ist und die Möglichkeit besteht, daß die in erster Instanz getroffene Entscheidung im Beschwerdewege abgeändert und das Unternehmen auf andere Grundstücke verwiesen wird.

2. Die Entschädigung oder ihre Höhe darf nicht von einer nach der Enteignung eintretenden Bedingung abhängig gemacht werden RG. 69, 64 = JW. 08, 317[30]. Über die Fest-

stellung der Entschädigung im Dringlichkeitsverfahren und nachfolgende Prüfung von Nebenforderungen des Eigentümers siehe § 42 Anm. 1. Eine Vereinbarung über die Höhe der Entschädigung macht den Beschluß nicht entbehrlich. § 26 Anm. 1 u. 2. Im übrigen vgl. Abs. 2.

3. Gemäß § 12 Abs. 2.

4. Z. B. über die Übernahme nach §§ 9, 25 Abs. 7 RG. 42, 225. Im Falle der Verpflichtung zur Übernahme muß deutlich ausgesprochen werden, daß, von welchem Grundstück und in welcher Größe eine Restfläche zu übernehmen ist OVG. 72, 428.

5. Vorher ist zu prüfen, ob nach §§ 24 ff. verfahren ist, insbesondere, ob die Gutachten der Sachverständigen genügen. Nötigenfalls ist eine Ergänzung zu veranlassen. Die Gründe der nicht angefochtenen Entscheidung werden nicht rechtskräftig, daher nicht die Ansätze einer der Entscheidung angehängten tabellarischen Berechnung, wenn sie nicht zum Bestandteil der Entscheidung gemacht sind RG. 14, 267.

Schreibfehler, Rechnungsfehler und ähnliche offenbare Unrichtigkeiten sind nach Analogie des § 319 ZPO. zu berichtigen. Im übrigen kann die Entscheidung über die Entschädigung (Übernahme) nur im Rechtsweg geändert werden JW. 00, 198[39].

6. Die Enteignungsbehörden entscheiden endgültig, für wen enteignet wird Gruch. 58, 476. Es ist zu prüfen, wer wirklich berechtigt ist. Nur für die wirklich Berechtigten soll die Feststellung erfolgen (§§ 24, 25). Die Bezeichnung der Berechtigten im Beschluß entscheidet endgültig über die zu berücksichtigende Person auch für den Rechtsweg RG. 7, 223; 43, 299; Gruch. 34, 742; Recht 13, 406. Der Eintritt des Erben, des Konkursverwalters, des Fideikommißfolgers, des Allodialerben ist gegebenenfalls selbstverständlich zulässig Recht 15, 308. Sind die Eigentümer unbekannt, so sind die unbekannten Eigentümer als Enteignete zu bezeichnen. Der später durch ursprünglichen Erwerb (§ 927 BGB.) Eigentümer

gewordene tritt nicht an ihre Stelle und kann nicht an Stelle des für die unbekannten Eigentümer bestellten Pflegers in den Prozeß eintreten JW. 13, 204[16]; Recht 13 Nr. 371. Die Enteignung wirkt stets gegenüber dem jeweiligen Eigentümer, auch wenn sie gegen einen Nichtberechtigten gerichtet war oder wenn im Falle eines während des Verfahrens vorgekommenen Eigentumswechsels der neue Eigentümer zum Verfahren nicht zugezogen ist. Vgl. auch RG. 70, 12 = JW. 08, 757[29]. Dasselbe gilt hinsichtlich der als Unternehmer genannten Person RG. 44, 325. Vgl. § 30 Anm. 2, § 36 Anm. 1.

7. Vgl. § 11 Anm. 1 und 2. Von Amts wegen wird nur die im Grundstückswert nicht begriffene Entschädigung für die Nebenberechtigten festgestellt, die darin begriffene nur auf Antrag. Vgl. Warn. 12, 203; Recht 12, 170. § 29 Abs. 2 Satz 2.

8. Nur wenn das Recht des Nebenberechtigten an sich vom Eigentümer anerkannt ist, kann das Anteilsverhältnis nach § 29 festgestellt werden. Andernfalls steht nur der Rechtsweg offen. Den Unternehmer berührt der Streit nicht. Vgl. § 30 Abs. 1 Satz 2; aber auch § 37 Abs. 1.

9. Nach Abs. 3 ist auszusprechen, was § 32 vorschreibt. Ob zu zahlen oder zu hinterlegen, ist im Beschluß nach § 29 nicht zu entscheiden.

Belehrung über die Rechtsmittel nach § 16 des Regulativs z. Ordn. d. Geschäftsgangs u. Verf. bei den Bezirksausschüssen v. 28. 2. 84, MBl. 84, 37.

§ 30. Gegen die Entscheidung der Regierung[1] **steht sowohl dem Unternehmer als den übrigen Beteiligten[2] innerhalb sechs Monaten[3] nach Zustellung[4]** des Regierungsbeschlusses **die Beschreitung des Rechtsweges[5] zu. Ein Streit über das Anteilsverhältnis eines Nebenberechtigten an der für das Eigentum festgestellten Entschädigungssumme ist lediglich zwischen dem Nebenberechtigten und dem Eigentümer auszutragen.**

[6]Eines vorgängigen Sühneversuchs bedarf es nicht[7].

Zuständig[8] ist das Gericht, in dessen Bezirk das betreffende Grundstück belegen ist.

Sind die Parteien über die Sachverständigen nicht einig, so ernennt das Gericht dieselben[9].

Wird von dem Unternehmer auf richterliche Entscheidung angetragen, so fallen ihm jedenfalls die Kosten der ersten Instanz zur Last[10].

1. Vgl. § 29. Für ein Grundstück, das nicht Gegenstand des Beschlusses der Verwaltungsbehörde gewesen, kann im Rechtsweg Entschädigung vom Eigentümer nicht gefordert werden. Die Identitätsbezeichnung des Grundstücks entscheidet. Die Größe bildet nur einen Rechnungsfaktor. Die im Beschluß irrtümlich angenommene Größe bindet das Gericht nicht JW. 02, 157[110, 120]. Vgl. § 21 Anm. 6. Der Rechtsweg über die Verpflichtung zur Übernahme steht offen, wenn der Eigentümer nach § 25 Abs. 7 die Übernahme beantragt hat. Auch auf die Rückübertragung des auf Antrag des Eigentümers übernommenen Grundstücks kann geklagt werden, wenn das Grundstück nicht in den Plan fällt und der Eigentümer das Übernahmeverlangen rechtzeitig zurücknimmt. Die im Dringlichkeitsverfahren ausgesprochene Enteignung schließt die Klage auf Rückübertragung nicht aus RG. 42, 225; JW. 98, 627[77]. Ohne vorhergegangenes Verwaltungsverfahren ist der Rechtsweg offen bei Einigung gemäß § 16 Satz 2 a. E. (vgl. § 16 Anm. 6). Vgl. auch § 46 u. Gruch. 46, 1163 = JW. 01, 357[11]. Die in einem unzulässig bedingten Beschluß (§ 29 Anm. 2) zugesprochene Entschädigung kann auch nach Fristablauf Gegenstand eines Rechtsstreits sein RG. 69, 64 = JW. 08, 317[30]. Nebenberechtigte, die der Einigung (§ 26) nicht beitreten, können jederzeit klagen, wenn die Verwaltungsbehörde die Fortsetzung des Verfahrens ablehnt JW. 10, 947[30] = RG. 74, 242; ebenso Eigentümer, wenn der Minister entschieden, daß Verleihung des Enteignungsrechts

unzulässig JW. 10, 947[29] = RG. 74, 191. Vgl. auch §§ 12 Anm. 1, 18 Anm. 1, 25 Anm. 6 a. E.

2. Beteiligt sind alle zur Entschädigung Berechtigten. RG. 5, 281; 28, 262 = JW. 91, 317[30]. Die Legitimation der im Beschlusse (§ 29) bezeichneten Personen (Unternehmer, Eigentümer, Nebenberechtigten nach § 11) kann im Rechtsweg nicht angefochten werden. RG. 7, 223; 44, 325; Gruch. 34, 742. Es kann also auch nicht etwa die Gemeinde verklagt werden, weil auf deren Kosten und in deren Interesse die Eisenbahn als Unternehmer die Tieferlegung einer Straße als Teil der Eisenbahnanlage betrieben oder veranlaßt hat Warn. 11, 237; Recht 11, 307. Vgl. § 29 Anm. 6, § 36 Anm. 1. Nichtbeteiligung am Verwaltungsverfahren hindert den Rechtsweg nicht. § 25 Anm. 7. Als Gegner des klagenden Unternehmers kommen aber nur solche Berechtigte in Betracht, die im Verwaltungsverfahren mit selbständigen Anträgen gegen ihn vorgegangen sind, nicht wer z. B. als Hypothekarier zwar erschienen, aber Anträge nicht gestellt hat RG. 74, 10; JW. 11, 162[30]; Recht 11, 142. Umgekehrt müssen sich Beteiligte die Klage des Unternehmers gefallen lassen, wenn sie als Nebenberechtigte im Verwaltungsverfahren eine Forderung aus § 11 betrieben haben und sie nun neben dem Eigentümer mitverklagt werden, obwohl eine Sonderentschädigung abgesprochen ist JW. 11, 604[64]; Recht 11, 772.

3. Materiellrechtliche Ausschluß- nicht Verjährungsfrist; auch keine Notfrist im Sinne der ZPO., weshalb eine Wiedereinsetzung wegen Versäumung nicht in Frage kommt JW. 16, 753[19]; Recht 16, 478. Die Frist wird auch gewahrt durch Klagerhebung beim örtlich zuständigen, sachlich unzuständigen Gericht im Falle der Verweisung (§ 38 ZPO.) oder Vereinbarung (§ 505 ZPO.) RG. 93, 312; 101, 211; JW. 18, 818[7]; Recht 19, 46; anders allgemein oder mindestens für den Fall der Angehung des örtlich unzuständigen Gerichts RG. 3, 303; 92, 40; JW. 92, 366[23]; 16, 753[19]; 17, 231[21]. Vgl. auch RG. 94, 133; Recht 19, 43 zu § 13 WasserStrG. Berechnung nach

Kalendermonaten RG. 7, 277; 07, 88[18]. Gerichtsferien einflußlos RG. 68, 58 = JW. 08, 255[29]. Vgl. §§ 187 Abs. 1, 188 Abs. 2 BGB.

4. Vgl. § 39. Wird der Beschluß nicht nur nach § 319 ZPO. berichtigt, sondern sachlich ergänzt, so ist für den Fristlauf die Zustellung des endgültigen Entschädigungsfeststellungsbeschlusses maßgebend RG. 65, 299 = JW. 07, 264[27]. Hat der Vorsitzende des Bezirksausschusses gemäß § 117 LandVerwG. den Beschluß erlassen und wird dann fristgemäß der Antrag auf Entscheidung des Bezirksausschusses gestellt, so wird die Klage erst zulässig und die Frist des § 30 Abs. 1 in Lauf gesetzt, wenn die letztere Entscheidung ergangen ist RG. 85, 271; JW. 14, 1043[10]; Recht 14, 669. Verzicht auf die förmliche Zustellung setzt die Frist gegen den Verzichtenden in Lauf. Dagegen findet § 295 ZPO. auf Mängel der Zustellung keine Anwendung RG. 39, 258. Die vorgängige Zustellung ist Voraussetzung nur für den Beginn der Frist, nicht für die Beschreitung des Rechtswegs JW. 84, 99[65]. Die Zustellung an den Eigentümer setzt, auch im Dringlichkeitsverfahren, die Frist auch gegen alle anderen Beteiligten (Nebenberechtigten) in Lauf RG. 24, 205; 28, 262; 68, 116; 74, 242; JW. 89, 299[56]; 91, 317[38]; 08, 316[28]; Recht 14, 36. Zustellung an den im Verwaltungsverfahren zugezogenen Eigentümern, der z. Zt. der Zustellung nicht mehr Eigentümer, wirkt gegen den Rechtsnachfolger im Eigentum Gruch. 34, 742. Vgl. § 36 Anm. 1. Der Einwand verspäteter Klageerhebung ist keine prozeßhindernde Einrede. Daher Zwischenurteil nach § 275 ZPO. unzulässig RG. 65, 299 = JW. 07, 264[27]. Ablauf der Frist schließt auch eine Widerklage aus RG. 97, 181; Recht 20 Nr. 570; JW. 84, 99[65]; nicht aber die Erweiterung des Klage- oder Widerklageantrages (§ 268 ZPO.) hinsichtlich der Höhe der Entschädigung RG. 12, 299; Recht 13 S. 70, 246; insbesondere die Nachforderung von Zinsen erst in der Berufungsinstanz JW. 08, 24[32]. Die Beweislast für den Ausschluß durch Fristablauf trifft den, der sich darauf beruft JW. 84, 316[62].

Die Klageerhebung wegen der Hauptforderung wahrt die Frist für die spätere Klage wegen der Zinsen nicht JW. 02, 157[118]. Anders RG. 1, 349. Zinsen können auch nicht selbstständig als Verzugsfolgen gefordert werden RG. 74, 155; JW. 10, 955[41]; PrVBl. 32, 250. Die Frist gilt nur für die Klage auf Entschädigung wegen der erkennbaren Nachteile. Vgl. § 31 u. RG. 2, 234.

5. Beschreitung des Rechtswegs ist Klageerhebung. § 1 AG.ZPO. Die Klage muß irgendwie erkennen lassen, daß sich die Partei bei der im Verwaltungswege festgestellten Entschädigung nicht beruhigt Recht 15, 541; JW. 15, 798[15]. Wenn beide Teile (im nicht dringlichen Verfahren) den Rechtsweg beschreiten, verliert die Entschädigungsfeststellung im Verwaltungsverfahren jede Bedeutung und es tritt an die Stelle des Beschlusses das künftige Urteil RG. 86, 43; Recht 15 S. 142, 308. Nur der Rechtsweg, kein ergänzendes Entschädigungsfeststellungsverfahren ist zugelassen, selbst wenn gegen § 9 gefehlt JW. 96, 278[50]; 00, 198[39]. Auf die Klage ist nur darüber zu befinden, ob die Entschädigung den §§ 7—13 entspricht. Darüber was enteignet, für wen und zu wessen Gunsten, bestimmen die Verwaltungsbehörden. Die Verteidigung gegen die Klage kann sich nur auf die Angemessenheit der Entschädigung beziehen. Andere Einwendungen sind unzulässig, z. B. die der unentgeltlichen Überlassung, und können auch nicht durch Widerklage geltend gemacht werden Warn. 13, 553. Nach Beschreitung des Rechtswegs ist eine besondre Klage auf Zahlung des unstreitigen Betrags erfolglos RG. 86, 44; Recht 15, 142. Ist der Beklagte rechtskräftig verurteilt, die Einleitung des Enteignungsverfahrens zu beantragen, so steht damit die Entschädigungspflicht fest, und es kann nicht mehr eingewendet werden, daß der Kläger selbst die Fläche dem öffentlichen Verkehr gewidmet habe RG. 78, 425; JW. 12, 593[14]; Gruch. 56, 1148. Vgl. auch Recht 16, 425. Zulässig ist auch wegen künftigen Schadens nur die Klage auf Zahlung, nicht auf Feststellung; eine Feststellung ist in der Regel über-

haupt ausgeschlossen Warn. 23, 101; RG. 30, 266; 82, 433; Recht 13, 530; 14, 175; Gruch. 67, 556; JW. 93, 109[52]; 24, 815[26]. Verbindung der Klage auf Entschädigung wegen Entziehung der Baufreiheit aus § 75 ALR. mit der Klage aus § 30 ist zulässig RG. 50, 314; JW. 02, 179[52] u. 450[24]. Die Klage auf Zahlung der Entschädigung kann beschränkt werden (§ 268 ZPO.), indem auf Stellung des Antrags aus § 24 geklagt wird, und umgekehrt die letztere Klage in eine solche auf Zahlung erweitert werden JW. 94, 249[35]; 11, 406[16]; 14, 599[18]; dagegen soll der Übergang von der Klage auf Übernahme (§ 9) zur Klage auf Entschädigung des Minderwerts eine unzulässige Klageänderung sein JW. 91, 402[46]. Bezüglich einzelner Schadenspositionen kann ein Zwischenurteil nach § 303 ZPO. ergehen JW. 99, 534[11]. Ist bei der Klage auf Erhöhung der Entschädigung die Entschädigungspflicht an sich unstreitig, so ist Urteil über den Grund nach § 304 ZPO. auch dann unzulässig, wenn jede weitere Entschädigung bestritten wird Recht 15, 308; JW. 10, 1007[22]; RG. 74, 287. Ausnahmsweise ist eine Vorabentscheidung zugelassen bei Streit über das Verlangen auf Übernahme des Restgrundstücks (§ 9) und über die Höhe der Entschädigung im übrigen RG. 86, 402; JW. 15, 798[15]. Kein Schadensersatzanspruch; daher nur freies Ermessen nach § 286 ZPO.; § 287 ZPO. ist unmittelbar nicht anwendbar. Feste Praxis! RG. 67, 202; 75, 16; JW. 08, 75[11]. Abweichung von den Gutachten der Sachverständigen auf Grund des § 286 ZPO. JW. 09, 287[27]. Zahlung oder Hinterlegung ohne Vorbehalt schließt für den Unternehmer den Rechtsweg nur aus, wenn in der Zahlung ein Anerkenntnis (Verzicht auf den Rechtsweg) zu finden ist. § 814 BGB. Früher RG. 30, 172 (GemR.); RG. 30, 168; 49, 257 = JW. 01, 623[20] (ALR.). Auch für das geltende Recht ergeben diese Entscheidungen, daß ein Anerkenntnis nicht vorliegt, wenn der Unternehmer im Falle der Dringlichkeit (§ 34) oder zur Erlangung des Besitzes ohne Vorbehalt zahlt oder hinterlegt. Vgl. aber § 37 Anm. 3. Auch wenn der Unternehmer den Beschluß nicht anficht, können zum Nachteil des Klägers einzelne Schadenspositionen geändert werden, wenn nur die Gesamtentschädigung nicht geringer wird RG. 14, 267; JW. 87, 299[40]; 88, 352[35]; 93, 149[51]; 00, 198[39]. Vgl. § 8 Anm. I 9 u. II 2. Daher genügt das Feststehen einer bisher nicht berücksichtigten Position nicht zum Erlaß eines Urteils über den Grund nach § 304 ZPO., solange möglich, daß die zugebilligte Gesamtentschädigung sich nicht mindert JW. 10, 1007[22] = RG. 74, 287; das Gegenteil gilt, wenn bisher nichts zugebilligt Gruch. 50, 1217. Wegen der Einheitlichkeit der Entschädigung ist in der Regel ein Teilurteil ausgeschlossen JW. 12, 801[19]; 14, 318[6]; Recht 14, 145; zugelassen ein solches über Mietausfälle Recht 12, 325. Die Bezahlung des Ganzen durch den Unternehmer ist nicht Anerkennen einzelner Positionen JW. 00, 353[32]. Einigung der Parteien über einzelne Ansätze bewirkt, daß sie im Prozeß ausscheiden. Gruch. 42, 1048; JW. 98, 489[42]. Klagt nur der Entschädigungsberechtigte, so bestimmt sich der Wert des Streitgegenstandes nach der geforderten Erhöhung der Entschädigung RG. 4, 386.

6. Abs. 2 bis 5 gelten noch nach § 15 Ziff. 2 EG.ZPO.

7. Die Vorschrift ist jetzt ohne Bedeutung. Vgl. §§ 296, 510 ZPO.

8. Ausschließlich RG. 3, 303; SeuffA. 38 Nr. 166.

9. Vgl. § 404 ZPO. u. Recht 13, 309. An das Gutachten der im Verwaltungsverfahren vernommenen Sachverständigen ist das Gericht nicht gebunden JW. 01, 93[40].

10. Die Vorschrift gilt nicht für die Kosten der Widerklage des Entschädigungsberechtigten RG. 34, 194 = JW. 94, 584[44].

§ 31. Wegen solcher nachteiligen Folgen[1] der Enteignung[2], welche erst nach dem im § 25 gedachten Termine erkennbar[3] werden, bleibt dem Entschädigungs-

berechtigten[4] bis zum Ablauf von drei Jahren[5] nach der Ausführung des Teiles der Anlage[6], durch welche er benachteiligt wird, ein im Rechtswege verfolgbarer persönlicher Anspruch gegen den Unternehmer[7, 8, 9].

1. Des Baues oder des Betriebes des Unternehmens RG. 7, 258; 55, 361; 68, 116; JW. 03, 423[12]; 08, 316[29]; Gruch. 31, 1057. Es kommt aber auf die Vorhersehbarkeit der einzelnen Anordnung (Stehenlassen eines Sicherheitspfeilers), nicht auf die Erkennbarkeit des Schadens im allgemeinen an Recht 11, 734; Warn. 4, 498.

2. Nur Teilenteignungen kommen in Frage RG. 55, 361; JW. 03, 423[12]. Auf die Entschädigung der Nebenberechtigten (§ 11) ist § 31 unanwendbar RG. 68, 116; JW. 08, 316[29]. Die freiwillige Veräußerung von Grundstücksteilen zu einem bestimmten Unternehmen schließt der Regel nach für die Person des Veräußerers, nicht ohne weiteres für Sonderrechtsnachfolger Ansprüche wegen der aus der Anlage und dem Betrieb entstehenden Nachteile aus. Gruch. 28, 1118; JW. 05, 493[18]; 07, 387[4]; 09, 725[20]; RG. 29, 268; 66, 126.

3. Die Erkennbarkeit ist Tatfrage. Vgl. Gruch. 31, 1057; RG. 69, 64; 72, 228; JW. 08, 317[30]; 10, 126[36]. Analoge Anwendung des § 31, wenn nach der Einigung (§§ 16, 26) die Anlage anders als geplant ausgeführt wird RG. 72, 359; JW. 10, 195[26].

4. Nicht dem Rechtsnachfolger im Besitz des Restgrundstücks. Mit der Veräußerung des Rechts werden in der Regel Ansprüche aus § 31 für den Enteigneten ausgeschlossen sein.

5. Die Frist ist Verjährungsfrist JW. 92, 366[23]. Für sie gelten §§ 202 ff. BGB.

6. Anlage ist die ganze Anlage, bei Eisenbahnen die Bahnanlage als eine zur allgemeinen Benutzung dienende öffentliche Straße RG. 7, 258; die nachträgliche Herstellung von Schneeschutzzäunen ist nicht Ausführung des Teils der Anlage

im Sinne des § 31 RG. 43, 237. Eine Eisenbahnanlage ist ausgeführt mit der landespolizeilichen Abnahme: Gruch. 32, 723; JW. 88, 47[108]; mit der Betriebseröffnung: RG. 43, 237; 55, 361; JW. 03, 423[12]. Die Zustellung eines gemäß §§ 29, 32 ergangenen Beschlusses ist für den Fristbeginn belanglos Gruch. 30, 720; JW. 08, 34[80].

7. Den, der die Enteignung betrieben hat. Rechtsnachfolge im Unternehmen begründet nicht ohne weiteres Schuldübernahme. §§ 414 ff. BGB. § 25 HGB.

8. Gewähren die allgemeinen Gesetze Schutz gegen die Nachteile der späteren Benutzungsart des abgetretenen Grundstücks, so unterliegen die Ansprüche hieraus nicht dem § 31 RG. 2, 234. Vgl. § 12 Anm. 1; aber auch § 7 Anm. 1, § 24 Anm. 1.

9. Vgl. Anhang V § 14.

3. Vollziehung der Enteignung.

§ 32. Die Enteignung des Grundstücks wird auf Antrag[1] des Unternehmers von der Bezirksregierung[2] ausgesprochen[3], wenn der nach § 30 vorbehaltene Rechtsweg dem Unternehmer gegenüber durch Ablauf der sechsmonatlichen Frist, Verzicht oder rechtskräftiges Urteil erledigt[4], und wenn nachgewiesen[5] ist[6], daß die vereinbarte (§§ 16, 26) oder endgültig festgestellte Entschädigungs- oder Kautionssumme rechtsgültig gezahlt oder hinterlegt[7] ist.

Die Enteignungserklärung schließt, insofern nicht ein anderes dabei vorbehalten wird, die Einweisung in den Besitz in sich[8, 9].

1. Wird der Antrag abgelehnt, steht die Beschwerde an den HM. zu. Vgl. §§ 50, 125 LVG. und § 3 Anm. 4.

2. Vom Bezirksausschuß, in Berlin von der ersten Abt. des Polizeipräsidiums, in Anwendung des § 117 LVG. auch vom

Vorsitzenden des Bezirksausschusses (vgl. § 21 Anm. 1); im vereinfachten Enteignungsverfahren vom Regierungspräsidenten (Vorbem. vor § 15). Vgl. Anm. 4 und 6.

3. Die Entscheidung ist Beschluß (§ 33), bedarf der Zustellung (§ 44) gemäß § 39 und ist unanfechtbar JW. 95, 401[69]. Vgl. jedoch § 34 Anm. 4 a. E. Die Entscheidung ist als „endgültiger" Beschluß im Sinne des § 126 LVG. anzusehen; sie kann deshalb mit Klage des Regierungspräsidenten beim OVG. angefochten werden mit der Begründung, daß die Behörde ihre Befugnisse überschritten habe oder das Recht verletzt sei OVG. 72, 428. Die Wirkungen der Enteignungserklärung sind in den §§ 32 Abs. 2, 34 Satz 2, 44, 45 bestimmt; sie treten gegenüber dem jeweiligen Eigentümer des enteigneten Grundstücks ein, auch wenn die Entscheidung von vornherein gegen einen Nichtberechtigten gerichtet war oder wenn im Falle eines während des Verfahrens vorgekommenen Eigentumswechsels der neue Eigentümer zum Verfahren nicht zugezogen war JFG. 1, 388.

4. Der Ausspruch der Enteignung nach § 32 setzt also voraus, daß der Entschädigungsfeststellungsbeschluß nach § 29 ergangen und daß der Beschluß unanfechtbar geworden oder daß die Entschädigung durch rechtskräftiges Urteil endgültig bestimmt ist. In dringlichen Fällen (§ 34) wird die Unanfechtbarkeit des Beschlusses oder die Erledigung des Rechtswegs nicht gefordert. Das gleiche gilt für die Enteignungen, die im vereinfachten Enteignungsverfahren von dem Regierungspräsidenten ausgesprochen werden. Es genügt also für diese Fälle, wenn nur der Beschluß nach § 29 vorliegt (§ 5 VereinfEVG. und dazu die Ausführungsbestimmungen des HM. vom 24. 8. 23). Das letztere muß aber stets der Fall sein, weil im vereinfachten Enteignungsverfahren der Entschädigungsfeststellungsbeschluß (§ 29) und der Enteignungsbeschluß (§ 32) verbunden werden müssen (§ 29 Anm. 1).

5. Der Nachweis liegt dem Unternehmer ob. Die Vorschrift begründet die Vorleistungspflicht des Unternehmers;

auch wenn im Rechtsweg die Entschädigung erhöht wird, gilt der Mehrbetrag als im Zeitpunkt der Enteignung fällig. Der Beginn der Zinspflicht muß daher spätestens in diesem Zeitpunkt eintreten RG. 75, 16; JW. 11, 162[31]; Recht 11, 142.

6. Auch im vereinfachten Enteignungsverfahren soll die Enteignung nur mit der Maßgabe ausgesprochen werden, daß das Eigentum des enteigneten Grundstücks auf den Unternehmer erst nach Zahlung oder Hinterlegung der Entschädigungssumme übergeht (§ 5 VereinfEVG.). Wegen der Wirkung der Leistung des Unternehmers in diesen Fällen vgl. § 34 Anm. 4.

7. An wen zu zahlen ist, ergibt § 36. Ist die Entschädigung nicht nach § 37 oder nach allgemeinen Rechtsvorschriften (§§ 372 ff. BGB.) zu hinterlegen, so muß der Unternehmer zahlen. Ob zu zahlen oder zu hinterlegen war, prüft die Enteignungsbehörde. Vgl. Ziff. 7 des Anhangs I; auch §§ 36, 37.

8. Die Vollstreckung erfolgt nötigenfalls auf Verfügung des Vorsitzenden im Wege des Verwaltungszwangsverfahrens. § 60 LVG. Eine vor dem Ausspruch der Enteignung, wenn auch nach Planfeststellung vorgenommene Besitzergreifung verpflichtet nach § 823 BGB. zum Schadenersatz Recht 15, 202.

9. Eine Besitzeinweisung ohne vollzogene (ausgesprochene) Enteignung kennt das Gesetz weder im gewöhnlichen noch im Dringlichkeitsverfahren. Eine Ausnahme macht das vereinfachte Verfahren. VereinfEVG. § 6 bestimmt:

„Der Regierungspräsident kann den Unternehmer auf Antrag vorläufig in den Besitz der im Plan bezeichneten Grundstücke einweisen, sobald der Beschluß über die Feststellung des Planes ergangen ist (§ 21 des Enteignungsgesetzes). Auf Antrag eines Beteiligten ist der Zustand des Grundstücks, soweit er für die spätere Feststellung des Grundstückswertes und der Nebenentschädigungen von Bedeutung ist, im Besitzeinweisungstermin oder, wenn das nicht sofort möglich ist, in einem mit kurzer Frist anzuberaumenden neuen Termin, nötigenfalls unter Zuziehung eines oder mehrerer Sachverständiger, schriftlich niederzulegen. Dem Besitzer des Grundstücks ist der durch die Einweisung entstandene, nötigenfalls im Rechtswege festzustellende Schaden zu vergüten. Ist der Eigentümer im Besitz des Grundstücks, so ist ihm die für die Enteignung zu gewährende Entschädigung vom Tage der Besitzeinweisung an zu verzinsen. Erleidet er einen weiteren Schaden, so ist ihm auch dieser zu ersetzen.

Die Entschädigung (Abs. 1) ist tunlichst bereits in dem Beschluß, durch den der Unternehmer in den Besitz eingewiesen wird, festzustellen. Sie ist dem Besitzer alsbald zu zahlen; wird die Zahlung schuldhaft verzögert, so ist auf den Antrag des Besitzers der Beschluß aufzuheben.

Der Beschluß ist dem Eigentümer und dem Besitzer zuzustellen oder zu Protokoll zu verkünden. Ihnen steht binnen 1 Woche nach der Zustellung der Verkündung die Beschwerde an den Minister für Handel und Gewerbe zu. Die Beschwerde hat keine aufschiebende Wirkung. Gegen die Entscheidung über eine Entschädigung ist der Rechtsweg gemäß § 30 des Enteignungsgesetzes zulässig."

Die AusfBest. des Min. f. Handel und Gewerbe v. 24. 8. 23, MBl.i.V. S. 1093 bemerken dazu:

Die Besitzeinweisung erfolgt nur auf Antrag des Unternehmers. Sie kann frühestens bei der Feststellung des Planes angeordnet werden. Ob und inwieweit sie erfolgen soll, hat der Regierungspräsident unter Berücksichtigung der

Umstände des Einzelfalles zu entscheiden. Die Vorschrift des § 6 geht nicht dahin, daß der Regierungspräsident den Unternehmer in den Besitz einweisen muß, sondern daß er ihn einweisen kann. Er ist daher in der Lage, die Besitzeinweisung auf einzelne Grundstücke (Grundstücksteile) zu beschränken oder seiner Entscheidung Bedingungen hinzuzufügen, deren Erfüllung er im Interesse des Grundstückseigentümers oder anderer Beteiligter für erforderlich erachtet; insbesondere kann er die vorläufige Besitzeinweisung von der Hinterlegung einer ausreichenden, nötigenfalls nach Anhörung von Sachverständigen festzustellenden Sicherheit abhängig machen, die der dem Grundstückseigentümer oder sonstigen Beteiligten voraussichtlich zu gewährenden Entschädigung entspricht. Wenn die für das Unternehmen erforderlichen Grundstücksparzellen nicht bereits in dem Staatsministerialbeschluß über die Verleihung des Enteignungsrechts bezeichnet sind, wird es namentlich in zweifelhaften Fällen angezeigt sein, die Besitzeinweisung erst dann anzuordnen, wenn der Planfeststellungsbeschluß rechtskräftig geworden ist, da erst dann zweifelsfrei feststeht, ob das Unternehmen auf den im Plan angegebenen Grundstücken ausgeführt werden darf. Dadurch wird vermieden, daß der Unternehmer Anlagen herstellt, die im Falle der Aufhebung oder Änderung des Planfeststellungsbeschlusses wieder beseitigt oder geändert werden müssen.

Der Besitzeinweisung hat grundsätzlich eine örtliche Verhandlung mit den Beteiligten vorauszugehen (Besitzeinweisungstermin). Zu dem Termin sind der Unternehmer und die sonstigen Beteiligten zu laden; ihrer Anwesenheit im Termin bedarf es nicht.

Die in Satz 2 geregelte „Feststellung des Zustandes" ist der Vorschrift des § 35 des Enteignungsgesetzes nachgebildet und wird sich hauptsächlich auf „Gebäude und künstliche Anlagen" zu erstrecken haben. Bei bloß ackerwirtschaftlich bestellten Grundstücken ist eine solche Feststellung im allgemeinen entbehrlich, da ihr Zustand auch später leicht nachgewiesen werden kann. Ist die von den Beteiligten gewünschte Beweissicherung nicht sogleich im Besitzeinweisungstermin möglich, so ist die Beschlußfassung auszusetzen, sofern nicht durch geeignete Auflagen an den Unternehmer trotz der Inanspruchnahme des Grundstücks die Feststellung ermöglicht werden kann.

Durch die Einweisung in den Besitz erlangt der Unternehmer — ebenso wie im Falle der nach § 16 des Enteignungsgesetzes erfolgenden Überlassung des Besitzes — das Recht, über die Substanz des Grundstücks insoweit zu verfügen, als es zu den Zwecken des Unternehmens erforderlich ist (Bauerlaubnis).

Der Besitzeinweisung bedarf es selbstverständlich nicht, wenn der Unternehmer vor der Planfeststellung nur vorbereitende Handlungen auf den zu enteignenden oder andern Grundstücken vornehmen will. In solchen Fällen genügt ein entsprechender Antrag gemäß § 5 des Enteignungsgesetzes. Der Antrag kann schon vor Verleihung des Enteignungsrechts, natürlich auch nach Einleitung des Planfeststellungsverfahrens gestellt werden. Er ist, wenn das vereinfachte Enteignungsverfahren nach § 1 VereinfEVG. angeordnet ist, an den Regierungspräsidenten, sonst an den Bezirksausschuß zu richten.

Darüber, daß im § 6 nur der unmittelbare Besitzer gemeint ist, vgl. RG. 102, 193; Recht 21 Nr. 2438.

§ 33[1]. Gleichzeitig[2] mit der Enteignungserklärung hat die Regierung[3] da, wo nach den bestehenden Gesetzen von dem Eigentumsübergange Nachricht zu den Gerichtsakten zu nehmen ist, oder wo zur Eintragung des Eigentumsüberganges bestimmte öffentliche Bücher[4] bestehen, der zuständigen Gerichts- oder sonstigen Behörde[5] von der Enteignung Nachricht zu geben, beziehungsweise dieselbe um Bewirkung der Eintragung zu ersuchen[6]. Der Enteignungsbeschluß der Regierung steht hierbei dem Erkenntnisse eines Gerichts gleich[7].

1. Für das Gebiet der Enteignung gelten die Vorschriften der GBO. nur soweit, als sich aus dem Enteignungsgesetz nicht ein anderes ergibt. §§ 82 Abs. 2, 83 GBO. Art. 3, 109 EG.BGB.

2. Nach Zustellung des Beschlusses; sonst würde ein Widerspruch mit § 44 vorliegen.

3. Der Bezirksausschuß, in Berlin die erste Abt. des Polizeipräsidiums. § 150 ZustG.; im vereinfachten Enteignungsverfahren der Regierungspräsident (Vorbem. vor § 15); dieser hat das Ersuchen um Rechtsänderung aber (vgl. § 32 Anm. 4 und 6) erst dann an das Gericht abgehen zu lassen, wenn der Unternehmer die vollständige Zahlung oder Hinterlegung der festgestellten Entschädigungssumme nachgewiesen hat.

4. Das Grundbuchsystem gilt jetzt überall in Preußen.

5. Dem zuständigen Amtsgericht als Grundbuchamt.

6. Das Ersuchen der Enteignungsbehörde ersetzt (§ 39 GBO.) den Antrag, die Eintragungsbewilligung und die sonst etwa erforderlichen Erklärungen Dritter (§§ 13, 19 GBO.), muß ordnungsmäßig unterschrieben und mit Siegel oder Stempel versehen sein (Art. 9 AG.GBO.), ersehen lassen, daß und wann die Zustellung des Beschlusses (§ 32) nach § 39 erfolgt ist (KGJ. 13, 115; 24 A 118), das Grundstück übereinstimmend mit dem Grundbuch oder durch Hinweisung auf das Grundbuchblatt (§ 28 GBO.) bezeichnen und den einzutragenden Vermerk enthalten oder deswegen auf den Enteignungsbeschluß Bezug nehmen, falls nach diesem das Einzutragende klar ist (KGJ. 4, 161). Der Vorlegung eines Auszugs aus dem Steuerbuch und einer vom Fortschreibungsbeamten beglaubigten Karte bedarf es auch bei Abschreibungen nicht. § 30 Abs. 4 der Allg. Verf. d. JM. v. 20. 11. 99, JMBl. S. 349. Doch kann das Ersuchen um Abschreibung und Übertragung auf ein anderes Blatt bzw. um Ausbuchung abge-

lehnt werden, wenn die katastermäßige Bezeichnung der Trennstücke weder aus dem Ersuchen noch aus dem Enteignungsbeschluß hervorgeht oder sonst dem Grundbuchamt bekannt ist. KGJ. 32 A 208 u. die § 24 Anm. 5 angeführten Entscheidungen. Vgl. Erl. d. Min. d. ö. A. v. 26. 11. 06, EVBl. S. 648. Die Zuständigkeit der Enteignungsbehörde zum Ersuchen um Eintragung erstreckt sich auch auf das Ersuchen um Löschung (durch Nichtmitübertragung) der auf dem enteigneten Grundstück eingetragenen Hypotheken, wozu die Vorlegung der Briefe nicht erforderlich ist Recht 11, 812; KG. 41 A 194. Das Ersuchen darf nicht deshalb abgelehnt werden, weil nicht die im Enteignungsverfahren als Eigentümer zugezogenen, sondern andere Personen im Grundbuch als Eigentümer eingetragen sind, auch nicht deshalb, weil der Beschluß (§ 32) nicht dem im Grundbuch eingetragenen Eigentümer, sondern dessen im Enteignungsverfahren als Eigentümer zugezogenen Rechtsvorgänger zugestellt ist. KGJ. 27 A 255; 24 A 114. Vgl. § 32 Anm. 3 und § 36 Anm. 1. Wird nur eine Beschränkung durch die Enteignung auferlegt, so ist das Vorrecht der neuen Belastung vor den in Abt. II u. III des Grundbuchs bereits eingetragenen Rechten bei diesen zu vermerken. Der Vorlegung der Hypotheken- und Grundschuldbriefe bedarf es dazu nicht. KGJ. 28 A 105; 41, 194; OLG. 9, 338. Bei Entziehung des Eigentums erfolgt die Um- oder Abschreibung oder die Ausbuchung — § 90 GBO., Art. 1 der Verordn. v. 13. 11. 99 GS. S. 519 ff. — oder die Eintragung eines Widerspruchs (§ 899 BGB.), je nach dem Inhalt des Ersuchens und den etwaigen Anträgen des neuen Eigentümers. Vermerk der Enteignung in Abt. II ist nicht mehr zulässig. KGJ. 32 A 208; 4, 159 u. 164. Die nach § 24 eingetragene Vormerkung wird von Amts wegen gelöscht. Gegen die Ablehnung des Ersuchens der Enteignungsbehörde steht die Beschwerde an das Landgericht und die weitere Beschwerde an das Kammergericht zu. §§ 71 ff., 78 ff. GBO.

Der Unternehmer ist durch § 33 zur Stellung von Anträgen beim Grundbuchamt nicht befugt. KGJ. 6, 88. Auch nach § 22 GBO. kann er die Berichtigung des Grundbuchs nicht selbst betreiben; nur die Enteignungsbehörde ist dazu berechtigt, wie verpflichtet KG. 41 A S. 188, 194. Vgl. aber § 45 Abs. 1 a. E. Die Enteignungsbehörde ist nach § 33 dazu verpflichtet.

Zu beachten ist seit Inkrafttreten des Grunderwerbsteuergeſ. v. 12. 9. 19, RGBl. S. 1617, daß die Eintragung des Unternehmers als neuen Eigentümers in das Grundbuch nach § 24 a. a. O. erst stattfinden darf, wenn dem Grundbuchamt eine Bescheinigung der Steuerstelle beigebracht wird, daß die Steuer für den Eigentumsübergang gestundet oder sichergestellt ist oder nicht zur Erhebung gelangt. Es ist Sache des Unternehmers, diese Bescheinigung zu beschaffen; ohne ihre Beibringung darf das Grundbuchamt dem Ersuchen nicht entsprechen.

7. Die Vorschrift ist nur wegen des nassauischen Stockbuchrechts aufgenommen. KGJ. 24 A 118.

§ 34. In dringlichen Fällen[1] kann die Regierung[2] auf Antrag[3] des Unternehmers anordnen[4], daß noch vor Erledigung des Rechtsweges die Enteignung erfolgen solle, sobald die durch Regierungsbeschluß (§ 29) festgestellte Entschädigungs- oder Kautionssumme gezahlt oder hinterlegt worden[5].

Diese Anordnung kann unter Umständen auch von vorgängiger Leistung einer besonderen Kaution abhängig gemacht werden[6].

Gegen die Anordnung der Regierung[2] in diesen Fällen[7] steht innerhalb dreier Tage[8] nach der Zustellung[9] jedem Beteiligten[10] der Rekurs an die vorgesetzte Ministerialinstanz[11] offen.

1. Ob ein dringlicher Fall vorliegt, haben nur die Verwaltungsbehörden zu entscheiden. Die Befugnis des Unter-

nehmers mit befreiender Wirkung zu hinterlegen, kann im Rechtsweg nicht damit angefochten werden, daß ein Dringlichkeitsfall nicht vorgelegen habe RG. 49, 257; JW. 02, 623[20]. Dringlich ist die Enteignung, wenn sie im öffentlichen Interesse besonderer Beschleunigung bedarf, was bei Eisenbahnbauten zu vermuten.

2. Der Bezirksausschuß, in Berlin die erste Abt. des Polizeipräsidiums. § 150 ZustG.; in Anwendung des § 117 LVG. auch der Vorsitzende des Bezirksausschusses. Vgl. § 21 Anm. 1. Im vereinfachten Enteignungsverfahren tritt der Regierungspräsident an die Stelle des Bezirksausschusses (VereinfEVG. § 2). Diese Vorschrift hat aber hier keine praktische Bedeutung, weil im vereinfachten Verfahren die Beschlüsse aus § 29 und § 32 stets verbunden werden (vgl. auch § 32 Anm. 2, 4 und 6).

3. Der Antrag soll nach Ziff. 6 des Anhangs I mit dem Antrag auf Entschädigungsfeststellung verbunden oder so zeitig gestellt werden, daß die Beschlüsse aus § 29 und § 34 verbunden werden können. Zulässig ist er natürlich bis zur Enteignungserklärung (§ 32). Gegen die Ablehnung des Antrags steht die Beschwerde an den HM. zu (vgl. § 4 Anm. 6 und §§ 50 Abs. 3, 125 LVG.). Die Anordnung, wonach im Enteignungsverfahren für Privateisenbahnen im Sinne des § 46 des EisenbG. v. 3. 11. 38 den Antrag das Eisenbahnkommissariat (Eisenbahndirektion) vermitteln sollte — Erl. d. Min. d. Inn. u. f. Hand. v. 7. 11. 77, EVBl. 78, 11 u. Erl. d. Min. d. ö. A. v. 27. 5. 96, EVBl. S. 207 — hat keine praktische Bedeutung mehr. Soweit die Zuständigkeit des Reichs begründet ist (Vorbem. I 1 vor § 2) hat der Reichsverkehrsmin. über die Beschwerde zu entscheiden.

4. Der Dringlichkeitsbeschluß kann mit dem Entschädigungsfeststellungsbeschluß verbunden werden — gegen letzteren gibt es natürlich nur den Rechtsweg (§ 30) —; spricht aus, daß die Enteignungserklärung (§ 32) vor Erledigung des Rechtswegs nach Zahlung oder Hinterlegung der nach § 29

festgestellten Summe zulässig ist; berechtigt den Unternehmer, die festgestellte Summe (§ 29) mit befreiender Wirkung (§§ 293, 301 BGB.) zu zahlen oder zu hinterlegen und verpflichtet den Entschädigungsberechtigten zur Annahme der angebotenen Summe, selbst wenn darin wegen nachträglicher Erhöhung derselben im Rechtsweg nur eine Teilleistung zu finden RG. 49, 257; JW. 02; 623[20]; Recht 13, 141. Nach Rechtskraft des Dringlichkeitsbeschlusses und bei nachgewiesener Zahlung oder Hinterlegung der festgestellten Summe (§ 29) bzw. der Kaution (§ 34 Abs. 2) erfolgt auf Antrag die Enteignungserklärung (§ 32), ohne weiteres vorbehaltlich der Entscheidung im Rechtsweg, soweit diese die Anwendung des § 9 betrifft RG. 42, 225; JW. 98, 627[77]. Vgl. § 30 Anm. 1.

5. Der Dringlichkeitsbeschluß setzt die vorgängige Zahlung oder Hinterlegung der Entschädigung oder Kaution nicht voraus. Hat der Unternehmer hinterlegt, obwohl er zahlen mußte, und ist die Enteignung ausgesprochen, so muß der Unternehmer der Auszahlung durch die Hinterlegungsstelle auf Verlangen zustimmen, auch wenn es möglich ist, daß die Entschädigung im Rechtswege herabgesetzt wird OLG. 13, 413. Vgl. im übrigen § 32 Anm. 6.

6. Der Fiskus ist von der Kautionsleistung frei. § 41. Die Wahrscheinlichkeit einer Erhöhung der Entschädigung im Rechtswege und Bedenken gegen die Zahlungsfähigkeit des Unternehmers begründen diese Anordnung. Ein den Dringlichkeitsbeschluß von der Kautionsleistung abhängig machender Vorbeschluß ergeht nicht. Vgl. Anm. 5.

7. Abs. 2 u. 3.

8. Die Frist gilt noch. § 150 Abs. 4 ZustG. Für ihre Berechnung gelten § 52 LVG., §§ 221, 222 ZPO., §§ 187, 188 BGB.

9. Vgl. § 39. Zustellung an den Unternehmer und alle Beteiligten. Vgl. § 30 Anm. 2.

10. Vgl. Anm. 9.

11. Die Beschwerde an den HM. (vgl. § 150 Abs. 3 u. 4 ZustG. und § 4 Anm. 6) ist anzubringen bei der in Anm. 2 gedachten Behörde — Anbringung beim Min. wahrt die Frist auch —, und einzureichen mit den Akten unverzüglich ohne Prüfung der Rechtzeitigkeit an den Min. § 122 LVG. ist auf diese Beschwerde unanwendbar. Erl. d. Min. d. ö. A. v. 5. 12. 91, EVBl. S. 190. Wegen der Zuständigkeit des Reichsverkehrsmin. gilt das Anm. 3 a. E. Bemerkte.

§ 35[1]**. Jeder Beteiligte**[2] **kann binnen sieben Tagen**[3] **nach dem ihm bekanntgemachten, die Dringlichkeit aussprechenden Beschlusse**[4] **verlangen, daß der Enteignung eine Feststellung des Zustandes von Gebäuden oder künstlichen**[5] **Anlagen voraufgehe.**

Dieselbe ist bei dem Gerichte der belegenen Sache (Amtsgerichte, Friedensgerichte[6]**) mündlich zu Protokoll oder schriftlich zu beantragen**[7]**.**

Das Gericht hat den Termin schleunigst und nicht über sieben Tage hinaus anzuberaumen und hiervon die Beteiligten und die Regierung **zeitig zu benachrichtigen**[8]**.**

Die Zuziehung eines oder mehrerer Sachverständigen kann auch von Amts wegen angeordnet werden. Sind die Parteien über die Sachverständigen nicht einig, so ernennt das Gericht dieselben[9]**.**

Die Enteignung kann nicht vor Beendigung dieses Verfahrens erfolgen, von welcher das Gericht die Regierung[10] **zu benachrichtigen hat**[11]**.**

1. Das Verfahren zur Sicherung des Beweises (§ 35), gültig nach § 15 Ziff. 2 EG.ZPO., ist von Bedeutung hauptsächlich wegen des Abs. 5. Die §§ 485 ff. ZPO. haben sonst ziemlich dasselbe Ergebnis.

2. Unternehmer und Entschädigungsberechtigte.

3. Wegen der Berechnung vgl. § 34 Anm. 8.

4. Nach der Zustellung des Beschlusses an den Antragsteller. Vgl. § 34 Abs. 3. Hat der Antragsteller gegen den Dringlichkeitsbeschluß Beschwerde (§ 34 Abs. 3) eingelegt, so ist die Zustellung des Rekursbescheides maßgebend.

5. Die gewöhnliche Bestellung soll nicht Gegenstand der Feststellung sein.

6. Dem Amtsgerichte. Die Friedensgerichte sind durch die Amtsgerichte ersetzt. §§ 12 Ziff. 3, 16, 26 Abs. 1 AG.GVG.

7. Der Antrag muß die Beteiligten und die Zugehörigkeit des Antragstellers zu diesen (Anm. 2) ergeben, die Wahrung der Frist (Anm. 3 u. 4) durch Vorlegung des Beschlusses (§ 34 Abs. 1 u. 2) und bzw. des Rekursbescheides erkennen lassen und das Festzustellende (§ 35 Abs. 1) bezeichnen.

8. Ist der Antrag begründet (Anm. 7), so bestimmt das Gericht innerhalb der Frist einen Beweisaufnahmetermin, der an Ort und Stelle abzuhalten sein wird, benachrichtigt (§ 39) die Enteignungsbehörde (§ 32) und die Beteiligten, ladet den oder die Sachverständigen und erhebt Beweis gemäß § 492 Abs. 1 ZPO. Das Beweisergebnis kann im Prozeß (§ 30) verwertet werden. Lehnt das Gericht den Antrag ab, steht die Beschwerde gemäß §§ 567 ff. ZPO. zu. Ist die Frist des Abs. 1 nicht gewahrt, so kann der Antrag als ein aus §§ 485 ff. ZPO. gestellter behandelt werden.

9. Vgl. § 30 Abs. 4.

10. Vgl. § 32 Anm. 2.

11. Wegen der Kosten vgl. § 43 Abs. 3.

§ 36. **Die Entschädigungssumme wird an denjenigen bezahlt, für welchen die Feststellung stattgefunden hat[1].**

Dieselbe[2] wird in Ermangelung abweichender Vertragsbestimmungen von dem Unternehmer mit fünf Prozent[3] vom Tage der Enteignung[4] verzinst[5], soweit sie zu dieser Zeit nicht bezahlt[6] oder in Gemäßheit des § 37 hinterlegt[7] ist.

Wird die durch Beschluß der Regierung[8] **festgesetzte Entschädigungssumme durch die gerichtliche Entscheidung herabgesetzt, so erhält der Unternehmer den gezahlten Mehrbetrag ohne Zinsen, den hinterlegten Mehrbetrag aber mit den davon in der Zwischenzeit etwa aufgesammelten Zinsen zurück**[9].

1. Der Unternehmer ist durch den Beschluß der Enteignungsbehörde im Legitimationspunkt gedeckt, darf an den zahlen, für den die Entschädigung festgesetzt ist und kann angeblich besser Berechtigte an die nach § 29 Abs. 2 legitimierten Empfänger verweisen RG. 7, 223; 43, 299; JW. 99, 250[76]. Der vor der Enteignung in der Zwangsversteigerung Eigentümer gewordene Ersteher muß die Zahlung an den im Beschluß (§ 29) genannten Subhastaten gegen sich gelten lassen. — Vgl. §§ 29 Anm. 6, 30 Anm. 2 u. 4, 33 Anm. 6. Zahlung bedeutet Erfüllung, umfaßt auch Hinterlegung RG. 43, 299.

2. Die gesamte Entschädigung, auch die für Minderwert RG. 47, 311; JW. 00, 833[18].

3. Seit dem 1. Januar 1900 nur noch vier Prozent, auch dann, wenn die Verzinsung schon vorher begonnen hat. Art. 10 AG.BGB.

4. An die Stelle des Tages der Enteignung tritt im Fall gütlicher Einigung (§ 16) mangels anderer Abrede der Tag der Besitzeinräumung RG. 47, 311; JW. 00, 833[18]. Von demselben Zeitpunkt an ist aber, sofern das Gesetz überhaupt Anwendung findet, der Zinsanspruch auch sonst begründet Gruch. 25, 971; 59, 537; JW. 84, 178[38]; 91, 217[62]; 92, 107[39]; 14, 844[18]; RG. 31, 273; 102, 193; Recht 13, 141; 14, 432; 15, 202; 21 Nr. 2438; 23 Nr. 269; vgl. §§ 452, 446 BGB. Bei einer im Rechtswege erstrittenen Übernahme nach § 9 Abs. 1 ist zwar der Zeitpunkt der Zustellung des Entschädigungsfeststellungsbeschlusses auch für den Wert des übernommenen Grundstücks maßgebend; mit den Zinsen der Entschädigung ist

aber der Fortbezug der Nutzungen auszugleichen Recht 23 Nr. 269. Bei Enteignungen nach dem FlLinG. beginnt die Verzinsungspflicht auch, wenn die Gemeinde das Grundstück tatsächlich in Besitz genommen hat, oder wenn im Falle der Niederlegung des Gebäudes sich der Eigentümer, dem der Besitz nicht entzogen war, zur Überlassung des Besitzes an die Gemeinde bereit gefunden hat JW. 03, 37[57] u. 194[71]; vgl. auch Gruch. 55, 128; JW. 10, 126[37].

5. Vgl. § 32 Anm. 5. Weil stets (§§ 32, 34) vor der Enteignung gezahlt oder hinterlegt sein muß, ist die Vorschrift praktisch nur von Bedeutung für den Fall, daß sich die Hinterlegung nachträglich als ungültig erweist, oder daß im Dringlichkeitsverfahren oder im vereinfachten Enteignungsverfahren enteignet und im Rechtsweg die Entschädigung erhöht ist, für den erhöhten Betrag. Vgl. JW. 11, 162[31], aber auch Anm. 4. Über die Einheitlichkeit der Entschädigung, einschließlich der Zinsen vgl. §§ 8 Anm. I 9. u. II 1., 30 Anm. 4. Trotzdem verjährt der Zinsanspruch gemäß § 197 BGB. in vier Jahren RG. 65, 129; JW. 07, 192[32].

6. Der Zahlung, hier im Sinne von Erfüllung (§§ 362 ff. BGB.) steht u. a. auch die Hinterlegung nach §§ 372 ff. BGB. gleich.

7. Im gewöhnlichen (nicht dringlichen und nicht vereinfachten) Enteignungsverfahren hat die Hinterlegung der durch Vereinbarung, Fristablauf oder rechtskräftiges Urteil endgültig festgestellten Entschädigung befreiende Wirkung, wenn die Enteignung darauf folgt; im Dringlichkeitsverfahren und im vereinfachten Enteignungsverfahren befreit die Hinterlegung der nur vorläufig festgestellten Entschädigung. Wird im gewöhnlichen Verfahren die nur vorläufig festgestellte Entschädigung hinterlegt, so hört die weitere Zinspflicht jedenfalls mit dem Tage der Zustellung des Enteignungsbeschlusses (§ 32) auf, auch mit der Zustellung des Dringlichkeitsbeschlusses (§ 34); es muß aber hinzukommen, daß der Unternehmer zur Erfüllung und nach §§ 372 ff. BGB. oder nach § 37 zur Hin-

terlegung befugt, der Entschädigungsberechtigte zur Annahme verpflichtet ist, was nicht zutrifft, wenn die vorläufig festgestellte Entschädigung im Rechtswege erhöht wird, weil eine Teilzahlung nicht angenommen zu werden braucht (§ 266 BGB.) RG. 47, 256; 49, 257; JW. 00, 833[18]; 02, 623[20]. Den Nachteil, daß nur Hinterlegungszinsen gezahlt werden, die Realgläubiger aber höhere Zinsen fordern können, trägt der Eigentümer RG. 68, 116; JW. 08, 316[29]. 8. Vgl. § 29.

9. Abs. 3 noch gültig nach Art. 109 EG.BGB., durch § 291 BGB. unberührt; bei Verurteilung zur Zurückzahlung sind also Prozeßzinsen nicht zuzusprechen RG. 74, 45; JW. 10, 847[95]. Hat die Enteignungsbehörde Entschädigung für eine Baubeschränkung gewährt, für die nicht nach dem Enteignungsgesetz, sondern nur nach ALR. eine Entschädigung zustand, findet § 36 Abs. 3 nicht Anwendung, wenn im Rechtsweg diese Entschädigung herabgesetzt wird JW. 00, 630[20]. Der in JW. 00, 630[26] ausgesprochene Satz der Unanwendbarkeit des § 36 Abs. 3 in Fällen, wo die Verwaltungsbehörde eine Entschädigung solcher Art festgesetzt hat, für deren Festsetzung sie gar nicht zuständig war, trifft nicht zu für Fälle, in denen die Verwaltungsbehörde nur von unrichtigen Voraussetzungen über Eigenschaften des Grundstücks ausgegangen war und dafür eine Entschädigung zugebilligt hat. Für den in solchem Falle zurückzuzahlenden Betrag gilt § 36 Abs. 3. Hinterlegt der Unternehmer, was unter den Voraussetzungen des § 37 gemäß §§ 32, 34 und im vereinfachten Enteignungsverfahren immer nötig ist, vor der Vollziehung der Enteignung, so erhält der Entschädigungsberechtigte auch die Hinterlegungszinsen. Anspruch auf Rückzahlung der Zinsen hat der Unternehmer nicht RG. 24, 323.

§ 37. Der Unternehmer ist verpflichtet[1, 2], die Entschädigungssumme zu hinterlegen[3]:

1. wenn neben dem Eigentümer Entschädigungs-

berechtigte[4] vorhanden sind, deren Ansprüche an die Entschädigungssumme zurzeit nicht feststehen;
2. wenn das betreffende Grundstück Fideikommiß oder Stammgut ist, oder im Lehn- oder Leiheverbande steht[5];
3. wenn Reallasten, Hypotheken oder Grundschulden auf dem betreffenden Grundstück haften[6, 7].

Die Hinterlegung erfolgt bei derjenigen Stelle, welche für den Bezirk der belegenen Sache zur Annahme von Hinterlegungen der betreffenden Art, beziehungsweise von gerichtlichen Hinterlegungen bestimmt ist[8].

Über die Rechtmäßigkeit der Hinterlegung findet ein gerichtliches Verfahren nicht statt[9]. Jeder Beteiligte kann sein Recht an der hinterlegten Summe gegen den dasselbe bestreitenden Mitbeteiligten[10] im Rechtswege geltend machen. Soweit nach dem Rechte einzelner Landesteile ein gerichtliches Verteilungsverfahren in derartigen Fällen stattfindet, behält es dabei sein Bewenden[11].

1. Die zu § 37 Ziff. 1 bis 3 genannten Berechtigten haben einen klagbaren Anspruch gegen den Unternehmer auf Hinterlegung, wenn ihr Recht zur Zeit der Zustellung des Enteignungsbeschlusses bestand, wobei es gleichgültig ist, ob die Enteignung im Dringlichkeitsverfahren oder im vereinfachten Enteignungsverfahren erfolgt. RG. 43, 299. Das Recht des Enteigneten auf Hinterlegung der Entschädigung wie die Pflicht des Unternehmers dazu gelten nicht nur für die von der Verwaltungsbehörde festgestellte Entschädigung, sondern auch für den vom Gericht zuerkannten Mehrbetrag RG. 79, 275; JW. 12, 761[30]; Recht 12, 357. Zugunsten der Realberechtigten gilt § 37 auch im Falle des § 46. Im Verhältnis zwischen dem Unternehmer und dem Eigentümer entscheidet aber gegebenenfalls der Vertrag. Soweit bereits

hinterlegt ist, darf weder auf Einwilligung in die Auszahlung noch auf Einwilligung zur Hinterlegung verurteilt werden; die Urteilsformel lautet dann zweckmäßig dahin, daß die Entschädigung auf .... M. festgestellt wird und daß es bei der Hinterlegung dieser Summe bewendet Recht 13, 406.

2. Befugt, nicht verpflichtet, zu hinterlegen, ist der Unternehmer, wenn der Gläubiger (§ 36 Abs. 1) im Verzuge der Annahme ist, oder der Unternehmer aus einem anderen in der Person des Gläubigers liegenden Grunde oder infolge einer nicht auf Fahrlässigkeit beruhenden Ungewißheit über die Person des Gläubigers seine Schuld nicht oder nicht mit Sicherheit erfüllen kann (§ 372 BGB.).

3. Wegen der Wirkungen der Hinterlegung vgl. § 36 Anm. 7 und Anm. 9. Vgl. auch JW. 98, 316[114]. Hinterlegt der Unternehmer im Dringlichkeitsverfahren oder im vereinfachten Enteignungsverfahren, so darf er sich die Zurückforderung des Gezahlten vorbehalten, soweit auf seine Klage die Entschädigung im Rechtswege herabgesetzt werden sollte. Der Vorbehalt, daß die Auszahlung erst nach Erledigung des Rechtsweges oder nach nochmaliger Einvernahme oder Zustimmung des Hinterlegers stattfinden dürfe, ist unzulässig und hindert die befreiende Wirkung der Hinterlegung RG. 49, 259/60; JW. 01, 623[21] für das Gebiet des ALR. Der zulässige Vorbehalt empfiehlt sich noch jetzt. Vgl. §§ 30 Anm. 5 und 34 Anm. 5. Sein Realrecht am enteigneten Grundstück kann der Unternehmer selbstverständlich geltend machen Gruch. 45, 961; JW. 01, 431[22].

4. Nebenberechtigte, deren Entschädigung besonders (§§ 11, 29 Abs. 2 Satz 1) oder deren Anteilsverhältnis (§ 29 Abs. 2 Satz 2) endgültig festgestellt ist, gehören nicht hierher.

5. Vgl. § 38 Abs. 2.

6. Vgl. § 38 Abs. 1 u. 2.

7. Zur Beförderung der glatten Abwickelung der Zahlungen soll der Eigentümer zeitig belehrt und zur Entlastung seines Grundstücks veranlaßt werden. Ziff. 8 des Anhangs I.

8. Hinterlegungsstellen sind die Amtsgerichte, für Lehns-, Fideikommiß- und Stammgutssachen die Oberlandesgerichte. Nach § 37 Abs. 2 ist das Gericht der belegenen Sache zuständig. Als Kassen dienen die Gerichtskassen bzw. für die Oberlandesgerichte die Justizhauptkasse. Der Unternehmer hat sich direkt an die Hinterlegungsstelle zu wenden. Im übrigen vgl. die Hinterlegungsordnung v. 21. 4. 13 und die dazu ergangenen Ausführungsvorschriften (Hagemann, die Hinterlegungsordnung, Nr. 53 dieser Sammlung). Siehe auch § 32 Anm. 6 a. E.

9. Wenn die Enteignung auf Grund der Hinterlegung erfolgt, kann die Rechtmäßigkeit der Hinterlegung nicht Gegenstand eines Rechtsstreits sein RG. 45, 382 Note 1 (ob der Unternehmer die Entschädigungssumme ganz oder nur in Höhe der hypothekarischen Belastungen hinterlegen darf, ist im Rechtsweg nicht nachzuprüfen); 47, 260. Anderer Ansicht beiläufig RG. 49, 259/60 für die Frage, ob die Hinterlegung befreiende Wirkung habe. § 37 Abs. 3 Satz 1 bezieht sich nur auf die im Verwaltungsverfahren zugelassene Hinterlegung, nicht aber auf den Fall, daß das Gericht ein Mehr zuspricht und dabei zu entscheiden ist, ob dieser Mehrbetrag zu zahlen oder zu hinterlegen ist. Mit der Frage, in welchem Umfange die zu hinterlegende Entschädigung den Realberechtigten gebührt, hat das Prozeßgericht nichts zu tun; sie regelt sich im Verteilungsverfahren RG. 79, 275; JW. 12, 761 [30]; Recht 12, 357. Zur Frage der gerichtlichen Nachprüfung der Zulässigkeit der Hinterlegung s. jetzt auch Entsch. d. RG. v. 11. Jan. 27.

10. Der Antrag auf Annahme zur Hinterlegung soll tunlich die Beteiligten bezeichnen (§ 7 Z. 2 der in Anm. 8 angeführten Ausführungsvorschriften). Aus ihr muß erhellen, daß der Unternehmer nicht dazu gehört, außer wenn er selbst realberechtigt. Vgl. Anm. 3.

11. Abs. 3 Satz 3 ist ersetzt durch folgende Vorschriften des AG.ZVG.:

Art. 35. Ist im Falle der Enteignung[1] eines mit Reallasten, Hypotheken, Grundschulden oder Rentenschulden belasteten Grundstücks die für den Eigentümer vereinbarte[2] oder durch Beschluß[3] oder Urteil[4] endgültig festgestellte Entschädigungssumme nach § 37 Abs. 1 Nr. 3 des Gesetzes über die Enteignung von Grundeigentum vom 11. Juni 1874 (Gesetz-Sammlung S. 221) hinterlegt und sind die Wirkungen der Enteignung eingetreten[5], so haben die Realberechtigten[6] an dieser Entschädigung, unbeschadet der Vorschriften der §§ 38[7], 49[8] des genannten Gesetzes, dieselben Rechte, welche ihnen im Falle des Erlöschens ihres Rechtes durch Zwangsversteigerung an dem Erlöse zustehen[9].

Der Eigentümer und jeder der im Abs. 1 bezeichneten Realberechtigten[5] kann die Eröffnung eines gerichtlichen Verteilungsverfahrens beantragen. Für das Verfahren gelten die Vorschriften der Art. 36 bis 41.

---

[1] Art. 35 bezieht sich nur auf die Entziehung des Eigentums, nicht auf Beschränkungen.

[2] Vgl. §§ 16, 26. [3] Vgl. § 29.

[4] Vgl. § 30. [5] Vgl. § 44.

[6] Zu den Realberechtigten im Sinne des Art. 35 gehören nicht alle in § 45 Abs. 2 bezeichneten, sondern nur die in § 37 Abs. 1 Nr. 3 bezeichneten Berechtigten. Ist nur gemäß § 37 Abs. 1 Nr. 3 hinterlegt, kommen die anderen in § 45 Abs. 2 bezeichneten Berechtigten nicht in Frage. Ist auch gemäß § 37 Abs. 1 Nr. 1 hinterlegt, so kann das Verteilungsverfahren nach Art. 35 ff. erst eingeleitet werden, wenn der Anteil solcher Berechtigten, nötigenfalls im Rechtsweg, festgestellt und ausgeschieden ist.

[7] Vgl. Art. 36 und § 38.

[8] Vgl. Art. 37 bis 39 und § 49.

[9] Vgl. Art. 52 EG.BGB. Die Geltendmachung dieser Rechte erfolgt nach Art. 35 Abs. 2.

Art. 36. Das Verteilungsverfahren ist auf Antrag des Eigentümers aufzuheben, wenn dieser bis zum Schlusse des ersten Termins nachweist, daß er nach § 38 des Enteignungsgesetzes über die Entschädigungssumme verfügen kann.

Anm. Art. 36 wahrt die Geltung des § 38.

Art. 37. Nimmt der Eigentümer die Vermittelung der Auseinandersetzungsbehörde wegen Auszahlung oder Verwendung der Entschädigungssumme in Anspruch, so hat die Auseinandersetzungsbehörde von der Einleitung des Vermittelungsverfahrens und nach dessen Beendigung von der Art der Erledigung dem für das Verteilungsverfahren zuständigen Gerichte Mitteilung zu machen.

Solange diesen Mitteilungen zufolge ein Vermittlungsverfahren bei der Auseinandersetzungsbehörde anhängig ist, hat das Gericht Anträge auf Eröffnung des Verteilungsverfahrens abzulehnen.

Anm. Die Art. 37 bis 39 wahren die Befugnis des Eigentümers, die Vermittelung der Auseinandersetzungsbehörde nach § 49 nachzusuchen. Über das Verfahren der Auseinandersetzungsbehörde vgl. Holzapfel, Umlegungsordnung (Nr. 60 dieser Sammlung) S. 126 zu § 28 der Umlegungsordnung v. 21. 9. 20, und Holzapfel, Siedlungsgesetzgebung (Nr. 140 dieser Sammlung) S. 169.

Art. 38. Erlangt das Gericht in einem anhängigen Verteilungsverfahren vor dem Schlusse des ersten Termins von der Einleitung eines Vermittelungsverfahrens Kenntnis, so ist das Verteilungsverfahren bis zur Erledigung dieses Verfahrens einstweilen einzustellen.

Das gleiche gilt, wenn der Eigentümer vor dem Schlusse des ersten Termins die Bestimmung einer Frist nachsucht und vor dem Ablaufe der Frist die Einleitung des Vermittelungsverfahrens zur Kenntnis des Gerichts gelangt.

Endigt das Vermittelungsverfahren mit der vollständigen Freigabe oder Verteilung der Entschädigungssumme, so ist das Verteilungsverfahren aufzuheben.

Anm. Vgl. Art. 37 Anm.

Art. 39. Erlangt das Gericht erst nach dem Schlusse des ersten Termins oder nach dem Ablaufe der im Art. 38 Abs. 2 bezeichneten Frist von der Einleitung des Vermittlungsverfahrens Kenntnis, so ist hier von der Auseinandersetzungsbehörde Mitteilung zu machen; diese hat das bei ihr anhängige Verfahren aufzuheben.

Anm. Vgl. Art. 37 Anm.

Art. 40. In den Fällen des Art. 36, des Art. 37 Abs. 2 und des Art. 38 Abs. 3 werden Gerichtskosten nicht erhoben.

Art. 41. Auf das Verteilungsverfahren finden die für die Verteilung des Erlöses im Falle der Zwangsversteigerung geltenden Vorschriften des Reichsgesetzes mit folgenden Maßgaben entsprechende Anwendung:

1. Als Beteiligte gelten der Eigentümer, diejenigen, für welche zurzeit des Überganges des Eigentums auf den Unternehmer ein Recht der im Art. 35 bezeichneten Art im Grundbuch eingetragen oder durch Eintragung gesichert ist, sowie diejenigen, welche ein solches Recht bei der Enteignungsbehörde angemeldet haben oder bei dem Verteilungsgericht anmelden und auf Verlangen des Gerichts oder eines Beteiligten glaubhaft machen.
2. Die Zustellung des Beschlusses, durch den das Verteilungsverfahren eröffnet wird, an den Antragsteller ist im Sinne des § 13 des Reichsgesetzes als Beschlagnahme anzusehen.
3. Das Verteilungsgericht hat bei der Eröffnung des Verfahrens das Grundbuchamt um die im § 19 Abs. 2 des Reichsgesetzes bezeichneten Mitteilungen zu ersuchen. In die beglaubigte Abschrift des Grundbuchblatts sind die zur Zeit des Überganges des Eigentums auf den Unternehmer vorhandenen Eintragungen sowie

die später eingetragenen Veränderungen und Löschungen aufzunehmen.

Im Falle der Enteignung eines Grundstücksteils kann, wenn die Zwangsversteigerung des Hauptgrundstücks angeordnet ist, das Verteilungsverfahren mit dem bei der Zwangsversteigerung stattfindenden Verteilungsverfahren verbunden werden.

Anm. Wegen der Anwendung der §§ 105 bis 145 ZVG. vgl. Fischer-Schaefer, Die Gesetzgebung, betr. die Zwangsvollstreckung in das unbewegliche Vermögen, 2. Aufl., 1910, zu Art. 35 bis 41 AG.ZVG.

Art. 42. Ein vor dem Inkrafttreten dieses Gesetzes beantragtes Verfahren ist, auch wenn es der Vorschrift des § 15 des Einführungsgesetzes zum Reichsgesetze nicht unterliegt, nach den bisherigen Vorschriften zu erledigen[1].

§ 38[1]. Ist nur ein Teil[2] eines Grundbesitzes enteignet, so stehen der Auszahlung[3] der für den enteigneten Teil bestimmten Entschädigungssumme die auf dem gesamten Grundbesitz haftenden Hypotheken und Grundschulden nicht entgegen, wenn dieselben den fünfzehnfachen Betrag des Grundsteuer-Reinertrags des Restgrundbesitzes nicht übersteigen[4]. Reallasten, welche der Eintragung in das Grundbuch bedürfen[5], werden hierbei den Hypotheken gleichgeachtet und in entsprechender Anwendung der bei notwendigen Subhastationen geltenden Grundsätze[6] zu Kapital veranschlagt.

---

[1] Nach dem Enteignungsgesetz (§ 37 Abs. 3 Satz 3) kann ein solches Verfahren nur im Gebiet des Rheinischen Rechts auf Grund des § 38 des Ges. v. 12. 4. 88 (GS. 88, 52) eingeleitet sein.

Auch wird bei einer solchen teilweisen[2] Enteignung die Auszahlung[3] der für den enteigneten Teil bestimmten Entschädigungssumme durch nicht eingetragene Reallasten[7], Fideikommiß-, Stammgut-, Lehn- oder Leiheverband des gesamten Grundbesitzes nicht gehindert, wenn die gedachte Entschädigungssumme den fünffachen Betrag des Grundsteuer-Reinertrages des gesamten Grundbesitzes und auch die Summe von dreihundert Mark nicht übersteigt[4].

Die Auszahlung laufender Nutzungen[8] der Entschädigungssumme kann ohne Rücksicht auf die vorgedachten Realverhältnisse[9] erfolgen[10].

1. Vgl. § 37 Anm. 6 und Anm. 11 Art. 35 u. 36.

2. Ein Teil eines gemeinsam belasteten Grundbesitzes.

3. Durch die Hinterlegungsstelle. Vgl. § 37 Anm. 11 Art. 36. Der Unternehmer bleibt nach § 37 Abs. 1 Nr. 3 verpflichtet zu hinterlegen, was bei Anwendung der §§ 32, 34 wie im vereinfachten Enteignungsverfahren zu beachten ist.

4. Der Eigentümer muß das Vorliegen dieser Voraussetzung nachweisen (§ 14 HO.).

5. Der Eintragung bedürfen nicht die Überbau- und Notwegrente (§§ 912—917 BGB.) sowie die den Rentenbanken überwiesenen Renten- und Domänen-Amortisationsrenten (Art. 22 Nr. 3 AG.BGB. Vgl. auch Art. 12 AG.GBO. und Achilles-Strecker, die Grundbuchordnung usw. S. 385 ff.). Wegen des früheren Rechts vgl. § 12 EEG. und Achilles-Strecker, die preußischen Gesetze über Grundeigentum usw. (4) S. 88 ff.

6. Die Summe der künftigen Leistungen, höchstens aber das Fünfundzwanzigfache. § 121 ZVG.

7. D. h. nicht eintragungsbedürftige. Vgl. Abs. 1 und Anm 5. Die in Art. 11 AG.GBO. bzw. Art. 1 und 2 AG.ZVG. genannten Lasten sind öffentlich-rechtliche und kommen nicht in Frage. Vgl. § 45.

8. Auch Zinsen. § 100 BGB.

9. Auch bei Enteignung des gesamten Grundbesitzes.

10. § 38 dient auch im Falle gütlicher Vereinbarung (§§ 16, 26). Vgl. aber auch die im § 17 Anm. 3 zitierten Vorschriften.

4. Allgemeine Bestimmungen.

§ 39[1]. **Alle Vorladungen und Zustellungen im Enteignungsverfahren sind gültig, wenn sie nach den für gerichtliche Behändigungen bestehenden Vorschriften**[2] **erfolgt sind. Die vereideten Verwaltungsbeamten haben dabei den Glauben der zur Zustellung gerichtlicher Verfügungen bestellten Beamten**[3].

1. Die Vorschrift ist noch gültig. § 56 LVG. RG. 39, 358; 52, 11; JW. 02, 407[66].

2. §§ 208 ff. ZPO. Vgl. aber Anm. 3.

3. Bei Zustellungen durch die Post kann die Verwaltungsbehörde selbst die Post um Zustellung angehen, wobei sie sich der Subaltern- und Unterbeamten als Werkzeuge — nach der ZPO. sind Gerichtsschreiber und Gerichtsvollzieher selbständige Zustellungsorgane — bedienen kann RG. 52, 11; JW. 02, 407[66].

§ 40. Verwaltungsbehörden und Gerichte haben die Beweisfrage unter Berücksichtigung aller Umstände nach freier Überzeugung zu beurteilen.

Die Vorschrift ist ersetzt durch §§ 79, 120 LVG. und § 286 ZPO., wonach derselbe Satz allgemein für Verwaltungsbehörden und Gerichte gilt.

§ 41. Wo dieses Gesetz die Anordnung einer Kaution vorschreibt oder zuläßt, ist gleichwohl der Fiskus von der Kautionsleistung frei.

Vgl. §§ 5 Abs. 1, 12 Abs. 2, 34 Abs. 2, 53.

§ 42. Wenn der Unternehmer von dem ihm verliehenen Enteignungsrechte nicht binnen der in § 21 gedachten Zeit Gebrauch macht, oder von dem Unternehmen zurücktritt, bevor die Festsetzung der Entschädigung durch Beschluß der Regierung[1] erfolgt ist, so erlischt jenes Recht[2]. Der Unternehmer haftet in diesem Falle den Entschädigungsberechtigten im Rechtswege für die Nachteile, welche denselben durch das Enteignungsverfahren erwachsen sind.

Tritt der Unternehmer zurück, nachdem bereits die Feststellung der Entschädigung durch Beschluß der Regierung[1] erfolgt ist, so hat der Eigentümer die Wahl, ob er lediglich Ersatz für die Nachteile, welche ihm durch das Enteignungsverfahren erwachsen sind, oder Zahlung der festgestellten Entschädigung gegen Abtretung des Grundstücks, geeignetenfalls nach vorgängiger Durchführung des in § 30 gedachten Prozeßverfahrens, im Rechtswege beanspruchen will[4].

1. § 29, insbes. Anm. 1. Die Anwendung des Abs. 2 wird durch einen Beschluß des Bezirksausschusses begründet, der die Entschädigung feststellt, auch wenn der Bezirksausschuß nach Erlaß des Beschlusses noch in eine Prüfung der vom Eigentümer erhobenen Nebenforderungen eingetreten ist RG. 81, 162; Recht 13, 102. Vgl. 29 Anm. 2. Für den Fall einer Einigung (§ 26) vgl. § 26 Anm. 1 a. E.

2. Nicht das nach § 2 verliehene Recht. Nur das eingeleitete Verfahren verliert seine Bedeutung. Vgl. § 21 Anm. 7.

3. Der Regierungspräsident bzw. der Polizeipräsident hat nach § 24 Abs. 4 um Löschung der aus § 24 Abs. 4 eingetragenen Vormerkung zu ersuchen.

4. Entsprechende Anwendung des § 42 in Enteignungsfällen, die nicht durch dies Gesetz geordnet sind? KompKonfl.GH. in JW. 26, 2652.

§ 43. Die Kosten des administrativen Verfahrens trägt der Unternehmer. Bei demselben kommen nur Auslagen[1], nicht aber Stempel und Sporteln zur Anwendung, und können die Entschädigungsberechtigten Ersatz für Wege und Versäumnisse[2] nicht fordern.

Im prozessualischen Verfahren werden die Kosten und Stempel taxmäßig berechnet[3].

Die Kosten[4] des in § 35 erwähnten Verfahrens sind vom Antragsteller vorzuschießen. Über die Verbindlichkeit zur endlichen Übernahme dieser Kosten ist im nachfolgenden Rechtsstreit zu entscheiden[5]. Im Bezirke des Appellationsgerichtshofes zu Köln werden die Gebühren für die betreffenden Verrichtungen des Friedensgerichts nach der Taxe für die Friedensgerichte vom 23. Mai 1859 (Gesetzsamml. S. 309) berechnet[6].

Sämtliche übrigen Verhandlungen vor den Gerichten, Grundbuch- und Auseinandersetzungsbehörden, einschließlich der nach § 17 eintretenden freiwilligen Veräußerungsgeschäfte über Grundeigentum innerhalb des vorgelegten Planes, sowie einschließlich der Quittungen und Konsense der Hypothekengläubiger und sonstigen Beteiligten, sind gebühren- und stempelfrei[7, 8]. Auch werden keine Depositalgebühren angesetzt[9].

Soweit diese Verhandlungen vor den Notaren vorgenommen werden, sind sie stempelfrei[10, 11].

1. Die Vorschrift, daß nur Auslagen erhoben werden, gilt nicht mehr. Seit Erlaß des Ges. über staatliche Verwaltungsgebühren vom 29. 9. 23, GS. S. 455, werden auch für die in Enteignungssachen vorkommenden Amtshandlungen Gebühren erhoben. Sie sind näher geregelt in der Verwaltungsgebührenordnung v. 30. 12. 26, GS. S. 327. Der dazu

erlassene Tarif bestimmt unter Nr. 26 die Gebühren für die nachbenannten Amtshandlungen, wie folgt:

„Enteignung, Zwangsgrundabtretung. a) Verleihung des Enteignungsrechts. 1. Entziehung des Grundeigentums aa) unter Bezeichnung der zu enteignenden Grundstücke $^1/_{20}$ v. H. des Wertes des zu enteignenden Grundstücks, mindestens 30 RM., bb) ohne Bezeichnung des zu enteignenden Grundstücks (allgemeine Verleihung) 30 bis 1000 RM.; 2. Beschränkung des Grundeigentums, Entziehung und Beschränkung der Rechte am Grundeigentume 20 bis 300 RM., b) Anordnung des vereinfachten Enteignungsverfahrens 2 bis 100 RM., c) Ermächtigung zur Vornahme von vorbereitenden Handlungen 20 bis 300 RM., d) Feststellung des Planes und die vorläufige Einweisung in den Besitz der Grundstücke 10 bis 300 RM., e) Feststellung der Entschädigung $^1/_{20}$ v. H. der festgestellten Entschädigung, mindestens 10 RM., f) Enteignungserklärung 5 bis 20 RM. Bei Festsetzung einer jährlichen Nutzungsentschädigung ist der Gebührenberechnung der Gesamtbetrag, höchstens jedoch der zwölfeinhalbfache Jahresbetrag der Entschädigung, zugrunde zu legen."

Zu den Auslagen im Sinne des Abs. 1 gehören nicht Schreibgebühren Erl. d. FM. u. d. Min. d. Inn. v. 21. 7. 76, MBliV. S. 221; Verf. d. M. d. ö. A. v. 17. 10. 00, MBliV. S. 278. Die Gebühren der Sachverständigen sind gemäß der GebO. f. Zeugen und Sachv. zu berechnen.

2. Auch nicht die Kosten eines Vertreters im Administrativverfahren RG. 58, 422.

3. Es gilt das Deutsche Gerichtskostengesetz. Prozeßvollmachten in Enteignungsprozessen unterliegen dem landesgesetzlichen Stempel Gruch. 44, 1001; JW. 00, 327[43].

4. Nur Auslagen gemäß §§ 21, 42 AG.GKG. v. 10. 3. 79, GS. S. 145. Eine Gebühr ist auch im PrGKG. nicht vorgesehen.

5. Folgt kein Rechtsstreit, dann bleiben die Kosten nach Abs. 3 Satz 1 dem Antragsteller zur Last.

6. Abs. 3 Satz 3 gilt nicht mehr. Vgl. § 35 Anm. 6.

7. Soweit Abs. 4 die Stempelfreiheit betrifft, ersetzt ihn § 4 d des PrStempG. in der Fassung d. Bek. v. 27. 10. 24, GS. 627, wonach Urkunden wegen Besitzveränderungen, denen sich die Beteiligten aus Gründen des öffentlichen Wohls zu unterwerfen gesetzlich verpflichtet sind (Enteignungen), ohne Unterschied, ob die Besitzveränderung selbst durch Enteignungsbeschluß oder durch freiwillige Veräußerungsgeschäfte bewirkt wird, von der Stempelsteuer frei sind. Diese Vorschrift deckt sich mit § 43 Abs. 4. Die Vorschrift hat aber ihre praktische Bedeutung im wesentlichen verloren, weil das Grunderwerbsteuergesetz (vgl. auch Tarifstelle 11 d des früheren Reichsstempelgesetzes — JW. 11, 995[40] — und § 70 Ziff. 2 des gleichfalls außer Kraft getretenen Reichszuwachssteuergesetzes) eine ähnliche Befreiung nicht mehr kennt. Das Grunderwerbsteuergesetz besteuert den Übergang des Eigentums an inländischen Grundstücken schlechthin. Bezügl. der Freiheit von den landesrechtlichen Gerichtsgebühren gilt § 43 Abs. 4 noch (§ 7 Abs. 3 PrGKG. v. 22. 10. 22 in der Fassung d. Bek. v. 31. 10. 22, GS. S. 363) und ist ausgedehnt auf alle Besitzveränderungen, denen sich die Beteiligten aus Gründen des öffentlichen Wohls (Enteignungen) zu unterwerfen gesetzlich verpflichtet sind.

Der dem Abtretungszwang unterliegende Grundbesitz genießt die Befreiung. Er muß daher in den vorläufig festgestellten Plan (§ 15) fallen oder der Übernahmepflicht nach § 9 unterliegen, wobei es gleichgültig ist, ob die freiwillige Veräußerung im Stadium der vorläufigen Planfeststellung oder später stattfindet. Für die Anwendung des § 43 Abs. 4 wie des § 4 d PrStempG. im Rahmen des § 43 ist danach Voraussetzung, daß mindestens eine vorläufige Planfeststellung stattgefunden hat. Bei vereinbarter Übernahme auf Grund des § 9 müssen daher gegeben sein die Aufnahme des andern Grundstücksteils in den vorläufig festgestellten Plan, örtlicher und wirtschaftlicher Zusammenhang zwischen beiden Teilen, Übernahmeverlangen des Enteigneten, Zustimmung des Unternehmers und die Unmöglichkeit künftiger zweckmäßiger Benutzung OVG. 76, 49; 72, 86. Die Befreiung ist eine objektive und bezieht sich auf' alle Geschäfte, die auf die durch das Enteignungsverfahren bezweckte Besitzveränderung abzielen. Die Person des (Kosten-) Schuldners ist gleichgültig. OVG. 54, 121. Gruch. 46, 364; JW. 02, 179[53]; RG. 69, 68; JW. 08, 355[46]; KGJ. 14, 208 (FlLinG.); 28 B, 49 (Eintragung einer Vormerkung zur Sicherung der Anspruchs auf Eigentumsübertragung); 37 B 38 (= OLG. 19, 267) — Schreibgebühren sind nach § 24 Abs. 3 zu entrichten —; OLG. 7, 451 (Übernahme nach § 9); 10, 259; 19, 262[14]. Vgl. auch KGJ. 39 B 12 (zur Befreiung genügt nicht, daß das Enteignungsrecht nach Lage der Sache verliehen wäre). Abweichend KGJ, 10 138; 33 B 27 = OLG. 15, 211. Erwirbt nicht der Unternehmer, sondern ein Dritter für ihn das Grundstück, so ist der Vertrag selbst dann nicht gebühren- und stempelfrei, wenn der Dritte zur Beschaffung des Grundstücks verpflichtet war und den Auflassungsanspruch sofort abgetreten hat. RG. 65, 94 = JW. 07, 158[44]; KGJ. 32 B 28 = OLG. 13, 286. Geht das Unternehmen durch Verkauf, Verschmelzung u. dergl. auf einen andern Unternehmer über, so bedarf es eines neuen Verleihungsakts der Staatsregierung, damit dem neuen Unternehmer die Vorteile des § 43 zugute kommen KG. 51, B 343. Für bergrechtliche Enteignungen gilt § 4 e PrStempG. nicht, OLG. 11, 199.

Auf Prozeßvollmachten bezieht sich die Befreiung nicht. Vgl. Anm. 3 a. E.

8. Wegen der Kosten des gerichtlichen Verteilungsverfahrens vgl. § 121 PrGKG.

9. Solche Gebühren kennt die HO. nicht.

10. Vgl. Anm. 7.

11. Ein Rechtsanwalt, der einen Beteiligten im Verwaltungsverfahren vertritt, hat Anspruch auf Gebühren nach der Landesgebührenordn. v. 28. 10. 22, GS. 410, DJZ. 14, 755.

Titel IV.

Wirkungen der Enteignung.

§ 44[1]. Mit Zustellung[2] des Enteignungsbeschlusses (§ 32[3]) an Eigentümer und Unternehmer geht das Eigentum[4] des enteigneten Grundstücks auf den Unternehmer über[5].

Erfolgt die Zustellung an den Eigentümer und Unternehmer nicht an demselben Tage, so bestimmt die zuletzt erfolgte Zustellung den Zeitpunkt des Überganges des Eigentums.

Diese Vorschrift gilt auch in den Landesteilen, in denen nach den allgemeinen Gesetzen der Übergang des Eigentums von der Einschreibung in die Grundbücher oder von der Einreichung des Vertrages bei dem Realrichter abhängig gemacht ist.

1. Fortdauernd gültig nach Art. 109 EG.BGB. Die Änderung der Rechte am Grundstücke vollzieht sich ohne Eintragung im Grundbuch. Vgl. aber § 33. Die Enteignung nach dem Allg. Berggesetz bewirkt keinen Übergang des Eigentums. Auflassung muß zu der durch den Enteignungsbeschluß ersetzten dinglichen Einigung hinzukommen JW. 06, 107[5].

2. Vgl. § 39.

3. Wird im Dringlichkeits- oder im vereinfachten Enteignungsverfahren die im Verwaltungsverfahren abgelehnte Übernahme (§ 9) im Rechtswege durchgesetzt, so muß der Unternehmer, wenn er nicht nach Zahlung oder Hinterlegung der Entschädigung für den zu übernehmenden Rest den Eigen-

tümer zur Auflassung bewegen kann, einen weiteren Enteignungsbeschluß gemäß § 32 erwirken. Wird der im Verwaltungsverfahren anerkannte Übernahmeanspruch im Rechtswege abgewiesen, so hat der Eigentümer einen Auflassungsanspruch gegenüber dem Unternehmer nach Zurückerstattung der Entschädigung. Vgl. § 34 Anm. 4 a. E.

4. § 44 gilt analog auch für die Auferlegung einer Beschränkung im Enteignungsverfahren (§ 6). Das Recht der Beschränkung wird durch Zustellung des Enteignungsbeschlusses nach § 44 Abs. 1 und 2 für den Unternehmer erworben, ohne daß es noch der Eintragung im Grundbuche bedarf KGJ. 28 A 105.

5. Die Vollziehung der Enteignung führt zur Aufhebung eines eingeleiteten Zwangsversteigerungsverfahrens im Falle der Teilenteignung zum Ausschluß dieses Teils vom Verfahren ZBl.FG. 5, 325 (Dresden).

§ 45. Das enteignete Grundstück[1] wird mit dem in § 44 bestimmten Zeitpunkt[2] von allen darauf haftenden privatrechtlichen[3,4] Verpflichtungen frei, soweit der Unternehmer dieselben nicht vertragsmäßig[5] übernommen hat.

[6]Die Entschädigung tritt rücksichtlich aller Eigentums-, Nutzungs- und sonstigen Realansprüche[7], insbesondere der Reallasten, Hypotheken und Grundschulden an die Stelle des enteigneten Gegenstandes[8,9,10].

1. Vgl. § 44 Anm. 1. Ist nur eine Beschränkung auferlegt, so treten die bestehenden Belastungen des Grundstücks im Range hinter das der Beschränkung entsprechende Recht des Unternehmers. Vgl. § 44 Anm. 4.

2. Wird im Rechtsweg die Übernahme (§ 9) erstritten, so tritt dadurch eine Erweiterung des Gegenstandes der Enteignung ein, für den das gleiche gilt, wie wenn er von vorn-

herein in den Plan gezogen wäre. Auch auf den erweiterten Gegenstand findet § 45 Anwendung. JW. 95, 401[69].

3. Privatrechtliche Verpflichtungen sind auch die den Rentenbanken überwiesenen Renten und die Domänen-Amortisationsrenten AGJ. 8, 181. Vgl. § 38 Anm. 5.

4. Die auf dem Grundstück ruhenden öffentlich-rechtlichen Lasten bleiben unberührt JW. 96, 455[70] (Deichlast.) Doch kann die Verwendung des Grundstücks zu dem Unternehmen die Geltendmachung ausschließen, z. B. die Geltendmachung des Rechts auf Entnahme von Deicherde. Vgl. Deichordnung für Ostfriesland v. 12. 6. 53. §§ 10 ff. Hann. GS. 53 III S. 49.

5. Als vertragsmäßige Übernahme im Sinne des § 45 Abs. 1 kommt nur eine Übernahme nach § 26 unter Mitwirkung der Enteignungsbehörde in Betracht RG. 41 A 194.

6. Entschädigung im Sinne des Abs. 2 ist auch die vom Gericht zuerkannte Mehrentschädigung RG. 79, 275; JW. 12, 761[30]; Recht 12, 357. Ergänzt ist Abs. 2 durch die Art. 35 ff. AG.ZVG. Vgl. § 37 Anm. 11.

7. Auch des Vorkaufsrechts RG. 86, 184; Recht 15, 201; auch der Rechte des Unternehmers selbst JW. 01, 431[22]; 10, 248[42]; 17, 856[16]; RG. 72, 354; Gruch. 45, 961; 61, 960; Recht 17, 386. Vgl. § 37 Anm. 10.

8. Auch des Rangverlustes. Vgl. Anm. 1.

9. § 45 findet keine Anwendung bei Enteignungen zu Deichzwecken, die durch Anordnung des Deichhauptmanns nach § 20 des Ges. v. 28. 1. 48 erfolgen RG. 39, 186; Recht 11, 74. Aus § 45 ist nicht abzuleiten, daß die Rechtsregel des dinglichen Ersatzes allgemein gültig ist. RG. 94, 20.

10. Über Aufwertung von Hypotheken, die nach § 45 erloschen sind, s. § 8 Anm. III.

§ 46. Ist die Abtretung des Grundstücks durch Vereinbarung zwischen Unternehmer und Eigentümer erfolgt und zwar in Gemäßheit des § 16 unter Durchführung des Enteignungsverfahrens[1] oder in Gemäß-

heit des § 26, so treten die rechtlichen Wirkungen des § 45[2] auch in diesem Falle ein[3, 4]. Hypotheken- und Grundschuldgläubiger, sowie Realberechtigte können jedoch, soweit ihre Forderungen durch die zwischen Unternehmer und Eigentümer vereinbarte Entschädigungssumme nicht gedeckt werden, deren Festsetzung im Rechtswege gegen den Unternehmer fordern[5], wobei die Beweisvorschriften der §§ 30 und 40 zur Anwendung kommen.

1. D. h. nicht unter vollständiger Durchführung des Enteignungsverfahrens (vgl. §§ 32, 44, 45). Die Durchführung muß bis zur kommissarischen Verhandlung (§ 25) gediehen sein, damit die Realberechtigten gehört werden konnten.

2. Befreiung von den privatrechtlichen Lasten (§ 45 Abs. 1) und Eintreten der vereinbarten Entschädigung an die Stelle des abgetretenen Gegenstandes — § 45 Abs. 2, § 37 Anm. 11. Vgl. auch § 45 Anm. 1.

3. Das Eigentum muß nach den §§ 873, 925 BGB. durch Auflassung übertragen werden. Erst mit dem Übergang des Eigentums, nicht mit dem Abschluß des obligatorischen Vertrages (§§ 16, 26) treten die Wirkungen des § 45 ein, vorausgesetzt, daß rechtsgültig gezahlt oder hinterlegt (§ 32) ist. Wer daher durch Zuschlag in der Zwangsversteigerung ein zum Bahnbau verwendetes Grundstück erwirbt, kann vom Unternehmer Entschädigung fordern, obwohl der frühere Eigentümer auf Grund einer Einigung (§ 26) ohne Auflassung entschädigt ist RG. 72, 354 = JW. 10, 248[42]. Vgl. auch Erl. d. FM. v. 8. 12. 93, MBliV. 94, 205, ferner § 45 u. § 37 Anm. 1 a. E.

4. Nach § 22 GBO. könnte der Unternehmer die Freistellung von nicht übernommenen privatrechtlichen Lasten durch Berichtigung des Grundbuchs betreiben, wenn er die Voraussetzungen des § 46 durch öffentliche oder öffentlich beglaubigte Urkunden dartun könnte (§ 29 GBO.). Die Vorlage der Vertragsurkunde würde nicht genügen, weil sie nicht

beweisen kann, daß das Verfahren nach Vorschrift der §§ 46, 16, 26 durchgeführt ist. Ob letzteres der Fall, kann nur aus den Akten der Verwaltungsbehörde entnommen werden. Danach scheint ausgeschlossen, daß die Freistellung des Grundstücks außerhalb des direkten Geltungsbereichs des § 45 nach § 22 GBO. erreicht werden kann. Rechtlich ist zwar die Freistellung des Grundstücks unabhängig von der Berichtigung des Grundbuchs (vgl. Anm. 2). Praktisch wird indes damit die Vorschrift des § 46 im wesentlichen bedeutungslos. Vgl. Erl. d. Min. d. ö. A. v. 6. 11. 94, MBliV. S. 205.

5. Diese Forderung ist an die Frist des § 30 Abs. 1 nicht gebunden und kann sofort im Rechtsweg geltend gemacht werden. Gruch. 46, 1163 = JW. 01, 357 [11]. Vgl. auch RG. 74, 242. Verwendet der Unternehmer ohne Enteignung nach Vereinbarung mit dem Eigentümer dessen Grundstück zu seinem dem öffentlichen Interesse dienenden Unternehmen, so haftet er ohne weiteres den Realberechtigten auf Ersatz. Gruch. 43, 1102. Vgl. auch RG. 4, 279. Vgl. §§ 2 Anm. 6 a. E., 12 Anm. 1 a. E., 14 Anm. 1 und 7.

§ 47. War das enteignete Grundstück Fideikommiß- oder Stammgut, oder stand dasselbe im Lehn- oder Leiheverbande[1], so ist — mit Ausnahme des § 38 vorgesehenen Falles — der Besitzer über die Entschädigungssumme nur nach den Vorschriften zu verfügen berechtigt, welche in den verschiedenen Landesteilen für die Verfügungen über derartige Güter und die an deren Stelle tretenden Kapitalien maßgebend sind[2].

1. Vgl. § 37 Abs. 1 Nr. 2.

2. Der Eigentümer muß der Hinterlegungsstelle seine Verfügungsbefugnis nachweisen.

§ 48. War das enteignete Grundstück mit Reallasten, Hypotheken oder Grundschulden behaftet, so kann — mit Ausnahme des § 38 vorgesehenen Falles — der Eigentümer über die Entschädigungssumme nur verfügen, wenn die Realberechtigten einwilligen.

Vgl. § 37 Abs. 1 Nr. 3.

§ 49. Der Eigentümer des Grundstücks[1] ist jedoch in den Fällen der §§ 47 und 48 befugt, wegen Auszahlung oder Verwendung der hinterlegten Entschädigungssumme die Vermittlung der Auseinandersetzungsbehörden[2] für Regulierung gutsherrlicher und bäuerlicher Verhältnisse, Ablösungen und Gemeinheitsteilungen in Anspruch zu nehmen.

Die Auseinandersetzungsbehörde hat die bei ihr eingehenden Anträge nach den Bestimmungen zu beurteilen und zu erledigen, welche wegen Wahrnehmung der Rechte dritter Personen bei Verwendung der Ablösungskapitalien in den §§ 110 bis 112 des Gesetzes vom 2. März 1850, betreffend die Ablösung der Reallasten und Regulierung der gutsherrlichen und bäuerlichen Verhältnisse[3], erteilt worden sind.

Diese Vorschrift kommt in den Landesteilen des linken Rheinufers, in der Provinz Hannover[4] und den Teilen des Regierungsbezirks Wiesbaden[5], in welchen die Verordnungen vom 13. Mai 1867 (Gesetzsamml. S. 716) und 2. September 1867 (Gesetzsamml. S. 1463) nicht eingeführt sind, nicht zur Anwendung, vielmehr bleibt es hier bei den bisher bestehenden Vorschriften[6].

1. Auch bei Enteignungen ganzer Grundstücke soll § 49 anwendbar sein nach RGZ. 1, 147.

2. Der Vorsteher der Kulturämter vgl. S. 167.

3. Soweit er hier interessiert, lautet § 110 des Ges. v. 2. 3. 50:

„Die besondere Bekanntmachung der Kapital-Abfindungen an die eingetragenen Gläubiger und an die sonstigen Realberechtigten fällt weg:

a) insoweit die Kapitalabfindungen zu den Einrichtungskosten erforderlich sind;

b) bei anderweiten Verwendungen in die Substanz des berechtigten Gutes oder zur Abstoßung prioritätisch eingetragener Kapitalposten, ohne Rücksicht darauf, wie hoch sich die eingetragenen Schulden oder Kapitalabfindungen belaufen.

Ob und wieweit die Verwendung in einer, die Gläubiger und Realberechtigten des berechtigten Gutes sicherstellenden Weise erfolgt ist, hat die Auseinandersetzungsbehörde allein nach ihrem Ermessen zu prüfen;

c) wenn die Kapitals-Abfindung nur zwanzig Taler oder weniger beträgt;

d) wegen der Geldentschädigung für den neuesten Düngungszustand und für Verbesserungsarbeiten;

e) . . .

Die unter c), d) . . . gedachten Abfindungsgelder erhält der Berechtigte, wenn er zugleich im Hypothekenbuch eingetragener Besitzer ist, zur freien Disposition."

§ 111 gibt Anweisungen über die Bekanntmachung wegen Kapitalabfindungen an die Realberechtigten.

§ 112 bestimmt, daß, unbeschadet dieser und der hier nicht interessierenden §§ 106 bis 109, die bestehenden Vorschriften Anwendung finden sollen.

Zu den letzteren gehört auch § 38.

Über die durch § 28 der Umlegungsordnung eingetretenen Änderungen vgl. Holzapfel, Umlegungsordnung, Nr. 60 dieser Sammlung.

4. In der Provinz Hannover regelt sich die Vermittelung nach der AblösO. v. 23. 7. 33. Vgl. Anm. 3 a. E.

5. In den Landesteilen des linken Rheinufers und in den im § 49 bezeichneten Teilen des Regierungsbezirks Wiesbaden bestehen Vorschriften der fraglichen Art nicht. Motive zum AG.ZVG. AbgH. LP. 99 Anl. Bd. 4 S. 2328.

6. In den in Anm. 5 gedachten Bezirken kommen jetzt die Art. 35 ff. AG.ZVG. zur Anwendung, in den übrigen nur vorbehaltlich der nach § 49 eintretenden Vermittelung der Vorsteher der Kulturämter, die nach Wahl des Eigentümers dem gerichtlichen Verteilungsverfahren vorgeht. Vgl. § 37 Anm. 11 Art. 37 bis 39.

Titel V.

Besondere Bestimmungen über Entnahme von Wegebaumaterialien.

§ 50. Die zum Bau und zur Unterhaltung öffentlicher Wege (mit Ausschluß der Eisenbahnen) erforderlichen Feld- und Bruchsteine, Kies, Rasen, Sand, Lehm und andere Erde ist, soweit der Wegebaupflichtige nicht diese Materialien in brauchbarer Beschaffenheit und angemessener Nähe auf eigenen Grundstücken fördern kann, und der Eigentümer sie nicht selbst gebraucht, ein jeder verpflichtet, nach Anordnung der Behörde von seinen landwirtschaftlichen und Forstgrundstücken, seinem Umlande oder aus seinen Gewässern entnehmen und das Aufsuchen derselben durch Schürfen, Bohren usw. daselbst unter Kontrolle des Eigentümers sich gefallen zu lassen.

Vgl. § 53.

§ 51. Der Wegebaupflichtige hat dem Eigentümer den Wert der entnommenen Materialien ohne Berücksichtigung des Mehrwerts, welchen sie durch den Wegebau erhalten, zu ersetzen.

Wo durch den Wert der Materialien der dem Grundstück durch die Entnahme zugefügte Schaden, einschließlich der entzogenen Nutzungen, sowie die etwa bereits wirtschaftlich aufgewendeten Werbungs-, Sammlungs- und Bereitungskosten nicht gedeckt werden, hat der Wegebaupflichtige, statt Ersatz jenes Wertes, hierfür Ersatz zu leisten.

§ 52. Wenn ein Grundstück zur Gewinnung der Materialien hauptsächlich bestimmt ist und letztere für den Wegebau in solchem Maße in Anspruch genommen werden, daß das Grundstück deshalb dieser Bestimmung gemäß nicht ergiebig benutzt werden kann, oder wenn die Eigentumsbeschränkung länger als drei Jahre dauert, so kann der Eigentümer gegen Abtretung des Grundstückes selbst an den Wegebaupflichtigen den Ersatz des Wertes desselben verlangen.

Vgl. § 53 Anm. 4. Die §§ 44, 45 finden, auch wenn die Übernahme des Grundstücks durch den Wegebaupflichtigen erfolgt, keine Anwendung.

§ 53[1]. In Ermangelung gütlicher Einigung hat der Landrat (in Hannover die betreffende Obrigkeit) auf Grund vollständiger Erörterung zwischen den Beteiligten[2] eine Entscheidung zu treffen, in welcher

1. die dem Wegebaupflichtigen gegen den Grundbesitzer einzuräumenden Rechte nach Gegenstand und Umfang speziell zu bezeichnen sind, und
2. die dafür zu gewährende Entschädigung auf Grund sachverständiger Abschätzung oder geeigne-

tenfalls (§ 12) die dafür zu bestellende Sicherheit vorläufig festzusetzen ist.

Gegen die Entscheidung unter 1. steht beiden Teilen binnen einer Präklusivfrist von zehn Tagen nach deren Zustellung der Rekurs an die Regierung mit aufschiebender Wirkung zu.

Gegen die Feststellung der Entschädigung unter 2. ist innerhalb neunzig Tagen[3] der Rechtsweg[4], jedoch ohne aufschiebende Wirkung, zulässig. Ist gegen die landrätliche Entscheidung Rekurs verfolgt, so läuft diese Frist erst vom Tage der Zustellung der Entscheidung der Regierung an. Eines vorgängigen Sühneversuchs bedarf es nicht.

Die dem Wegebaupflichtigen zuständigen Rechte dürfen erst ausgeübt werden, wenn derselbe in das Grundstück, beziehungsweise die daran auszuübenden Rechte eingewiesen ist. Dieser Einweisung muß die Zahlung oder Sicherstellung der Entschädigung auf Grund mindestens vorläufiger Festsetzung vorausgehen.

Wegen Auszahlung der Entschädigungssumme findet die in § 36[5] gegebene Bestimmung Anwendung.

1. Für die Zuständigkeit und das Verfahren der Verwaltungsbehörde gilt jetzt folgendes: Die Entscheidung nach Abs. 1 hat der Kreis-(Stadt-)Ausschuß — in den Hohenzollernschen Landen der Amtsausschuß — zu treffen. Gegen den Beschluß nach Abs. 1 Nr. 1 findet statt des Rekurses (Abs. 2) binnen zwei Wochen nach Zustellung die Beschwerde an den Bezirksausschuß statt. Kreis-(Stadt-)Ausschuß und der Bezirksausschuß entscheiden im Beschlußverfahren (§§ 115 ff LVG.), letzterer endgültig. §§ 150 Abs. 1, 151 Abs. 1 ZustG., §§ 5, 121 Abs. 2 LVG.

2. D. i. der Eigentümer und der Wegebaupflichtige. Die Realgläubiger werden nicht zugezogen.

3. Berechnung der Frist nach § 222 ZPO., §§ 187, 188 BGB.

4. Der Rechtsweg steht auch zu, wenn die Übernahme (§ 52) abgelehnt ist.

5. Nicht § 37. Vgl. auch § 52 Anm. 1.

Titel VI.

Schluß- und Übergangsbestimmungen.

§ 54. Dieses Gesetz findet keine Anwendung[1, 2]:

1. auf die in besonderen Gesetzen oder im Gewohnheitsrechte begründete Entziehung oder Beschränkung des Grundeigentums im Interesse der Landeskultur, als: bei Regulierung gutsherrlicher und bäuerlicher Verhältnisse, bei Ablösung von Reallasten, Gemeinheitsteilungen, Vorflutsangelegenheiten, Entwässerungs- und Bewässerungsangelegenheiten, Benutzung von Privatflüssen, Deichangelegenheiten[3], Wiesen- und Waldgenossenschaftsangelegenheiten;
2. auf die Entziehung und Beschränkung des Grundeigentums im Interesse des Bergbaues[4] und der Landestriangulation[5].

1. Das Enteignungsgesetz ist nach Art. 12 der Reichsverfassung unanwendbar, soweit reichsgesetzliche Normen über die Enteignung bestehen (vgl. Vorbem. I vor § 2).

Wegen der neueren Landesgesetze bezüglich anderer Rechtsgebiete mit enteignungsrechtlichen Bestimmungen vgl. die Einleitung S. 13 u. Vorbem. II vor § 2.

2. Jeder Eigentümer muß sein Eigentum dauernd in einem mit dem Gemeinwohl verträglichen Zustande halten

und darf es nur so benutzen, daß polizeilich zu schützende öffentliche Interessen nicht beeinträchtigt oder gefährdet werden. Diese Pflicht des Eigentümers kann die Polizei auf Grund des § 10 II 17 ALR., dessen Inhalt als aus dem Begriff der Polizei folgend in ganz Preußen gilt, im öffentlichen Interesse erzwingen. Dabei erfolgende Eingriffe in das Eigentum sind nicht Akte der Enteignung und verstoßen deshalb nicht gegen Art. 9 der Verfassungsurkunde oder das Enteignungsgesetz. OVG. 21, 413; 39, 399; 41, 428 — Auflage, eine die Übersicht hindernde Bretterplanke beim Bahnübergang zu entfernen —; 43, 387 — Verbot, die am Hause angebrachten Rosetten für die Spanndrähte der elektrischen Leitung einer Straßenbahn zu beseitigen.

3. Vgl. zu § 20 PrGes. über das Deichwesen vom 28. 1. 48 KGJ. 39, 186.

4. Über die entsprechende Anwendung einzelner Vorschriften des Enteignungsgesetzes bzw. die Unanwendbarkeit einzelner Vorschriften vgl. KGJ. 46, 210; Recht 20 Nr. 574; RG. 102, 267; JW. 22, 391[4].

5. Eine Übersicht der unberührt gebliebenen Gesetze gibt Eger zu § 54. Vgl. auch § 57 Anm. 2.

§ 55. **Bereits eingeleitete Enteignungsverfahren werden nach den bisherigen Vorschriften zu Ende geführt. Wird in einem solchen Verfahren der Rechtsweg beschritten, so findet der § 40 auch hier Anwendung.**

§ 56[1]. Im Geltungsbereich der Kreisordnung vom 13. Dezember 1872 und in den Hohenzollernschen Landen werden die durch dieses Gesetz der Bezirksregierung bzw. dem Landrat beigelegten Befugnisse und Obliegenheiten,

a) soweit dieselben in den §§ 5, 15, 18 bis 20, 24 und 27 enthalten sind, von den Präsidenten der Bezirksregierungen,

b) soweit dieselben in den §§ 3, 4, 14, 21, 29, 32 bis 35 und 53 Absatz 2 enthalten sind, von den Verwaltungsgerichten,

c) soweit dieselben in § 53 Absatz 1 enthalten sind, von den Kreisausschüssen, beziehungsweise in den Stadtkreisen von den Magisträten, und in den Hohenzollernschen Landen von den Amtsausschüssen wahrgenommen.

Die in Gemäßheit des § 3 von dem Verwaltungsgericht zu treffende Entscheidung erfolgt auf das Gutachten des Kreisausschusses, beziehungsweise des Magistrats in den Stadtkreisen, und des Amtsausschusses in den Hohenzollernschen Landen.

1. § 56 ist aufgehoben durch § 151 Abs. 2 ZustG. Die nach dem ZustG. bzw. dem LVG. jetzt gültigen Vorschriften sind bei den einzelnen Paragraphen erörtert. Hervorzuheben ist hier noch, daß durch den Beschwerdezug an den HM. die sonst gesetzlich begründete Mitwirkung anderer Minister bei Erledigung der Beschwerde nicht berührt ist (§ 157 ZustG.), und daß die Befugnisse der Landespolizeibehörde und des HM. nach §§ 4, 14 d. EisenbG. v. 3. 11. 38 und nach § 7 d. Ges. v. 1. 5. 65 nicht berührt ist durch die im ZustG. den Behörden zugewiesene Entscheidung bzw. Beschlußfassung in Wegebausachen und wasserpolizeilichen Angelegenheiten (§ 158 ZustG.).

§ 57. Alle den Vorschriften dieses Gesetzes entgegenstehenden Bestimmungen, sowie die Bestimmungen über das Wiederkaufsrecht[1] bezüglich des enteigneten Grundstücks werden aufgehoben[2].

[3]Ein gesetzliches Vorkaufsrecht findet wegen aller Teile[4] von Grundstücken statt, welche infolge des verliehenen Enteignungsrechts zwangsweise[5] oder durch freien Vertrag[6] an den Unternehmer abgetreten[7] sind, wenn in der Folge das abgetretene Grundstück ganz

oder teilweise zu dem bestimmten Zweck nicht weiter notwendig ist und veräußert[8] werden soll[9].

Das Vorkaufsrecht steht dem zeitigen Eigentümer des durch den ursprünglichen Erwerb verkleinerten[10] Grundstücks zu[11]. Wer das Enteignungsrecht ausgeübt hat, muß die Absicht der Veräußerung und den angebotenen Kaufpreis dem berechtigten Eigentümer anzeigen, welcher sein Vorkaufsrecht verliert, wenn er sich nicht binnen zwei Monaten[12] darüber erklärt. Wird die Anzeige unterlassen, so kann der Berechtigte seinen Anspruch gegen jeden Besitzer geltend machen[13, 14].

1. Das Wiederkaufsrecht nach §§ 16 bis 18 des EisenbG. v. 3. 11. 38 ist ausgeschlossen, wenn seine Voraussetzungen erst unter der Herrschaft des Enteignungsgesetzes eingetreten sind. RG. 34, 290; JW. 95, 78[36].

2. Eine Zusammenstellung dieser Vorschriften nach den Motiven siehe in Egers Kommentar zum Enteignungsgesetz zu § 56. Das dort angeführte Hann. Ges. v. 16. 9. 46 — Hann. GS. 46 I 193 — soll aber nach § 124 d. Hann. Ges. v. 22. 8. 47 — Hann. GS. 47 I 263 — anwendbar sein. OVG. 42, 261. Vgl. § 58. Vgl. aber auch KGJ. 39 B 12.

3. Abs. 2 u. 3 gelten noch. Art. 109 EG.BGB. §§ 504 bis 514, 1094—1104 BGB. sind auf das Vorkaufsrecht (Abs. 2 u. 3) nur anwendbar, soweit Abs. 2 u. 3 es nicht anders ordnen. Das Vorkaufsrecht bedarf nicht der Eintragung im Grundbuch (Art. 22 Nr. 1 AG.BGB.); die Eintragung ist aber zulässig (Art. 11 AG.BGB.).

4. Nur Teilenteignungen stehen in Frage. Gemeint sind nicht nur örtlich zusammenhängende Flächen; es genügt rechtlicher oder wirtschaftlicher Zusammenhang RG. 73, 316; JW. 10, 661[29].

5. Auch durch Übernahme nach § 9.

6. §§ 16, 26.

7. Erst der Eigentumsübergang begründet das Vorkaufsrecht KGJ. 25 A 144.

8. Nur die freiwillige Veräußerung durch Verkauf ist gemeint. Wird der Teil für ein anderes mit dem Recht der Enteignung ausgestattetes Unternehmen durch freien Vertrag erworben, so ist für das Vorkaufsrecht kein Raum. RG. 60, 374; JW. 05, 346[24].

9. Verzicht hat vor dem Übergang des Eigentums nur obligatorische Wirkung — der Anspruch auf Aufhebung des Vorkaufsrechts kann daher auf dem Grundbuchblatte des abzutretenden Teils vorgemerkt werden. § 883 BGB. —, bedarf nachher zur dinglichen Wirksamkeit der Aufgabe und Löschung gemäß § 875 GBG., wozu die vorgängige Eintragung des Vorkaufsrechts nötig, und kann nicht als Belastung auf dem Grundbuchblatte des Restes eingetragen werden. Nach § 8 GBO. kann das Vorkaufsrecht auf dem Grundbuchblatt des Rests erst vermerkt werden, nachdem es auf dem Blatt des Teils als Belastung eingetragen ist, wozu die Abschreibung des Teils vorhergegangen sein muß. Vgl. KGJ. 25 A 142; OLGRsp. 5, 423 e. Die Zulässigkeit einer Vormerkung des Verzichts vor Abschreibung des Teils auf den Unternehmer ist dort verneint.

10. Der im § 8 Abs. 2 vorausgesetzte Zusammenhang muß bei der Enteignung vorhanden gewesen sein.

11. Das Vorkaufsrecht ist weder teilbar noch übertragbar. Wird der Rest geteilt — einerlei wodurch —, können die Eigentümer aller Teile es nur gemeinschaftlich ausüben, auch nur auf Leistung an alle Berechtigten oder gemeinsam klagen. Vorbehalte bei der Teilung oder ein Verzicht des Erwerbers ändern daran nichts RG. 35, 306; 73, 316 = JW. 10, 661[29].

12. Berechnung nach §§ 187, 188 BGB. Vgl. auch §§ 130—132 BGB. wegen des Beginns und der Wahrung der Frist.

13. Ein nicht eingetragenes Vorkaufsrecht erlischt, wenn der Anspruch des Vorkaufsberechtigten gegen den Eigentümer verjährt ist, also 30 Jahre, nachdem der Unternehmer das Eigentum des verkauften Grundstücks auf den Käufer übertragen hat. §§ 901 Satz 2, 194, 195 BGB.

14. Bei der Erweiterung des Kaiser-Wilhelm-Kanals ist das Vorkaufsrecht an den nach § 16 des für anwendbar erklärten Wasserstraßengesetzes (Anh. V) erworbenen Grundstücken ausgeschlossen (Ges. v. 17. 11. 07, GS. S. 323).

§ 58. **Insoweit in anderen Gesetzen auf die Vorschriften der aufgehobenen Gesetze Bezug genommen ist, treten an die Stelle der letzteren die entsprechenden Vorschriften dieses Gesetzes**[1].

1. Vgl. OVG. 42, 261 und § 57 Anm. 2.

Anhang.

I.

Erlaß des Ministers der öffentlichen Arbeiten, betr. Enteignungsverfahren.

Vom 4. Juni 1894 (EBBl. 94, 133).

1. Die geschäftliche Behandlung der Enteignungsangelegenheiten im allgemeinen muß ihrer Eilbedürftigkeit beständig Rechnung tragen. Alle hierauf bezüglichen Geschäfte sind daher, sofern nicht die Notwendigkeit ihrer Beschleunigung durch besondere Gründe ausgeschlossen ist, sowohl von den zur Ausführung des betreffenden Unternehmens berufenen wie auch von den zur Leitung des Enteignungsverfahrens und den zu den Entscheidungen zuständigen Behörden als Eilsachen zu behandeln und insbesondere auch den schleunigen Sachen im Sinne des § 5 des Regulativs zur Ordnung des Geschäftsganges und des Verfahrens bei den Bezirksausschüssen vom 28. Februar 1884 (MBl. d. inn. Verw. S. 37) zuzurechnen, welche durch die Ferien der Bezirksausschüsse keinen Aufschub erleiden dürfen.

Die Hinwirkung auf tunlichste Beschleunigung darf sich aber nicht auf die Tätigkeit innerhalb der einzelnen Behörden beschränken. Ein ersprießliches Zusammenwirken der bei den Enteignungen beteiligten Behörden setzt ein stetes gegenseitiges Benehmen derselben voraus, um die Enteignungsbehörden in fortlaufender Kenntnis über den Stand und die Bedürfnisse des Unternehmens zu erhalten.

Namentlich ist für die Vertreter der bauausführenden Behörden ein fortwährendes mündliches Benehmen mit den Kommissaren der Regierungspräsidenten geboten, damit diese in den Stand gesetzt werden, die Verhandlungen mit Rücksicht auf die jeweiligen Bedürfnisse des Unternehmens leiten zu können.

Soweit die für die Anträge der Unternehmer erforderlichen Unterlagen von anderen Behörden zu beschaffen sind, ist auf die tunlichst schleunige Erledigung der betreffenden Ersuchen hinzuwirken. Sollte in dieser Beziehung häufiger Grund zu Beschwerden gegeben sein, so ist mir darüber Anzeige zu erstatten.

2. Der Rücksicht auf Beschleunigung muß zunächst von den bauausführenden Behörden in jeder Hinsicht Rechnung getragen werden. Hieraus erwächst denselben die Pflicht, bei Anfertigung der Vorarbeiten und bei Stellung ihrer Anträge nicht nur eine jede Verzögerung zu vermeiden, sondern auch stets auf eine derartige Förderung derselben Bedacht zu nehmen, daß die übrigen beteiligten Behörden in der raschen Erledigung ihrer Aufgaben nicht behindert werden. Insbesondere müssen sie bestrebt sein, die Anträge auf die Durchführung der einzelnen Teile des Verfahrens so zeitig zu stellen, daß die Jahreszeit der Abhaltung der erforderlichen Lokaltermine keine Hindernisse in den Weg legt, anderseits aber die Anträge nach dem Grade ihrer Dringlichkeit zu ordnen und einzubringen, um tunlichst ihre gleichzeitige Einbringung in einer so großen Anzahl zu vermeiden, daß eine Überlastung der Enteignungsbehörden daraus erwächst.

Bei Beschaffung der den Enteignungsplänen zur Unterlage dienenden Katastermaterialien werden sich die bauausführenden Behörden in Berücksichtigung der den Katasterämtern meist obliegenden großen Geschäftslast, soweit dies zulässig und nach der Anzahl der ihnen hierfür zur Verfügung stehenden Beamten möglich ist, ihrer eigenen Beamten bedienen (vgl. meinen Zirkularerlaß vom 16. Mai d. J. — IV. (I) 2595, III. 10325 —, in welchem wegen der Vorbereitung der Arbeiten zur Fortschreibung des Grundsteuerkatasters durch die beteiligten Behörden Anordnung getroffen ist). Soweit die Katasterämter selbst um Mitteilung von Karten oder um Auskunft über einzelne Umstände in Anspruch genommen werden müssen, ist unter Beachtung der Vorschriften in Nr. 1 Abs. 3 dieser Anweisung die schleunige Erledigung der betreffenden Anträge zu überwachen.

Um erheblichere Änderungen der Baupläne bei der landespolizeilichen Prüfung oder bei der Planfeststellung und den dadurch notwendig entstehenden Weiterungen nach Möglichkeit vorzubeugen, sind schon bei ihrer Aufstellung die von dem Unternehmen berührten öffentlichen und Privatinteressen gebührend zu berücksichtigen. Ein mündliches Benehmen mit den zur Wahrnehmung der betreffenden öffentlichen Interessen zuständigen Behörden und mit den benachbarten Grundeigentümern behufs Entgegennahme ihrer Wünsche erscheint daher bereits vor Aufstellung der Baupläne geboten.

3. Über den Zweck und die Bedeutung der landespolizeilichen Prüfung der Baupläne für Eisenbahnen bestehen ausweislich der erstatteten Berichte verschiedene Auffassungen, welche eine Ungleichmäßigkeit des Verfahrens zur Folge haben. Während in einem Teil der Landespolizeibezirke die von dem Unternehmen be-

13*

rührten öffentlichen und Privatinteressen in eingehender Weise unter Zuziehung der Interessenten zur Erörterung gelangen, wird in den übrigen die Prüfung vorzugsweise auf die öffentlichen Interessen erstreckt, von einer Zuziehung der Privatinteressenten aber abgesehen. Ich finde keinen Anlaß, die Beobachtung eines gleichmäßigen Verfahrens in dieser Beziehung anzuordnen. Einer Mitberücksichtigung der Privatinteressen bei der landespolizeilichen Prüfung ist in denjenigen Fällen, in welchen noch eine Planfeststellung nach Maßgabe der §§ 18ff. des Enteignungsgesetzes stattfindet, nicht unbedingt geboten. Sie wird sich aber überall da empfehlen, wo die Hoffnung auf freihändigen Erwerb der erforderlichen Grundflächen begründet ist. Wo dagegen diese Aussicht nach den bestehenden Erfahrungen als ausgeschlossen gelten muß, wird das letztgedachte Verfahren vorzuziehen sein, sofern nicht etwa nach den Verhältnissen des Einzelfalles erwartet werden darf, daß die gleichzeitige eingehende Erörterung der Privatinteressen eine Abkürzung des Planfeststellungsverfahrens zur Folge haben werde.

4. Die Feststellung des Planes erleidet nicht selten dadurch eine Verzögerung, daß die Verhandlungen über einzelne, von Interessenten beantragte Anlagen noch nicht zum Abschlusse gebracht werden konnten. Sofern derartige Anlagen auf den Enteignungsplan im übrigen, insbesondere auf die Linienführung, ohne Einfluß sind, stehen weder die Bestimmungen des Enteignungsgesetzes noch sonstige sachliche Bedenken entgegen, unter Vorbehalt der Entscheidung über die noch streitigen Anlagen die Feststellung zunächst auf diejenigen Grundstücke (§ 3 des Enteignungsgesetzes) des Planes zu beschränken, für welche

die noch streitigen Anlagen ohne Belang sind. Die Erledigung des Vorbehalts, welche in Form eines Nachtragsbeschlusses zu erfolgen hat und eines weiteren Antrages des Unternehmers nicht bedarf, ist selbstredend nach Möglichkeit zu beschleunigen.

5. Die Verzögerungen der Entschädigungsfeststellung sind auf verschiedene Gründe zurückzuführen.

Erfahrungsmäßig begegnet die nach § 24 des Enteignungsgesetzes erforderliche Begründung des Antrages auf Feststellung der Entschädigung um deswillen öfters Schwierigkeiten, weil die Beschaffung der Auszüge aus dem Grundbuche, soweit dieselben nicht bereits vor Einleitung des Planfeststellungsverfahrens zum Zwecke der Feststellung der Eigentümer der zu enteignenden Grundflächen erteilt worden sind, einen sehr langen Zeitraum in Anspruch nimmt. Um hier Abhilfe zu schaffen, erübrigt nur, bereits bei der Vorbereitung der Anträge auf Feststellung des Planes die Anträge auf Erteilung der betreffenden Grundbuchauszüge in dem nach § 24 des Enteignungsgesetzes erforderlichen Umfange zu stellen. Wenn auch der § 24 des bezeichneten Gesetzes den Grundbuchämtern nicht die Verpflichtung auferlegt, derartigen Anträgen vor der Feststellung des Planes stattzugeben, so wird doch erwartet werden dürfen, daß sie sich bezüglichen Ersuchen anderer Staatsbehörden gegenüber nicht ablehnend verhalten werden.

Selbstredend bedarf es nach der Planfeststellung einer nochmaligen Prüfung der Grundbuchauszüge seitens der Grundbuchämter, weil die Möglichkeit nicht ausgeschlossen ist, daß in der Zwischenzeit der Inhalt des Grundbuches eine Änderung erfahren hat. Der Unternehmer hat daher durch entsprechende Anträge diese Prüfung herbeizuführen und gleichzeitig die Eintragung der im § 24 Abs. 4 des Enteignungsgesetzes bezeichneten Vormerkung im Grundbuche anzuregen.

Sofern es nicht schon früher geschehen sein sollte, ist während des Planfeststellungsverfahrens dafür Sorge zu tragen, daß für unbekannte Erben eines im Grundbuche eingetragenen Eigentümers ein Pfleger bestellt wird.

Unter allen Umständen muß allseitig darauf Bedacht genommen werden, daß aus der Ernennung der Sachverständigen keine Verzögerung erwächst. Da der Umfang der erforderlichen Enteignungen von den Unternehmern in der Regel bereits zur Zeit des Planfeststellungsverfahrens wird übersehen werden können, so werden dieselben schon während dieses Verfahrens geeignetenfalls eine Vereinbarung über die Wahl der Sachverständigen mit den beteiligten Eigentümern anstreben und, wenn solche nicht angezeigt erscheint oder nicht zustande kommt, die Wahl derselben durch den Regierungspräsidenten beantragen, damit bis zum Eingange des Antrags auf Feststellung der Entschädigungen wegen ihrer Auswahl das Erforderliche gewahrt sein kann. Die Regierungspräsidenten werden, wenn irgend tunlich, dafür Sorge tragen müssen, fortwährend eine genügende Zahl geeigneter ortskundiger Sachverständiger zu ihrer Verfügung zu haben.

Das Schätzungsverfahren kann in der Regel dann in kurzer Zeit erledigt werden, wenn die Sachverständigen über den Wert der Grundstücke in der betreffenden Lage wenigstens im allgemeinen unterrichtet sind. Es empfiehlt sich deshalb, die Sachverständigen, sofern sie nicht ohnehin ortskundig sind, mit ihrer Bestellung unter Zufertigung einer Abschrift des Planfeststellungsbeschlusses aufzufordern, sich über die Lage und Beschaffenheit der in Betracht kommenden Grundstücke, welche ohnedies von dem Unternehmer durch Abpfählung kenntlich zu machen sind, nötigenfalls mit Hilfe der betreffenden Gemeindevorstände zu informieren.

Das Schätzungsverfahren selbst muß, sofern es sich nicht um schwierige und zeitraubende Schätzungen handelt, so geleitet werden, daß, wenn irgend tunlich, die Schätzungen an dem Tage ihres Beginns auch zu Ende geführt werden. Es dürfen deshalb von dem für die Verhandlung bestellten Kommissar für jeden Tag nur so viel Schätzungen in Aussicht genommen werden, als ohne Hintansetzung der erforderlichen Sorgfalt und Gründlichkeit erledigt werden können. Voraussetzung einer derartigen Erledigung ist die sofortige Abgabe des Gutachtens, welche durch Bereithaltung geeigneter und gehörig vorbereiteter Formulare zur Eintragung der Schätzungen zu erleichtern ist. Den Beteiligten ist noch an demselben Tage Gelegenheit zu geben, sich über die Gutachten auszusprechen. Sofern die Schwierigkeit der Schätzung die Erklärung des Gutachtens zu Protokoll nicht gestatten sollte, darf der Fortgang des Verfahrens keinesfalls auf unbestimmte Zeit ausgesetzt werden. Es wird deshalb in diesen Fällen dem Sachverständigen eine ausreichende Frist zur Einreichung des schriftlichen Gutachtens zu setzen und gleichzeitig ein Termin zur Erklärung der Beteiligten über die ihnen mitzuteilende Schätzung zu bestimmen sein.

6. Die Anordnung, daß wegen Dringlichkeit der Sache die Enteignung noch vor Erledigung des Rechtsweges erfolgen solle, ist von dem Unternehmer mit dem Antrage auf Feststellung der Entschädigung, jedenfalls

aber so zeitig zu beantragen, daß dieselbe gleichzeitig mit dem die Entschädigung feststellenden Beschlusse getroffen werden kann.

7. Sorgfältig ist darauf zu achten, daß die zum Zwecke der Hinterlegung der Entschädigungen den Hinterlegungsbehörden einzureichenden Erklärungen der Hinterlegungsordnung entsprechen, um Vervollständigungen zu erübrigen, welche nach den erstatteten Berichten häufige Verzögerungen zur Folge haben. Die bauausführenden Behörden müssen sich hierbei stets gegenwärtig halten, daß den zur Vollziehung der Enteignung zuständigen Behörden deren Prüfung in der doppelten Richtung obliegt, ob der Pflicht zur Leistung der Entschädigung durch ihre Hinterlegung genügt werde, und ob aus der Hinterlegungserklärung alle der Zahlung entgegenstehenden Hindernisse mit Sicherheit zu entnehmen seien. Um die Prüfung in der ersteren Richtung zu ermöglichen, bedarf es, insbesondere in den von dem Enteignungsgesetze nicht hervorgehobenen Fällen, in welchen der Unternehmer wegen Verweigerung der Annahme der Zahlung oder wegen anderweiter, in der Person des Gläubigers liegender Hinderungsgründe zur Hinterlegung der Entschädigung berechtigt ist, der genauen und vollständigen Darlegung derjenigen Tatsachen, welche nach den allgemeinen Rechtsgrundsätzen das Recht zur Hinterlegung mit der Wirkung der Zahlung begründen. In letzterer Beziehung ist die Vollständigkeit der Angaben über die Rechte Dritter, welche der Zahlung entgegenstehen, absolutes Erfordernis. Dazu gehört nicht allein die erschöpfende Bezeichnung dieser Rechte nach ihrem Inhalt und Umfang, sondern auch die genaue Bezeichnung der Person des Berechtigten, bei pfandrechtlich gesicherten

Forderungen insbesondere der Angabe des Betrages der Hauptforderung und der Nebenforderungen an Zinsen usw. dergestalt, daß die Hinterlegungsbehörde demnächst zu prüfen imstande ist, ob die ihr nachgewiesenen Zahlungen oder sonstigen der Zahlung gleichstehenden Rechtsakte die völlige Tilgung der Forderungen zur Folge haben, wegen deren die Hinterlegung erfolgen mußte.

8. Vielfach sind Klagen darüber laut geworden, daß die Entschädigungen für Grundflächen, welche die Unternehmer auf Grund des ihnen verliehenen Enteignungsrechts mittels Durchführung des Enteignungsverfahrens oder durch Vereinbarung erworben haben, häufig erst nach unverhältnismäßig langer Zeit in die Hand der Entschädigungsberechtigten gelangen. Insoweit die Verzögerungen ihren Grund darin haben, daß die Entschädigungen wegen dinglicher Belastung der betreffenden Grundstücke hinterlegt werden mußten, ist es Sache der Eigentümer, durch Beseitigung der Belastung die der Auszahlung der Entschädigungen entgegenstehenden Hindernisse aus dem Wege zu räumen. Zur Vermeidung derartiger Verzögerungen kann es aber dienen, wenn die Eigentümer zeitig auf die Notwendigkeit der Befreiung der abzutretenden Flächen von den darauf haftenden Pfandrechten und sonstigen Lasten hingewiesen werden. Die bauausführenden Behörden müssen es sich daher angelegen sein lassen, im Falle des Abschlusses freihändiger Verträge schon bei den demselben vorausgehenden Verhandlungen, und die Enteignungsbehörden, spätestens bei den die Feststellung der Entschädigungen betreffenden Verhandlungen die Eigentümer über die rechtlichen Folgen der Belastung zu belehren und zur schleunigen Entpfändung und sonstigen Entlastung der bezeichneten Flächen aufzufordern.

In denjenigen Fällen, in welchen den Unternehmern der Besitz der benötigten Flächen zum Zwecke der Inangriffnahme der Bauarbeiten unter Vorbehalt der Festsetzung der Entschädigung im Wege der Enteignung oder der Vereinbarung abgetreten oder ihnen diese Flächen mittels freihändigen Vertrages übertragen worden sind, ist den Eigentümern nicht selten die Zahlung der ihnen gebührenden Entschädigungen ganz oder zum Teil deshalb lange Zeit vorenthalten geblieben, weil in den ersten Fällen das Enteignungsverfahren zu spät eingeleitet oder die Vereinbaruug zu spät getroffen, und in den letzteren Fällen die zur Feststellung der Größe der betreffenden Flächen erforderliche Schlußvermessung erst sehr spät zu Ende geführt worden ist. In ersterer Beziehung ist es Pflicht der bauausführenden Behörden, den Vorbehalt der Entschädigungsfeststellung mit tunlichster Beschleunigung zu erledigen. Für diejenigen Fälle, in welchen eine gütliche Einigung hierüber nicht zu erzielen ist, verweise ich die Eisenbahnbehörden auf den Zirkularerlaß vom 24. April 1890 — IIa (IV) 3271 —, durch welchen wegen schleuniger Einleitung des Enteignungsverfahrens und, sofern das Planfeststellungsverfahren bereits stattgefunden haben sollte, des Entschädigungsfeststellungsverfahrens Weisung gegeben ist. Die schleunige Durchführung der Schlußvermessungen und Beschaffung der für die Auflassung der betreffenden Grundflächen erforderlichen Materialien darf erwartet werden, wenn sich die bauausführenden Behörden da, wo nicht mit Sicherheit auf eine rasche Erledigung dieser Arbeiten durch die Katasterämter gerechnet werden kann, auch hierzu, soweit dies nach Maßgabe des unter 2 bezeichneten Zirkularerlasses angängig ist, ihrer eigenen Landmesser bedienen.

Die bauausführenden Behörden werden übrigens darauf Bedacht nehmen müssen, bei derartigen Vereinbarungen durch entsprechende Bestimmungen die Eigentümer bereits mit oder alsbald nach der Besitzübertragung in den Genuß der Entschädigung zu bringen, soweit dies im einzelnen Falle ohne Gefahr für den Unternehmer angängig ist.

II.

Allgemeine Verfügung der Minister der öffentlichen Arbeiten und des Innern, betreffend das Verfahren bei Enteignungen.

Vom 20. Mai 1899 (MBl. f. d. ges. inn. Verw. 1899 S. 89).

1. Es empfiehlt sich eine Anordnung des Regierungspräsidenten, daß demjenigen Dezernenten, welcher mit der Bearbeitung der Landespolizeisachen bei den mit dem Enteignungsrecht ausgestatteten Unternehmungen betraut ist, regelmäßig auch die Bearbeitung der Enteignungsangelegenheiten übertragen wird, so daß die landespolizeilichen und die enteignungsrechtlichen Angelegenheiten desselben Unternehmers von demselben Dezernenten bearbeitet werden.

2. Ferner empfiehlt es sich, daß der mit der Bearbeitung der Enteignungssachen beauftragte Dezernent zu den Sitzungen des Bezirksausschusses zugezogen wird, indem er entweder zugleich Stellvertreter eines ernannten Mitgliedes des Bezirksausschusses ist oder indem er die Enteignungsangelegenheiten in den Sitzungen des Bezirksausschusses vorträgt und erläutert.

3. Die Verpflichtung des Unternehmers, im Antrage auf Planfeststellung den Eigentümer nach Namen und Wohnort zu bezeichnen (§ 18 des Enteignungsgesetzes) und dem Antrage auf Feststellung der Entscheidung einen beglaubigten Auszug aus dem Grundbuch und, wenn dieser nicht zu beschaffen ist oder zum Nachweis der Rechte am Grundstück nicht ausreicht, eine dahingehende Bescheinigung des Ortsvorstandes oder der sonst zur Ausstellung solcher Bescheinigungen berufenen Behörde beizufügen (§ 24), hat oftmals zu Verzögerungen geführt, z. B. wenn das zu enteignende Grundstück im Grundbuch nicht eingetragen war, wenn das Grundbuch einen offenbar unzutreffenden Rechtszustand bekundete, wenn die erlangten Bescheinigungen nicht genügten, oder wenn der Eigentümer kurz vor dem Beginn oder im Laufe des Verfahrens gestorben war. Auch hat das Verfahren nicht selten Verzögerungen erlitten, wenn die Ladung des Eigentümers (§§ 20, 25 des Enteignungsgesetzes) nicht erfolgen konnte, weil sein Aufenthalt unbekannt oder weil er an der Rückkehr und der Besorgung seiner Vermögensangelegenheiten verhindert war. Es empfiehlt sich, sobald derartige Anstände bekannt werden, ohne Verzug die Bestellung eines Pflegers bzw. Vormundes bei Gericht zu beantragen und der Enteignungsbehörde anzuzeigen.

4. Auf das Zustandekommen gütlicher Einigungen gemäß §§ 16, 26 des Enteignungsgesetzes, welche herbeizuführen in erster Linie Aufgabe der Unternehmer ist, werden auch die Enteignungsbehörden nach Möglichkeit hinzuwirken haben. Hierbei wird auf die nicht immer genügend beachtete, eine wesentliche Abkürzung des Enteignungsverfahrens ermöglichende Bestimmung des § 16 des Ent-

eignungsgesetzes verwiesen, nach welcher an Stelle des Verfahrens zur Feststellung des Plans (§§ 18—22 des Enteignungsgesetzes) eine Einigung zwischen den Beteiligten über den Gegenstand der Abtretung nach Maßgabe des vorläufig festgestellten Planes (§ 15 des Enteignungsgesetzes) nicht nur zum Zweck der Abtretung des Eigentums, sondern auch schon zum Zweck der Überlassung des Besitzes zulässig ist. Dem alsdann ohne weiteres zu stellenden Antrage auf Feststellung der Entschädigung ist der von der zuständigen Behörde geprüfte und vorläufig festgestellte Plan (§ 15), welcher durch die Einigung der Beteiligten (§ 16) endgültig geworden ist, nach Maßgabe der §§ 24 Abs. 2, 18 Abs. 2 zugrunde zu legen. Soll jedoch die Einigung zwischen den Beteiligten diese Wirkung haben, so muß sie den Gegenstand der Abtretung endgültig bestimmen. Sie muß deshalb zum mindesten das ausdrückliche Einverständnis des Eigentümers enthalten, daß diejenigen Teile seines Eigentums, welche nach Maßgabe des ihm bekannten landespolizeilich geprüften und von der zuständigen Behörde vorläufig festgestellten Plans zu dem Unternehmen erforderlich sind, den Gegenstand der Abtretung oder Enteignung derart bilden sollen, daß es der Durchführung des Planfeststellungsverfahrens gemäß §§ 18—22 des Enteignungsgesetzes nicht mehr bedarf.

Es wird sich um so mehr empfehlen, durch zweckmäßige Belehrung der Beteiligten das Zustandekommen solcher Einigungen zu fördern, weil die ordnungsmäßig vorangegangene landespolizeiliche Prüfung des Plans unter Zuziehung und nach Anhörung aller Beteiligten, sowie die vorläufige Feststellung desselben durch die zur Planfeststellung berufene Staatsbehörde eine ausreichende Grundlage und die Gewähr dafür bietet, daß sowohl die benachbarten Grundstücke, als die öffentlichen Interessen bei der Ausführung des Unternehmens gegen Gefahren und Nachteile gesichert sind, so daß die übrigen Ansprüche der Eigentümer in der Regel nur noch die Höhe der Entschädigung betreffen und deshalb in dem Verfahren zur Feststellung der Entschädigung berücksichtigt werden können.

Wenn eine Einigung gemäß § 16 des Gesetzes nicht zu erzielen ist, hat der Unternehmer auf die Erlangung der bloßen Bauerlaubnis, d. h. der Bauerlaubnis ohne Verzicht auf die Planfeststellung gemäß §§ 18ff. des Enteignungsgesetzes Bedacht zu nehmen, bei welcher der Eigentümer sich zwar alle seine Rechte — einschließlich derjenigen, welche ihm nach dem Enteignungsgesetze zustehen — ausdrücklich vorbehält, aber noch vor der Durchführung des Enteignungsverfahrens den Beginn der Bauausführung auf dem fraglichen Grundstück ausdrücklich gestattet (vgl. Erlaß vom 8. März 1897, EVBl. S. 45, MBl. f. d. inn. V. 1897 S. 47).

5. Da die landespolizeiliche Prüfung und vorläufige Planfeststellung von Eisenbahnen nicht nur die im öffentlichen Interesse notwendigen Anlagen, sondern auch diejenigen Anlagen an Wegen, Überfahrten, Triften, Einfriedigungen, Bewässerungs- und Vorflutsanstalten usw. mit umfassen muß, welche für die benachbarten Grundstücke zur Sicherheit gegen Gefahren und Nachteile notwendig werden (vgl. Erlaß vom 20. Oktober 1896 — EVBl. S. 307 — MBl. f. d. inn. V. 1896 S. 201) kommen regelmäßig schon bei der landespolizeilichen Prüfung alle diejenigen Wünsche und Forderungen zur Verhandlung, welche den Gegenstand des Planfeststellungsverfahrens gemäß §§ 18

bis 22 des Enteignungsgesetzes bilden können. Das gleiche gilt von der Planfeststellung für Kanäle und ähnliche Bauten der Wasserbauverwaltung, sofern dieser, wie hiermit allgemein vorgeschrieben wird, die Anhörung aller Beteiligten wie bei der landespolizeilichen Prüfung von Eisenbahnen vorangeht. Die Gründlichkeit, mit welcher diese Anträge auf Änderung der zur Prüfung gebrachten Pläne bei der landespolizeilichen Prüfung unter Anhörung aller Beteiligten von den zuständigen Behörden erörtert werden müssen, verleiht der vorläufigen Planfeststellung, welche das Schlußergebnis dieser örtlichen Verhandlungen und behördlichen Begutachtungen darstellt, den Charakter einer im wesentlichen bereits endgültigen Entscheidung, durch die die Bedürfnisse des Unternehmens mit den berührten öffentlichen und privaten Interessen nach Möglichkeit in Übereinstimmung gebracht sind. In der Tat bestätigt die Erfahrung, daß die im Enteignungsverfahren gegen den Plan erhobenen Einwendungen meist einfache Wiederholungen derjenigen Anträge sind, welche bereits bei der landespolizeilichen Prüfung geltend gemacht, untersucht, aber als sachlich unbegründet abgelehnt waren, und daß ihnen daher auch bei der endgültigen Planfeststellung nur ausnahmsweise stattgegeben werden kann.

Es braucht nicht erst hervorgehoben zu werden, daß in dem gemäß § 18 des Gesetzes eingeleiteten Verfahren über die erhobenen Einwendungen nach den gesetzlichen Vorschriften zu verhandeln und zu entscheiden ist, und daß den Beteiligten die Gelegenheit, ihre Anträge zu begründen, durch Beibringung neuer Tatsachen zu ergänzen oder Mißverständnisse zu beseitigen, nicht beschränkt werden darf. Anderseits ist es nicht nur Aufgabe des Unternehmers, darauf hinzuwirken, sondern auch Pflicht der Enteignungsbehörden, dafür zu sorgen, daß das gesetzliche Planfeststellungsverfahren nicht durch rein formale Wiederholungen bereits erschöpfend erörterter Fragen in die Länge gezogen werde. Zu diesem Behufe ist der Inhalt der landespolizeilichen Prüfungsverhandlungen, in welche die Anträge, denen nicht stattgegeben worden ist, sowie die Gründe der Ablehnung kurz aufzunehmen sind, und der sonstigen Unterlagen für die vorläufige Planfeststellung, wie es verschiedentlich auch jetzt schon mit Erfolg geschehen ist, in ausgiebigem Maße bei der Beurteilung der nach § 19 des Enteignungsgesetzes gegen den Plan erhobenen Einwendungen zu verwerten. Wenn jene Unterlagen bereits genügende Auskunft geben, wird auch von einer kommissarischen Verhandlung an Ort und Stelle (§ 20 des Gesetzes) abgesehen werden können. Im übrigen ist darauf zu halten, daß der Unternehmer sich an den Erörterungen und Verhandlungen durch einen geeigneten sachkundigen Vertreter beteiligt, der in der Lage sein muß, zur Klarstellung der Sachlage und zur Vermeidung zeitraubender Rückfragen und Ermittlungen jede erforderliche Auskunft zu geben. Bei Privateisenbahnen ist die rechtzeitige Abordnung eines Vertreters des Eisenbahnkommissars herbeizuführen (Erlaß vom 7. November 1877, MBl. f. d. inn. V. 1878 S. 10, EVBl. 1878 S. 11). Auch ist, wenn der festzustellende Plan fiskalische Grundstücke berührt, den zuständigen Behörden von dem Termin rechtzeitig Nachricht zu geben.

Den beteiligten Grundeigentümern und sonstigen Berechtigten ist bei der Ladung zu eröffnen, daß bei ihrem Nichterscheinen gleichwohl über ihre Einwendungen verhandelt werden wird, weil dies oftmals schon ihren Wünschen entsprechen wird, sie andernfalls aber zur Vermeidung etwaiger Rechtsnachteile sich für verpflichtet erachten könnten, unter Aufwendung von Kosten im Termine zu erscheinen.

6. Nach § 18 des Enteignungsgesetzes sind mit dem Antrage auf Feststellung des Plans

A. der vorläufig festgestellte Plan (beglaubigter Auszug oder Abdruck),

B. Beilagen, welche

a) die zu enteignenden Grundstücke nach ihrer grundbuchmäßigen oder katastermäßigen oder sonst üblichen Bezeichnung,

b) die Größe und Grenzen derselben,

c) den Eigentümer nach Namen und Wohnort,

d) die nach § 14 des Gesetzes herzustellenden Anlagen,

e) gegebenenfalls die Art und den Umfang der Belastung des Grundstücks enthalten müssen,

vorzulegen.

Es ist nicht zulässig, über das Gesetz hinausgehende Anforderungen zu stellen. Insbesondere darf die Beibringung eines beglaubigten Auszuges aus dem Steuerbuche und einer von dem Fortschreibungsbeamten beglaubigten Karte (§ 58 der Grundbuchordnung) nicht zur Bedingung für die Einleitung des Planfeststellungsverfahrens gemacht werden. Soweit zum Zweck der Eintragung des Eigentumsüberganges gemäß § 33 des Enteignungsgesetzes diese Unterlagen überhaupt erforderlich sind, genügt ihre Vorlage bei Stellung des Antrages auf Vollziehung der Enteignung. Zur Vermeidung von Verzögerungen empfiehlt es sich jedoch, ihre Beschaffung nicht bis dahin aufzuschieben, sondern ohne Verzug nach der Planfeststellung herbeizuführen.

Der Vorlage der Auszüge aus dem Grundbuch oder der Bescheinigungen gemäß § 24 Abs. 3 des Enteignungsgesetzes bedarf es erst bei Stellung des Antrages auf Feststellung der Entschädigung. Gleichwohl ist ihre Beschaffung, wie betreffs der Grundbuchauszüge im Erlasse vom 4. Juni 1894 unter Nr. 5 angeordnet, schon bei der Vorbereitung der Anträge auf Feststellung des Plans in die Wege zu leiten.

Die Beifügung eines besonderen Lageplans in vergrößertem Maßstabe (sog. Parzellarkarte) darf nur aus besonderen Gründen gefordert werden. In der Regel genügt für die Planfeststellung der auf Grund der Katasterhandkarten vorläufig festgestellte Plan in Verbindung mit dem Inhalt der Beilagen, welche die unter B, a—e vermerkten Angaben und namentlich die genaue Größe und die Grenzen des enteigneten Grundstücks enthalten müssen. Aufgabe des Unternehmers ist es, diese Unterlagen, erforderlichenfalls durch rechtzeitige örtliche Vermessung der zu enteignenden Flächen, zu beschaffen.

7. Es wird sich dringend empfehlen, von den Bestimmungen des § 117 des Gesetzes über die allgemeine Landesverwaltung in den Fällen, in denen seine Anwendung gesetzlich zulässig ist, den weitestgehenden Gebrauch zu machen. Voraussichtlich werden diese Fälle die überwiegende Mehrzahl bilden, weil die Voraussetzungen des § 117 im Enteignungsverfahren in der Regel erfüllt sind. Die meisten Enteignungssachen bedürfen nämlich im öffentlichen Interesse der Beschleunigung und sind daher für dringlich zu erachten.

Vermöge der nach landespolizeilicher Prüfung bewirkten vorläufigen Planfeststellung und der kommissarischen Erörterung der Einwendungen liegt zugleich das Sach- und Rechtsverhältnis bei den Planfeststellungen gewöhnlich klar. Auch werden erfahrungsmäßig die Entschädigungen (§ 29 des Enteignungsgesetzes) von den Bezirksausschüssen oft lediglich nach Maßgabe der vorliegenden Gutachten und kommissarischen Erörterungen, welche die Unterlagen für die Entscheidung meist erschöpfend und zur unmittelbaren Beschlußfassung bereit liefern, festgestellt, so daß auch hier das Sach- und Rechtsverhältnis in der Mehrzahl der Fälle als klarliegend erachtet werden kann. Dasselbe gilt von der Vollziehung der Enteignung, welche nach § 32 des Enteignungsgesetzes regelmäßig von dem Vorsitzenden des Bezirksausschusses ausgesprochen werden darf, weil auch hier die Entscheidung ohne weiteres nach Lage der Akten getroffen werden kann. Da ferner die Zustimmung des Kollegiums zu diesen Entscheidungen im Gesetz nicht ausdrücklich als erforderlich bezeichnet ist, können die Vorsitzenden der Bezirksausschüsse namens derselben stets den Plan und die Entschädigung feststellen, sowie die Enteignung aussprechen, sofern es nicht im Einzelfalle tatsächlich an der Eilbedürftigkeit fehlt und zugleich das Sach- und Rechtsverhältnis nicht genügend geklärt sein sollte.

Um zu verhindern, daß wegen mißverständlicher Auffassung der den Beteiligten nach § 117 Abs. 3 des Gesetzes über die Allgemeine Landesverwaltung zu machenden Eröffnungen auf Beschlußfassung durch das Kollegium angetragen und infolgedessen das Verfahren noch mehr in die Länge gezogen wird, als wenn von dem § 117 kein Gebrauch gemacht worden wäre, empfiehlt es sich, bei

Eisenbahnanlagen deren vorläufige und endgültige (§ 22) Feststellung ohnehin durch mich, den Minister der öffentlichen Arbeiten, erfolgt, sowie bei Kanalanlagen und ähnlichen Bauten der Wasserbauverwaltung jene Eröffnungen durch bestimmte Bezeichnung des Rechtsmittels und den Hinweis, daß durch dessen Einlegung unmittelbar die endgültige Entscheidung herbeigeführt werden könne, zu erläutern. Demnach ist den Beteiligten im Planfeststellungsbescheide gemäß § 117 zu eröffnen, daß sie befugt seien, innerhalb zweier Wochen auf Beschlußfassung durch das Kollegium anzutragen oder zur unmittelbaren Herbeiführung der endgültigen Entscheidung statt dessen die Beschwerde an den Minister der öffentlichen Arbeiten einzulegen, welcher auch gegenüber dem Beschlusse des Kollegiums endgültig in der Sache zu entscheiden haben würde. In dem Bescheide zur Feststellung der Entschädigung ist den Beteiligten zu eröffnen, daß sie befugt seien, innerhalb zweier Wochen auf Beschlußfassung durch das Kollegium anzutragen oder zur unmittelbaren Herbeiführung der endgültigen Entscheidung statt dessen innerhalb sechs Monate nach Zustellung des Bescheides den Rechtsweg zu beschreiten.

Wenn auf die Beschlußfassung durch das Kollegium angetragen wird, obwohl die Eilbedürftigkeit nicht zweifelhaft ist, oder das Sach- und Rechtsverhältnis klarliegt, so ist nach Maßgabe der Nr. 5 und 8 dieses Erlasses zu verfahren.

In allen Fällen sind jedoch, damit nicht die Anwendung des § 117 des Gesetzes über die Allgemeine Landesverwaltung die Verlängerung des Enteignungsverfahrens zur Folge hat, diese Bescheide sobald als irgend tunlich zu erteilen, wozu bei geeigneter Regelung des Geschäftsganges die Sachkenntnis des mit der Bearbeitung der Enteignungsangelegenheiten beauftragten Dezernenten wesentlich beitragen wird.

8. Es wird den Regierungspräsidenten zur Pflicht gemacht, sofern nicht die Bestimmungen unter Nr. 7 dieses Erlasses Anwendung finden können, die Anberaumung der Sitzungen der Bezirksausschüsse zur Beratung von Enteignungsangelegenheiten in so kurzen Zwischenräumen zu veranlassen, als es dem Bedürfnisse tunlichster Beschleunigung der Enteignungsangelegenheiten entspricht.

9. Die vielfach übermäßig lange Dauer des Verfahrens zur Feststellung der Entschädigung ist zum Teil auf die nicht rechtzeitige Einreichung der schriftlich zu erstattenden Gutachten und auch auf die Säumnis der Beteiligten bei den nach § 28 Abs. 2 des Enteignungsgesetzes abzugebenden Erklärungen zurückzuführen. Nach Maßgabe der unter Nr. 5 des Erlasses vom 4. Juni 1894, Abs. 5—7, getroffenen Bestimmungen ist in erster Linie auf die mündliche Abgabe des Gutachtens im Termine, wozu der Sachverständige sich ausreichend vorzubereiten hat, zu halten, wo aber dies ausnahmsweise nicht angängig sein sollte, eine angemessene Frist zur Einreichung des schriftlichen Gutachtens zu bestimmen, bei welcher die Eilbedürftigkeit der Sache nicht außer acht gelassen werden darf. Für die Einhaltung dieser Frist muß Sorge getragen werden. Wird die Frist, weil ein Sachverständiger an ihrer Einhaltung durch anderweite Inanspruchnahme behindert ist, oder aus sonstigen Gründen überschritten, so ist gegebenenfalls auf die angemessene Erweiterung des Kreises der zu ernennenden Sachverständigen sowie darauf Bedacht zu nehmen, daß säumige

Sachverständige nicht wieder zu derartigen Schätzungen herangezogen werden. Hierauf haben auch die mit der Ausführung von staatlichen Unternehmungen beauftragten Behörden bei den von den Beteiligten zu bezeichnenden Sachverständigen zu rücksichtigen.

Sofern den Beteiligten die Gutachten nicht in den Schätzungsterminen zur Erklärung bekanntgegeben werden können, sind ihnen diese unter Anberaumung eines Termins, der nur ausnhamsweise an Ort und Stelle abgehalten sein wird, mit dem Eröffnen mitzuteilen, daß es ihnen überlassen bleibt, bis zum Termine sich schriftlich zu äußern, und daß, wenn sie im Termin nicht erscheinen, demnächst nach Lage der Akten entschieden werden wird.

10. In einfachen Fällen, wo der festzustellende Plan von geringerer Bedeutung und seine Einwirkung auf die Umgebung ohne weiteres zu übersehen ist, kann auch künftig von der Vornahme einer örtlichen landespolizeilichen Prüfung abgesehen werden, so daß die Frage, ob in landespolizeilicher Beziehung Bedenken gegen die vorläufige Planfeststellung (§ 15 des Enteignungsgesetzes) bestehen, von der Landespolizeibehörde geeignetenfalls nach schriftlicher Anhörung ihr nachgeordneter Behörden beantwortet werden kann. Solche Fälle liegen z. B. vor, wenn ein bereits festgestellter Plan eine geringfügige Ergänzung oder Änderung erfährt, welche sich nicht in der Form eines Berichtigungsbeschlusses bewerkstelligen läßt, oder nur Grund und Boden in ganz geringem Maße beansprucht werden soll und zugleich wesentliche Einsprüche von seiten der Beteiligten mit Bezug auf den Flächenbedarf oder auf Wege- oder Entwässerungsanlagen nicht zu erwarten sind. Vor Abstandnahme von der örtlichen Prüfung

ist jedoch darauf zu achten, daß die bezeichneten Voraussetzungen zutreffen, damit nicht das eigentliche Enteignungsverfahren durch Erhebung umfangreicher Einwendungen belastet wird, welche bei der landespolizeilichen Prüfung an Ort und Stelle hätten ihre Erledigung finden können.

11. Entscheidungen, welche über die Unterhaltung der von dem Unternehmer nach § 14 des Enteignungsgesetzes herzustellenden Nebenanlagen beantragt werden, empfiehlt es sich, wenn dadurch, ohne die Entschädigungsfeststellung zu beeinträchtigen, eine Beschleunigung der Enteignung erreicht werden kann, bis nach Fertigstellung der Anlagen auszusetzen.

III.

Vertragsmuster I—IV.

Durch Erlaß des Min. d. ö. A. v. 26. Januar 1903 — EVBl. 1903 S. 45 — sind den Eisenbahnbehörden Vertragsmuster empfohlen, die nachstehend gekürzt und entsprechend geändert wiedergegeben werden. „E." bedeutet im nachstehenden Eigentümer, „U." Unternehmer. Jedes Abkommen nach Muster II bis IV bildet nach Muster II § 4, Muster III bzw. IV § 8 eine genügende Grundlage, um die förmliche Planfeststellung auszuschalten. Bei dem Abkommen nach Muster II bzw. III kann sofort das Entschädigungsfeststellungsverfahren eingeleitet werden.

Muster I.

Vertrag über die Erteilung der Bauerlaubnis (Besitzübertragung) ohne Einigung über den Gegenstand der Abtretung,

gleicht dem Muster II mit Weglassung der §§ 4 und 9.

Muster II.

Vertrag, betr. Einigung über den Gegenstand der Abtretung (§ 16 des Enteignungsgesetzes) **und Erteilung der Bauerlaubnis** (Besitzübertragung).

Stempelfrei nach § 4e des Stempelsteuergesetzes.

§ 1. Zu dem Unternehmen des U. ist nach dem vorläufig festgestellten Plan (§ 15 des Enteignungsgesetzes) das Grundstück des E. erforderlich.

§ 2. E. gestattet dem U., dies Grundstück am 1. April 1906 in Besitz zu nehmen.

§ 3. U. ist auf Verlangen des E. verpflichtet, gemeinschaftlich mit diesem bei dem Besitzübergang den Kulturzustand der Fläche, seine Bestellung, den Aufwuchs und etwaige Anbauten festzustellen.

Im Falle des Ausbleibens des E. erfolgt diese Feststellung allein und endgültig durch den U. Die Entschädigung für die Bestellung usw. soll bereits beim Besitzübergang, gegebenenfalls durch einen Dritten festgestellt und sofort bezahlt werden.

§ 4. U. und E. sind darüber einig, daß das Grundstück, welches nach dem dem E. bekannten Plan gemäß der vorläufigen Planfeststellung im Enteignungsverfahren zu dem Unternehmen erforderlich ist (vgl. § 16 des EnteignG.), den Gegenstand der Abtretung oder der Enteignung derart bildet, daß es der Durchführung des Planfeststellungsverfahrens gemäß §§ 18 bis 22 des Enteignungsgesetzes nicht mehr bedarf.

§ 5. Für den Fall, daß das Grundstück bis zum Eigentumsübergang auf den U. veräußert wird, verpflichtet sich E., den Eintritt der Rechtsnachfolger in diesen Vertrag herbeizuführen.

§ 6. Alle Rechte des E. auf Entschädigung bleiben vorbehalten.

§ 7. Die für das Grundstück demnächst vereinbarte oder durch die Enteignungsbehörde oder durch gerichtliche Entscheidung festgestellte Entschädigung wird von dem U. mit jährlich 4 % vom Tage des Besitzübergangs bis zum Tage der Zahlung oder Hinterlegung verzinst.

§ 8. U. verpflichtet sich, auf diese Zinsen bereits vom Tage des Eigentumsüberganges an vierteljährlich im voraus 4 % an den E. so weit und so lange zu zahlen, als nicht die Entschädigung selbst geleistet wird.

Die bei der endgültigen Festsetzung der Entschädigung sich ergebenden Mehrzinsen sind bei der Zahlung oder Hinterlegung von dem U. nachzuzahlen. Etwa zuviel oder für die Zeit nach der Zahlung oder Hinterlegung gezahlte Zinsen sind im Falle der Zahlung auf die Entschädigung anzurechnen, im Falle der Hinterlegung von E. an den U. zurückzuzahlen.

§ 9. Erfolgt die Eintragung einer Vormerkung zur Sicherung des Anspruchs des U. auf den Erwerb des Eigentums an der im § 1 bezeichneten Fläche, so ist U. nach dem Besitzübergange verpflichtet, in Anrechnung auf die Entschädigung eine Abschlagszahlung von ...... zu leisten, falls Hindernisse im Sinne des § 37 des Enteignungsgesetzes gegen die Zahlung nicht bestehen. Auf diesen Betrag sind jedoch diejenigen Zinsen anzurechnen, welche etwa gemäß § 8 darauf schon für die Zeit nach Leistung der Abschlagszahlung gezahlt waren.

Die Abschlagszahlung ist in keiner Weise für die endgültige Festsetzung der Entschädigung verbindlich. Wird eine geringere Entschädigung festgesetzt, so ist der zuviel gezahlte Betrag an den U. ohne Zinsen zurückzuzahlen.

Muster III.

Grunderwerbsvertrag unter Vorbehalt der Feststellung der Entschädigung gemäß §§ 16, 17 des EnteignG. und Art. 12 § 1 Abs. 2 AG.BGB.

Stempelfrei usw.

§ 1 = Muster II § 1 mit dem Zusatz: Dies Grundstück verkauft E. an den U.

§§ 2, 3, 4 = Muster II §§ 2, 3, 5.

§ 5. Die Entschädigung bleibt nachträglicher Feststellung vorbehalten.

Sofern solche gütlich nicht erzielt wird, erfolgt sie nach den Vorschriften des Enteignungsgesetzes.

§ 6. Die Abtretung der Fläche erfolgt zum vollen unbeschränkten Eigentum, frei von allen Schulden und Lasten, insbesondere auch pacht- und mietfrei, sowie unter Verzichtleistung auf die Berechtigung zum Vorkauf. Die zu diesem Zwecke erforderliche Entpfändung hat E. auf seine Kosten binnen ...... herbeizuführen.

§ 7. Erfolgt die Entpfändung nicht rechtzeitig, so ist, falls nicht schon das Enteignungsverfahren gemäß § 5 durchgeführt wird, U. berechtigt, behufs Regelung der Rechte Dritter das förmliche Enteignungsverfahren ohne Berührung der Entschädigungsfrage gemäß § 16 des Enteignungsgesetzes durchzuführen. E. ist alsdann zur Erstattung der sämtlichen dem U. durch das Enteignungsverfahren entstehenden Kosten und der etwa an Dritte zu zahlenden Entschädigungen nebst Zinsen verpflichtet.

§ 8. Für den Fall der Einleitung des Enteignungsverfahrens (§§ 5, 7) erklären die Vertragschließenden schon jetzt, daß sie darüber einig sind (im übrigen wie Muster II § 4 von „daß das Grundstück" an).

§ 9 = Muster II § 7 mit dem Zusatz: soweit nicht die Bestimmung des § 13 Abs. 2 Platz greift.

§ 10 ^{3} Muster II § 8.

§ 11 = Muster II § 9 unter Ersetzung von „§ 8" durch „§ 10".

§ 12. Die Entschädigung wird unter Berücksichtigung der Bestimmungen in den §§ 10 und 11 nach der schulden- und lastenfreien Auflassung der Fläche, sonst nach den Vorschriften des Enteignungsgesetzes geleistet.

Will U. zur schulden- und lastenfreien Auflassung und Abschreibung der Fläche nach Art. 20 Abs. 3b des AG.GBO. ein Unschädlichkeitszeugnis einholen, so kann die Entschädigung zur Verfügung der zuständigen Behörde hinterlegt oder sichergestellt werden.

§ 13. Die schulden- und lastenfreie Auflassung der Fläche muß binnen einer Woche nach Aufforderung des U. erfolgen. Die Aufforderung darf erst ergehen, wenn die Entschädigung endgültig feststeht, und die erforderlichen Katastermaterialien von dem U. beschafft sind.

Findet die Auflassung innerhalb der angegebenen Frist aus dem Grunde nicht statt, weil E. seinen vertraglichen Verpflichtungen nicht nachgekommen ist, so hört die Verzinsung der Entschädigung (§§ 9 und 10) mit Ablauf der Frist auf, insoweit sie nicht schon infolge der Leistung einer Abschlagszahlung in Wegfall gekommen war.

§ 14. U. übernimmt die Kosten der Vermessung und der Fortschreibung sowie die Kosten für ein Unschädlichkeitszeugnis und für die Durchführung des Verwendungsverfahrens.

Die gerichtliche Auflassung, Entpfändung, Eintragung einer Vormerkung usw. sind gemäß § 43 des Enteignungsgesetzes gebühren- und stempelfrei.

Muster IV.

Grunderwerbsvertrag gemäß §§ 16, 17 des EnteignG. und Art. 12 § 1 Abs. 2 des AG.BGB.

Stempelfrei usw.

§§ 1, 2, 3, 4 = Muster III §§ 1, 2, 3, 5.

§ 5. Der Kaufpreis beträgt . . . M.

§§ 6, 7, 8 = Muster III §§ 6, 7, 8.

§ 9. Der Kaufpreis wird von U. mit jährlich 4 % vom Tage des Besitzüberganges bis zum Tage der Zahlung oder Hinterlegung verzinst, soweit nicht die Bestimmung des § 13 Abs. 2 Platz greift.

§§ 10, 11 = Muster III §§ 10, 11.

§ 12. Der Kaufpreis wird unter Berücksichtigung der Bestimmungen in den §§ 10 und 11 nach der schulden- und lastenfreien Auflassung der Fläche gezahlt.

Wird das Enteignungsverfahren eingeleitet (§ 7), so erfolgt die Entrichtung der festgesetzten Entschädigung nach den Vorschriften des Enteignungsgesetzes.

§ 12 Abs. 3 = Muster III § 12 Abs. 2.

§§ 13, 14 = Muster III §§ 13, 14.

IV.

Gesetz, betreffend die Anlegung und Veränderung von Straßen und Plätzen in Städten und ländlichen Ortschaften.

Vom 2. Juli 1875 (GS. 1875 S. 561).

In der Fassung des Art. I des Wohnungsgesetzes vom 28. März 1918 (GS. 1918 S. 23).

Wir Wilhelm, von Gottes Gnaden König von Preußen usw. verordnen, mit Zustimmung beider Häuser des Landtages, für den ganzen Umfang der Monarchie, was folgt:

§ 1. Für die Anlegung oder Veränderung von Straßen und Plätzen (auch Gartenanlagen, Spiel- und Erholungsplätzen) in Städten und ländlichen Ortschaften sind die Straßen- und Baufluchtlinien vom Gemeindevorstande im Einverständnisse mit der Gemeinde, oder deren Vertretung, dem öffentlichen Bedürfnis entsprechend unter Zustimmung der Ortspolizeibehörde festzusetzen.

Die Ortspolizeibehörde kann die Festsetzung von Fluchtlinien verlangen, wenn die von ihr wahrzunehmenden polizeilichen Rücksichten oder ein hervorgetretenes Bedürfnis nach Klein- oder Mittelwohnungen die Festsetzung fordern; im letzteren Falle bedarf sie jedoch der Einverständniserklärung der Kommunalaufsichtsbehörde.

Zu einer Straße im Sinne dieses Gesetzes gehört der Straßendamm und der Bürgersteig.

Die Straßenfluchtlinien bilden regelmäßig zugleich die Baufluchtlinien, das heißt die Grenzen, über welche hinaus die Bebauung ausgeschlossen ist. Aus besonderen Gründen kann aber eine hinter die Straßenfluchtlinie zurückweichende Baufluchtlinie festgesetzt werden.

§ 2. Die Festsetzung von Fluchtlinien (§ 1) kann für einzelne Straßen, Straßenteile und Plätze (auch Gartenanlagen, Spiel- und Erholungsplätze) oder, nach dem voraussichtlichen Bedürfnisse der näheren Zukunft, durch Aufstellung von Bebauungsplänen für größere Grundflächen erfolgen.

Handelt es sich infolge von umfassenden Zerstörungen durch Brand oder andere Ereignisse um die Wiederbebauung ganzer Ortsteile, so ist die Gemeinde verpflichtet, schleunigst darüber zu beschließen, ob und inwiefern für den betreffenden Ortsteil ein neuer Bebauungsplan aufzustellen ist und eintretendenfalls die unverzügliche Feststellung des neuen Bebauungsplanes zu bewirken.

§ 3. Bei Festsetzung der Fluchtlinien ist auf das Wohnungsbedürfnis sowie die Förderung des Verkehrs, der Feuersicherheit und der öffentlichen Gesundheit Bedacht zu nehmen, auch darauf zu halten, daß eine Verunstaltung der Straßen und Plätze sowie des Orts- und Landschaftsbildes nicht eintritt.

Es ist deshalb für die Herstellung einer genügenden Breite der Straßen und einer guten Verbindung der neuen Bauanlagen mit den bereits bestehenden Sorge zu tragen.

Im Interesse des Wohnungsbedürfnisses ist ferner darauf Bedacht zu nehmen, daß in ausgiebiger Zahl und Größe Plätze (auch Gartenanlagen, Spiel und Erholungsplätze) vorhanden sind, daß die Möglichkeit gegeben ist, an geeigneter Stelle Kirchen- und Schulbauten zu errichten, daß für Wohnzwecke Baublöcke von angemessener Tiefe und Straßen von geringerer Breite entsprechend dem verschiedenartigen Wohnungsbedürfnisse geschaffen werden, und daß durch die Festsetzung Baugelände entsprechend dem Wohnungsbedürfnisse der Bebauung erschlossen wird.

§ 4. Jede Festsetzung von Fluchtlinien (§ 1) muß eine genaue Bezeichnung der davon betroffenen Grundstücke und Grundstücksteile und eine Bestimmung der Höhenlage, sowie der beabsichtigten Entwässerung der betreffenden Straßen und Plätze enthalten.

§ 5. Die Zustimmung der Ortspolizeibehörde (§ 1) darf nur versagt werden, wenn die von ihr wahrzunehmenden polizeilichen Rücksichten oder ein hervorgetretenes Bedürfnis nach Klein- oder Mittelwohnungen (§ 3 Abs. 3) die Versagung fordern. Soweit die Zustimmung wegen eines hervorgetretenen Bedürfnisses nach Klein- oder Mittelwohnungen versagt wird, bedarf es des Einverständnisses der Kommunalaufsichtsbehörde.

Will sich der Gemeindevorstand bei der Versagung nicht beruhigen, so beschließt auf sein Ansuchen der Kreisausschuß.

Derselbe beschließt auf Ansuchen der Ortspolizeibehörde über die Bedürfnisfrage, wenn der Gemeindevorstand die von der Ortspolizeibehörde verlangte Festsetzung (§ 1 Abs. 2) ablehnt. Soweit ein solches Ansuchen auf ein hervorgetretenes Bedürfnis nach Klein- oder Mittelwohnungen gestützt wird, darf es nur im Einverständnisse mit der Kommunalaufsichtsbehörde ergehen.

§ 6. Betrifft der Plan der beabsichtigten Festsetzungen (§ 4) eine Festung, oder fallen in denselben öffentliche Flüsse, Chausseen, Eisenbahnen oder Bahnhöfe, so hat die Ortspolizeibehörde dafür zu sorgen, daß den beteiligten Behörden rechtzeitig zur Wahrung ihrer Interessen Gelegenheit gegeben wird.

§ 7. Nach erfolgter Zustimmung der Ortspolizeibehörde, bezüglich des Kreisausschusses (§ 5), hat der Gemeindevorstand den Plan zu jedermanns Einsicht offenzulegen. Wie letzteres geschehen soll, wird in der ortsüblichen Art mit dem Bemerken bekanntgemacht, daß Einwendungen gegen den Plan innerhalb einer bestimmt zu bezeichnenden präklusivischen Frist von mindestens vier Wochen bei dem Gemeindevorstande anzubringen sind.

Handelt es sich um Festsetzungen, welche nur einzelne Grundstücke betreffen, so genügt statt der Offenlegung und Bekanntmachung eine Mitteilung an die beteiligten Grundeigentümer.

§ 8. Über die erhobenen Einwendungen (§ 7) hat, soweit dieselben nicht durch Verhandlung zwischen dem Gemeindevorstande und den Beschwerdeführern zur Erledigung gekommen, der Kreisausschuß zu beschließen. Sind Einwendungen nicht erhoben oder ist über dieselben endgültig (§ 16) beschlossen, so hat der Gemeindevorstand den Plan förmlich festzustellen, zu jedermanns Einsicht offenzulegen und, wie dies geschehen soll, ortsüblich bekanntzumachen.

§ 9. Sind bei Festsetzung von Fluchtlinien mehrere Ortschaften beteiligt, so hat eine Verhandlung darüber zwischen den betreffenden Gemeindevorständen stattzufinden.

Über die Punkte, hinsichtlich deren eine Einigung nicht zu erzielen ist, beschließt der Kreisausschuß.

§ 10. Jede, sowohl vor als nach Erlaß dieses Gesetzes getroffene Festsetzung von Fluchtlinien kann nur nach Maßgabe der vorstehenden Bestimmungen aufgehoben oder abgeändert werden.

Zur Festsetzung neuer oder Abänderung schon bestehender Bebauungspläne in den Städten Berlin, Potsdam, Charlottenburg und deren nächster Umgebung bedarf es königlicher Genehmigung.

§ 11. Mit dem Tage, an welchem die im § 8 vorgeschriebene Offenlegung beginnt, tritt die Beschränkung des Grundeigentümers, daß Neubauten, Um- und Ausbauten über die Fluchtlinie hinaus versagt werden können, endgültig ein. Gleichzeitig erhält die Gemeinde das Recht, die durch die festgesetzten Straßenfluchtlinien für Straßen und Plätze (auch Gartenanlagen, Spiel- und Erholungsplätze) bestimmte Grundfläche dem Eigentümer zu entziehen.

§ 12. Durch das Ortsstatut kann festgestellt werden, daß an Straßen oder Straßenteilen, welche noch nicht gemäß der baupolizeilichen Bestimmungen des Orts für den öffentlichen Verkehr und den Anbau fertig hergestellt sind, Wohngebäude, die nach diesen Straßen einen Ausgang haben, nicht errichtet werden dürfen.

Das Ortsstatut hat die näheren Bestimmungen innerhalb der Grenzen vorstehender Vorschrift festzusetzen und bedarf der Bestätigung des Bezirksausschusses. Gegen den Beschluß des Bezirksrates ist innerhalb einer Ausschlußfrist von zwei Wochen die Beschwerde bei dem Provinzialrate zulässig.

Nach erfolgter Bestätigung ist das Statut in ortsüblicher Art bekanntzumachen.

Von dem Verbote kann Dispens erteilt werden, falls ein Bedürfnis für Klein- oder Mittelwohnungen besteht, begründete Aussicht vorhanden ist, daß der Eigentümer diesem Bedürfnisse durch den Bau entsprechender, gesunder und zweckmäßig eingerichteter Wohnungen Rechnung trägt, und falls kein überwiegendes berechtigtes Gemeindeinteresse entgegensteht. Weist die Gemeinde nach, daß geeignete Maßnahmen ergriffen sind, um dem Bedürfnisse für Klein- oder Mittelwohnungen durch Errichtung von Häusern mit höchstens einem Obergeschoß über dem Erdgeschoß ausreichend Rechnung zu tragen, und ist die Gewähr gegeben, daß diese Maßnahmen auch zur Durchführung gelangen werden, so darf der Dispens zur Errichtung von Gebäuden mit mehr Stockwerken nicht erteilt werden.

Ist durch Gemeindebeschluß bestimmt, daß erst nach Zahlung oder Sicherstellung der gemäß § 15 dieses Gesetzes oder gemäß § 9 des Kommunalabgabengesetzes vom 14. Juli 1893 (Gesetzsamml. S. 152) von der Gemeinde festgesetzten Beiträge Wohngebäude errichtet werden dürfen, so darf der Dispens vor erfolgter Zahlung oder Sicherstellung nicht erteilt werden.

Über die Erteilung des Dispenses beschließt im Streitfalle der Bezirksausschuß.

Unter den gleichen Voraussetzungen kann der Bezirksausschuß beschließen, daß die Gemeinde, soweit sie eine öffentliche Wasserleitung, Ableitung der Schmutzwässer oder Beleuchtung als Gemeindeanstalt unterhält, den Eigentümern nach Maßgabe der allgemeinen örtlichen Bestimmungen die Benutzung dieser Anstalt gewährt.

§ 13. Eine Entschädigung kann wegen der nach den Bestimmungen des § 12 eintretenden Beschränkung der Baufreiheit überhaupt nicht, und wegen Entziehung oder Beschränkung des von der Festsetzung neuer Fluchtlinien betroffenen Grundeigentums nur in folgenden Fällen gefordert werden:

1. wenn die zu Straßen und Plätzen (auch Gartenanlagen, Spiel- und Erholungsplätzen) bestimmten Grundflächen auf Verlangen der Gemeinde für die öffentliche Benutzung abgetreten werden;
2. wenn die Straßen- oder Baufluchtlinie vorhandene Gebäude trifft und das Grundstück bis zur neuen Fluchtlinie von Gebäuden freigelegt wird;
3. wenn die Straßenfluchtlinie einer neu anzulegenden Straße ein unbebautes, aber zur Bebauung geeignetes Grundstück trifft, welches zur Zeit der Feststellung dieser Fluchtlinie an einer bereits bestehenden und für den öffentlichen Verkehr und den Anbau fertiggestellten anderen Straße belegen ist, und die Bebauung in der Fluchtlinie der neuen Straße erfolgt.

Die Entschädigung wird in allen Fällen wegen der zu Straßen und Plätzen (auch Gartenanlagen, Spiel- und Erholungsplätzen) bestimmten Grundfläche für Entziehung des Grundeigentums gewährt. Außerdem wird in denjenigen Fällen der Nr. 2, in welchen es sich um eine Beschränkung des Grundeigentums infolge der Festsetzung einer von der Straßenfluchtlinie verschiedenen Baufluchtlinie handelt, für die Beschränkung des bebaut gewesenen Teiles des Grundeigentums (§ 12 des Gesetzes über Enteignung von Grundeigentum vom 11. Juni 1874) Entschädigung gewährt.

In allen oben gedachten Fällen kann der Eigentümer die Übernahme des ganzen Grundstücks verlangen, wenn dasselbe durch die Fluchtlinie entweder ganz oder so weit in Anspruch genommen wird, daß das Restgrundstück nach den baupolizeilichen Vorschriften des Ortes nicht mehr zur Bebauung geeignet ist.

Bei den Vorschriften dieses Paragraphen ist unter der Bezeichnung Grundstück jeder im Zusammenhange stehende Grundbesitz des nämlichen Eigentümers begriffen.

§ 13a. Mit dem Zeitpunkt, an dem für eine Straße, einen Straßenteil oder Platz die Fluchtlinien förmlich festgestellt sind, erhält die Gemeinde das Recht, ein an die Fluchtlinie der Straße, des Straßenteils oder des Platzes angrenzendes Grundstück, soweit es nach den baupolizeilichen Vorschriften des Ortes nicht zur Bebauung geeignet ist, dem Eigentümer gegen Entschädigung zu entziehen. Bei Straßen, Straßenteilen oder Plätzen, für die Fluchtlinien nicht förmlich festgestellt sind, entsteht das Recht der Gemeinde mit dem Zeitpunkt, an dem die Straße, der Straßenteil oder der Platz gemäß den baupolizeilichen Vorschriften des Ortes für den öffentlichen Verkehr und für den Anbau fertig hergestellt ist. Will die Gemeinde dieses Recht ausüben, so hat sie dies unter genauer Bezeichnung der zu enteignenden Fläche dem Eigentümer mitzuteilen mit dem Hinweise, daß Einwendungen gegen die Entziehung binnen einer Ausschlußfrist von vier Wochen bei dem Gemeindevorstand anzubringen sind. Über Einwendungen beschließen die im § 8 dieses Gesetzes und im § 146 des Gesetzes über die Zuständigkeit der Verwaltungs- und Verwaltungsgerichtsbehörden vom 1. August 1883 (Gesetzsamml. S. 237) berufenen Behörden.

Sind die nach Abs. 1 entzogenen Grundflächen weder zusammen noch in Verbindung mit anderen der Gemeinde gehörigen Grundstücken zur Bebauung geeignet, so ist die Gemeinde verpflichtet, die entzogenen Grundflächen den Eigentümern der angrenzenden Grundstücke auf ihr Verlangen gegen Erstattung der Aufwendungen nebst Zinsen zu übereignen. Sie hat, wenn mehrere Grundstücke angrenzen und eine Vereinbarung mit den Eigentümern nicht erzielt wird, einen Plan für die zweckmäßige Zuteilung der entzogenen Grundflächen sowie eine Kostenverteilung aufzustellen. Der Plan und die Kostenverteilung sind zur Einsicht der Beteiligten offenzulegen. Die Offenlegung ist ortsüblich bekanntzumachen mit dem Hinweise, daß Einwendungen binnen einer Ausschlußfrist von vier Wochen seit dem Tage der Bekanntmachung bei dem Gemeindevorstand anzubringen sind. Den aus dem Grundbuch ersichtlichen Eigentümern ist, soweit tunlich, besondere Mitteilung zu machen. Über die Einwendungen beschließen die im Abs. 1 bezeichneten Behörden.

Die im Abs. 2 Satz 1 der Gemeinde auferlegte Verpflichtung erlischt gegenüber denjenigen Eigentümern, welche sich nicht binnen drei Monaten seit Aufforderung der Gemeinde zur Übernahme der Grundfläche verpflichten.

Der § 13 Abs. 4 findet bei den Vorschriften dieses Paragraphen gleichfalls Anwendung.

Die vorstehenden Bestimmungen finden auch Anwendung, wenn für eine Straße, einen Straßenteil oder Platz vor Inkrafttreten dieser Vorschrift die Fluchtlinien förmlich festgestellt sind.

Das gleiche gilt, wenn bei Straßen, Straßenteilen oder Plätzen, für die Fluchtlinien nicht förmlich festgestellt sind, die Straße, der Straßenteil oder der Platz vor Inkrafttreten dieser Vorschrift gemäß den baupolizeilichen Vorschriften des Ortes für den öffentlichen Verkehr und den Anbau fertig hergestellt ist.

§ 14. Für die Feststellung der nach § 13 und § 13a Abs. 1 zu gewährenden Entschädigungen und die Vollziehung der Enteignung kommen die §§ 24ff. des Gesetzes über Enteignung von Grundeigentum vom 11. Juni 1874 zur Anwendung.

Streitigkeiten über Fälligkeit des Anspruchs auf Entschädigung gehören zur gerichtlichen Entscheidung.

Die Entschädigungen sind, soweit nicht ein aus besonderen Rechtstiteln Verpflichteter dafür aufzukommen hat, von der Gemeinde aufzubringen, innerhalb deren Bezirk das betreffende Grundstück belegen ist.

§ 14a. Das Gesetz, betreffend die Umlegung von Grundstücken in Frankfurt a. M., vom 28. Juli 1902 (Gesetzsamml. S. 273) und das Gesetz wegen Abänderung des § 13 des vorbenannten Gesetzes vom 8. Juli 1907 (Gesetzsamml. S. 259) können für den Bezirk einer Gemeinde durch Ortsstatut eingeführt werden. Das Ortsstatut bedarf der Bestätigung durch den Bezirksausschuß.

§ 15. Durch Ortsstatut kann festgesetzt werden, daß bei der Anlegung einer neuen oder bei der Verlängerung einer schon bestehenden Straße, wenn solche zur Bebauung bestimmt ist, sowie bei dem Anbau an schon vorhandenen bisher unbebauten Straßen und Straßenteilen von dem Unternehmer der neuen Anlage oder von den angrenzenden Eigentümern — von letzteren, sobald sie Gebäude an der neuen Straße errichten — die Freilegung, erste Einrichtung, Entwässerung und Beleuchtungsvorrichtung der Straße in der dem Bedürfnisse entsprechenden Weise beschafft, sowie deren zeitweise, höchstens jedoch fünfjährige Unterhaltung, beziehungsweise ein verhältnismäßiger Beitrag oder der Ersatz der zu allen diesen Maßnahmen erforderlichen Kosten geleistet werde. Zu diesen Verpflichtungen können die angrenzenden Eigentümer nicht für mehr als die Hälfte der Straßenbreite und wenn die Straße breiter als 26 Meter ist, nicht für mehr als 13 Meter der Straßenbreite herangezogen werden.

Bei Berechnung der Kosten sind die Kosten der gesamten Straßenanlage und beziehungsweise deren Unterhaltung zusammenzurechnen und den Eigentümern nach Verhältnis der Länge ihrer die Straße berührenden Grenze zur Last zu legen. Wird die Straßengrenze eines Grundstücks, dessen Eigentümer zu Straßenkosten herangezogen ist, später dadurch verlängert, daß mit dem Grundstück eine Grundfläche wirtschaftlich vereinigt wird, für welche die Straßenkosten noch nicht bezahlt sind, so sind dem Eigentümer die auf die Verlängerung entfallenden Straßenkosten nachträglich zur Last zu legen.

Das Ortsstatut hat die näheren Bestimmungen innerhalb der Grenze vorstehender Vorschrift festzusetzen. Bezüglich seiner Bestätigung, Anfechtbarkeit und Bekanntmachung gelten die im § 12 gegebenen Vorschriften.

Für die Haupt- und Residenzstadt Berlin bewendet es bis zu dem Zustandekommen eines solchen Statuts bei den Bestimmungen des Regulativs vom 31. Dezember 1838.

§ 15a. Durch Ortsstatut kann bestimmt werden, daß die im vorstehenden Paragraphen und im § 9 des Kommunalabgabengesetzes vom 14. Juli 1893 (Gesetzsamml. S. 152) geregelten Beiträge sowie die im § 6 daselbst bezeichneten Gebühren für Gebäude an Straßen, die ihrer Lage und Ausstattung nach für Wohnungen der Minderbemittelten besonders geeignet erscheinen und für den Ausbau mit Häusern mit höchstens einem Obergeschoß über dem Erdgeschosse bestimmt sind (Kleinwohnungsstraßen), ganz oder teilweise erlassen oder gestundet werden können, sofern die

Gebäude hauptsächlich für Wohnungen der bezeichneten Art oder für gemeinnützige Einrichtungen zugunsten der Minderbemittelten (Kinderfürsorge, Fortbildung, Erholung und dergleichen) bestimmt sind. Wird die Zweckbestimmung der Gebäude später geändert, so können von dem jeweiligen Eigentümer des Grundstücks die Beiträge und Gebühren nachträglich verlangt werden, soweit sie erlassen oder noch gestundet sind.

Das Ortsstatut kann hinsichtlich der Straßen, der Gebäude und der Wohnungen die Voraussetzungen näher festsetzen, unter denen die Vergünstigung eintritt.

§ 16. Gegen die Beschlüsse des Kreisausschusses steht den Beteiligten in den Fällen der §§ 5, 8, 9 die Beschwerde bei dem Bezirksausschuß innerhalb einer Ausschlußfrist von zwei Wochen zu.

In den Fällen, in denen es sich um Wiederbebauung ganzer durch Brand oder andere Ereignisse zerstörter Ortsteile handelt, tritt an die Stelle dieser Präklusivfrist eine solche von einer Woche.

§§ 17, 18[1]).

---

1) Aufgehoben durch § 146 ZustG. und ersetzt durch § 146 Abs. 2 desselben Gesetzes: „Die Wahrnehmung der in den §§ 5, 8, 9 a. a. O. dem Kreisausschusse beigelegten Funktionen liegt für den Stadtkreis Berlin dem Minister der öffentlichen Arbeiten, für die übrigen Stadtkreise sowie für die zu einem Landkreise gehörigen Städte mit mehr als 10000 Einwohnern dem Bezirksausschusse ob. Die Bestätigung der Statuten nach den §§ 12 und 15 a. a. O. erfolgt für den Stadtkreis Berlin durch den Minister des Innern." An die Stelle des Min. d. ö. A. ist nach dem MinZustG. v. 15. 8. 21 der Minister für Handel und Gewerbe getreten.

§ 19. Alle den Bestimmungen dieses Gesetzes entgegenstehenden allgemeinen und besonderen gesetzlichen Vorschriften werden hierdurch aufgehoben.

Alle Bestimmungen der im Verwaltungswege erlassenen Bauordnungen, sonstigen polizeilichen Anordnungen und Ortsstatuten, welche mit den Vorschriften dieses Gesetzes in Widerspruch stehen, treten außer Kraft.

§ 20. Der Minister der öffentlichen Arbeiten wird mit der Ausführung dieses Gesetzes beauftragt.

Urkundlich unter Unserer Höchsteigenhändigen Unterschrift und beigedrucktem königlichen Insiegel.

Gegeben Bad Ems, den 2. Juli 1875.

(L. S.) **Wilhelm.**

Fürst v. Bismarck. Camphausen. Graf zu Eulenburg.
Leonhardt. v. Kameke. Achenbach.

V.

Gesetz, betreffend die Herstellung und den Ausbau von Wasserstraßen.

Vom 1. April 1905 (GS. 1905 S. 179ff.).

Die nachstehenden Vorschriften verdanken ihrer Aufnahme in das Gesetz den Vorschlägen der Kommission zur Beratung des Gesetzes — AbgH. 20. LegP. 1904/05, Drucks. Nr. 594 S. 4608ff. — Dem Kommissionsbericht schließen sich die beigefügten Erläuterungen an.

Einzelne der nachfolgenden Bestimmungen sind in dem Gesetz, betr. Erweiterung des Kaiser-Wilhelm-Kanals v. 17. 11. 07, GS. S. 323, und in dem Gesetz über die Ausführung des sog. Köhlbrandvertrages v. 25. 8. 09, GS. S. 749, für anwendbar erklärt.

§ 11. In Verbindung mit den in diesem Gesetze vorgesehenen Unternehmungen ist eine Verbesserung der Landeskulturverhältnisse nach Möglichkeit herbeizuführen.

Bei der Aufstellung, Ausarbeitung und Ausführung der Pläne haben die Organe der landwirtschaftlichen Verwaltung mitzuwirken.

Bei der Entscheidung über Beschwerden im Planfeststellungsverfahren (§ 22 des Gesetzes über die Enteignung von Grundeigentum vom 11. Juni 1874, § 13 dieses Gesetzes) ist der Minister für Landwirtschaft, Domänen und Forsten zuzuziehen, sofern Landeskulturinteressen in Betracht kommen.

Der leitende Grundsatz der Vorschriften ist in Abs. 1 an die Spitze gestellt. Die Bestimmungen der Abs. 2 u. 3 sind Ausflüsse des Prinzips.

§ 12. Dem Staate liegt bei Durchführung der in diesem Gesetze vorgesehenen Unternehmungen die Herstellung derjenigen Anlagen ob, die für die benachbarten Grunstdücke oder im öffentlichen Interesse zur Sicherung gegen Gefahren und Nachteile notwendig sind, ingleichen die Unterhaltung dieser Anlagen, soweit sie über den Umfang der bestehenden Verpflichtungen zur Unterhaltung vorhandener, demselben Zwecke dienender Anlagen hinausgeht.

Wo die Herstellung der Anlagen zur Sicherung der benachbarten Grundstücke gegen Gefahren und Nachteile mit der Ausführung des Bauplans nicht vereinbar oder wirtschaftlich nicht gerechtfertigt erscheint, ist Schadenersatz zu gewähren. Hat der Grundeigentümer nicht bereits nach geltendem Rechte einen Anspruch auf Entschädigung, so ist der Schaden insoweit zu ersetzen, als die Billigkeit nach den Umständen eine Schadloshaltung erfordert.

Abs. 1 ist dem § 14 Abs. 1 des Enteignungsgesetzes nachgebildet. Er statuiert eine Verpflichtung des Staats, deren zivilrechtliche Bedeutung im Abs. 2 bestimmt ist. Die Eigentümer der benachbarten Grundstücke haben einen — nur öffentlich-rechtlichen, im Rechtswege nicht verfolgbaren Anspruch, Recht 14, 36; SeuffA. 75, 172 — Anspruch auf Herstellung von Sicherungsanlagen. Nur soweit Sicherungsanlagen aus den Gründen des § 12 Abs. 2 Satz 1 unterbleiben, haben sie einen Anspruch gegen den Staat auf Ersatz des Schadens, der für ihre Grundstücke durch die Ausführung und den Betrieb der im Gesetz vorgesehenen Unternehmungen entsteht. Auch wenn die Grundstücke nicht in unmittelbarer Nähe des Kanals liegen, ist der Anspruch begründet, wenn nur die Nachteile Folgen des Kanalbaues oder -betriebs sind. Als Beispiel ist die Wasserentziehung anzuführen. Verschulden des Staats wird nicht vorausgesetzt; auch braucht ein Eingriff in Privatrechte nicht vorzuliegen. Eine Schadensersatzpflicht wird aber nicht dadurch begründet, daß die im öffentlichen Interesse notwendigen Anlagen nicht hergestellt werden. Den Umfang der Schadensersatzpflicht regelt Abs. 2 Satz 2 im Anschluß an § 829 BGB. Die Fassung soll insbesondere ermöglichen, „im vollsten Umfange Kompensation mit den dem Beschädigten aus der fraglichen Unternehmung erwachsenen Vorteilen eintreten zu lassen". Vgl. Recht 15, 141.

Soweit das bisherige Recht (Nachbarrecht, Enteignungsgesetz) Schadensersatzansprüche begründet, ist es unberührt.

§ 13. Soweit nicht eine Planfestsetzung im Enteignungsverfahren stattfindet, erfolgt die Feststellung der Verpflichtungen des Staates nach folgenden Bestimmungen:

Ein Auszug aus dem von dem zuständigen Minister genehmigten Bauplan, aus dem die gemäß § 12 herzustellenden Anlagen zu ersehen sind, ist in jedem Gemeinde- oder Gutsbezirke während zwei Wochen zu jedermanns Einsicht offenzulegen. Während dieser Zeit kann jeder Beteiligte Einwendungen gegen den Plan erheben. Zeit und Ort der Offenlegung sowie die Stelle, bei welcher solche Einwendungen in bezug auf die herzustellenden Anlagen schriftlich oder mündlich zu Protokoll erhoben werden können, ist durch das Kreisblatt und in ortsüblicher Weise bekanntzumachen. Auch der Gemeinde- oder Gutsvorstand hat das Recht, Einwendungen zu erheben. Nach Ablauf der Frist sind die Einwendungen durch einen Beauftragten des Regierungspräsidenten mit den Beteiligten und der Bauverwaltung, nötigenfalls unter Zuziehung von Sachverständigen, zu erörtern. Nach Abschluß der Erörterung erfolgt die Feststellung der dem Staate obliegenden Verpflichtungen durch den Bezirksausschuß.

Gegen den Beschluß steht, soweit es sich um die Höhe der Entschädigung handelt, binnen neunzig Tagen der Rechtsweg, im übrigen binnen zwei Wochen die Beschwerde an den Minister der öffentlichen Arbeiten zu. Die Frist für die Beschreitung des Rechtswegs läuft, sofern Beschwerde an den Minister der öffentlichen Arbeiten eingelegt ist, von der Zustellung der Entscheidung auf diese Beschwerde.

Sofern mit der Bauausführung eine besondere Behörde betraut ist, steht auch dieser die Beschwerde zu; ihr ist der Beschluß zuzustellen.

Die Vorschrift entspricht im wesentlichen den §§ 19ff. des Enteignungsgesetzes. — Vgl. auch § 17 des Ges. über Kleinbahnen v. 28. 7. 92. Der Eingang des § 13 ergibt, daß, wenn eine Planfestsetzung im Enteignungsverfahren erfolgt, das darauf im Enteignungsverfahren folgende Entschädigungsfeststellungsverfahren (§§ 24ff. des Enteignungsgesetzes) die Feststellung der im § 12 Abs. 2 dieses Gesetzes normierten Schadensersatzansprüche mitumfassen muß. Der Rechtsweg richtet sich dann nach § 30 des Enteignungsgesetzes. Wegen der Angehung des unzuständigen Gerichts vgl. aber RG. 94, 133; Recht 19, 43.

Ansprüche aus § 12 können im Rechtswege erst verfolgt werden, wenn eine Entscheidung im Verwaltungsverfahren vorhergegangen ist.

Die Beschränkung des Rechtswegs nach Abs. 2 gilt nicht für Ansprüche, die nach dem neben dem WStrG. in Geltung bleibenden Recht begründet sind, SeuffA. 75, 172.

§ 14. Wegen solcher nachteiliger Folgen, welche erst nach der Erörterung vor dem Beauftragten des Regierungspräsidenten erkennbar werden, steht dem Entschädigungsberechtigten ein Anspruch auf Errichtung von Anlagen oder Schadenersatz (§ 12) bis zum Ablaufe von drei Jahren nach der Ausführung des Teiles der Anlage zu, durch welchen er benachteiligt wird. Die Feststellung der Verpflichtung des Staates erfolgt sinngemäß nach den im § 13 gegebenen Vorschriften.

§ 14 entspricht dem § 31 des Enteignungsgesetzes. Er ergänzt ihn zweckmäßig, indem er ein vorgängiges Verfahren vor der Verwaltungsbehörde auch für diesen Fall einführt. Bereits erwachsene Schadensersatzansprüche werden natürlich nicht dadurch hinfällig, daß nachträglich die Errichtung schadenverhütender Anlagen angeordnet wird. Sie sind vielmehr durch Festsetzung der Entschädigung zu berücksichtigen. Es gilt auch hier, was zu § 13 am Ende bemerkt ist.

§ 15. Fehlt einem Grundstücke der Anschluß an den Kanal vom Rhein zur Weser, an den Anschluß nach

Hannover, an den Lippekanal oder an einen der Zweigkanäle oder Häfen dieser Schiffahrtstraßen, und erscheint die Herstellung des Anschlusses aus Gründen des öffentlichen Wohles, insbesondere im Interesse der Förderung des Kanalverkehrs geboten, so bedarf es für die Ausführung des Anschlusses zur Enteignung einer Königlichen Verordnung nicht, vorausgesetzt, daß nicht der Eigentümer zur Abtretung des mit Gebäuden besetzten Grund und Bodens und der damit in Verbindung stehenden, eingefriedigten Hofräume gegen seinen Willen angehalten werden soll. Die Zulässigkeit der Enteignung wird von dem Bezirksausschusse ausgesprochen.

§ 15 führt gewissermaßen ein Notwegerecht zugunsten privater Unternehmungen nach Analogie privatrechtlicher Normen ein, in Ausdehnung der Vorschrift des § 3 des Enteignungsgesetzes mit einer aus § 136 Abs. 2 des Allgemeinen Berggesetzes entnommenen Einschränkung. Vorbehaltlich dieser Einschränkung ist die Enteignung zuzulassen, wenn einem Grundstück der (Wasser-, Bahn- oder sonstige) Anschluß an einen der bezeichneten Kanäle fehlt und die Herstellung des Anschlusses aus Gründen des öffentlichen Wohls, insbesondere zur Hebung des Kanalverkehrs, geboten erscheint. Allen wirtschaftlichen, auch landwirtschaftlichen Unternehmungen soll die Vorschrift zugute kommen.

§ 16. Dem Staate kann an dem Kanale vom Rhein zur Weser, an dem Anschlusse nach Hannover, an dem Lippekanal oder an einem der Zweigkanäle und Häfen dieser Schiffahrtstraßen durch Königliche Verordnung das Recht zur Enteignung solcher Grundstücke verliehen werden, deren Erwerb zur Erreichung der mit dem Unternehmen in Verbindung stehenden, auf das öffentliche Wohl gerichteten staatlichen Zwecke erforderlich ist. Von dem Enteignungsrecht ist spätestens bis zum 1. Juli 1909 Gebrauch zu machen. Auch darf es zu beiden Seiten des Kanals nicht über eine Linie hinaus ausgedehnt werden, welche sich in der Entfernung von 1 km von der Kanalmittellinie hinzieht.

§ 16 deklariert das bestehende Recht, indem er klarstellt, daß auch solche Grundstücke für den Staat enteignet werden können, die nicht unmittelbar zur Kanalanlage Verwendung finden, vielmehr nur im weiteren Sinne den Zwecken des Kanalunternehmens dienen.

Sachregister.

(Die Zahlen verweisen auf die Seiten.)

A.

B.

C.

D.

E.

F.

G.

L.

M.

N.

O.

P.

Q.

R.

Z.

Gedruckt bei A. W. Hayn's Erben, Potsdam.

Band

14. **Gerichtsverfassungsgesetz.** Von R. Sydow. Fortgeführt von L. Busch. 10. Auflage. 1925. *Rm* 6,—
15. **Das deutsche Gerichtskostengesetz.** Von R. Sydow. Fortgeführt von L. Busch und F. Koehler. 11. Auflage. In Bearbeitung.
16. **Rechtsanwaltsordnung.** Von R. Sydow. 5. Auflage von M. Jacobsohn. — 1907. Mit Nachtrag von 1910. Vergriffen.
17. **Gebührenordnung für Rechtsanwälte usw.** Von R. Sydow. Fortgeführt von L. Busch und O. Krieg. 13. Auflage. In Bearbeitung.
18. **Reichsstempelgesetz.** Von P. Loeck. Vergriffen. Wird durch Kapitalverkehrssteuergesetz ersetzt. Erläuterte Ausgabe in Bearbeitung.
19. **Die Seegesetzgebung.** Von W. E. Knitschky. 5. Auflage von O. Rudorff. — 1913. *Rm* 8,—
20. **Krankenversicherungsgesetz** siehe Bd. 107, 161.
21. **Die Konsulargesetzgebung.** Von Ph. Zorn. 8. Auflage von K. Zorn. — 1911. *Rm* 4,50
22. **Patentgesetz.** Von R. Lutter. 8. Auflage. — 1920. Mit Nachtrag 1927. Nachtrag apart *Rm* 0,80. *Rm* 4,—
23. **Gewerbe-Unfallversicherungsgesetz** siehe Bd. 107, 161 und 161a/b.
24. **Aktiengesellschaft und Kommanditgesellschaften auf Aktien.** Von H. Keyßner und H. Veit Simon. 7. Auflage. In Bearbeitung.
25. **Brausteuergesetz.** Siehe Reichsgesetz Bd. 54 II.
26. **Münz- und Notenbankwesen.** Von R. Koch. 7. Auflage von Reichsbankpräsident Schacht. — 1925. *Rm* 14,—
27. **Gesundheitswesen im Deutschen Reich.** Von E. Goesch und J. Karsten. — 1888. Vergriffen.
28. **Bau-Unfallversicherungsgesetz** siehe Bd. 108.
29. **Erwerbs- und Wirtschaftsgenossenschaften.** Von L. Parisius und H. Krüger. 18. Auflage. — 1925. *Rm* 4,—
30. **Invalidenversicherungsgesetz** siehe Bd. 109, 161 und 161 a.
31. **Gewerbegerichtsgesetz.** Von W. Cuno. Vergriffen. Siehe auch Bd. 112, 112 a.
32. **Gesellschaften mit beschränkter Haftung.** Von L. Parisius und H. Crüger. 17. Auflage. — 1926. *Rm* 3,50
33. **Vereins- und Versammlungsrecht.** Von E. Ball. 2. Auflage von F. Friedenthal. — 1907. *Rm* 2,—
    Reichsvereinsgesetz vom 19. April 1908 siehe Bd. 88.
34. **Die Abzahlungsgeschäfte.** 3. Aufl. von E. Wilke. — 1910. *Rm* 1,20
35. **Die Reichs-Eisenbahngesetzgebung.** Von W. Coermann. — 1895. (Siehe auch Bd. 66.) *Rm* 2,—
36. **Privatrechtliche Verhältnisse der Binnenschiffahrt und Flößerei.** Von E. Löwe. 6. Auflage. — 1923. *Rm* 4,—

Band

37\. **Unlauterer Wettbewerb.** Von A. Pinner. 7. Auflage von A. Elster. — 1921. *Rm* 1,40

38/39\. **Bürgerliches Gesetzbuch nebst Einführungsgesetz.** Von A. Achilles. In Verbindung mit F. André, O. Meyer, O. Strecker, K. v. Unzner herausgegeben von M. Greiff. 12. Auflage. — 1926. *Rm* 24,—

40\. Gesetz, betr. die **Pflichten der Kaufleute bei Aufbewahrung fremder Wertpapiere [Depotgesetz].** Von F. Lusensky. 3. Auflage. — 1916. Mit Nachtrag 1924. *Rm* 1,—

41\. **Börsengesetz.** Von Th. Hemptenmacher. 3. Auflage von O. Meyer. — 1915. *Rm* 3,50

42\. **Grundbuchordnung.** Von O. Fischer. 8. Auflage. — 1924. *Rm* 3,—

43\. **Zwangsvollstreckung.** Von J. Krech und O. Fischer. 9. Auflage von O. Fischer. — 1922. *Rm* 3,50

44\. **Auswanderungswesen.** Von F. Stoerk. — 1899. *Rm* 2,—

45\. **Entmündigungsrecht.** Von P. Koll. — 1900. *Rm* 1,20

46\. **Freiwillige Gerichtsbarkeit.** Von H. Jastrow. 6. Auflage von Herm. Günther. — 1921. *Rm* 4,50

47\. **Deutsches Vormundschaftsrecht.** Von M. Schultzenstein und P. Köhne. 2. Auflage. — 1901. *Rm* 2,50

48\. Gesetze, betr. den **Drogen-, Gift- und Farbenhandel** außerhalb der Apotheken. Von J. Broh. — 1899. *Rm* 1,20

49\. **Deutsche Kolonialgesetzgebung.** Von Ph. Zorn. 2. Auflage von Sassen. — 1913. *Rm* 5,—

50\. **Der Viehkauf [Viehgewährschaft].** Von H. Stölzle und H. Weiskopf. 6. Auflage. — 1926. *Rm* 15,—

51\. **Hypothekenbankgesetz.** Von H. Göppert. 2. Auflage von Seidel. — 1911. Mit Nachtrag 1926. *Rm* 2,20

52\. **Rechte der Besitzer von Schuldverschreibungen.** Von H. Göppert. 2. Auflage von E. Trendelenburg. — 1915. *Rm* 1,50

53\. **Reichspreßgesetz.** Von A. Born. 3. Auflage. — 1924. *Rm* 4,—

54\. Verkehr mit **Nahrungsmitteln, Genußmitteln und Gebrauchsgegenständen.** Von G. Lebbin. — 2. Auflage in 2 Bänden. II.: **Getränkegesetze und Getränkesteuergesetze** (Wein, Bier, Branntwein, Mineralwasser). Unter Mitwirkung von Dr. Kniebe. *Rm* 10,—

55\. **Beschlagnahme von Lohn- und Gehaltsforderungen.** Von G. Meyer. 5. Auflage. — 1914. Durch Nachträge ergänzt 1925. Nachträge allein *Rm* 0,70. *Rm* 2,30

56\. **Bekämpfung gemeingefährlicher Krankheiten.** Von B. Burkhardt. — 1900. *Rm* 1,20

57\. **See-Unfallversicherungsgesetz** siehe Bd. 108 und 161 a.

58\. **Recht der unehelichen Kinder.** Von H. Jastrow. — 1901. Mit Nachtrag 1925. *Rm* 1,60

Band
59. **Beurkundung des Personenstandes und die Eheschließung.** Von F. Fidler. 2. Auflage. — 1912. *Rm* 2,30
60. **Das Urheberrecht an Werken der Literatur und der Tonkunst.** Von O. Lindemann. 4. Auflage. — 1921. *Rm* 1,80
61. **Verlagsrecht.** Von B. Marwitz. 3. Auflage. — 1922. *Rm* 1,60
62. **Private Versicherungsunternehmungen.** Von H. Könige. 3. Auflage von Könige und Petersen. — 1927. *Rm* 20,—
63. **Gesetzestafel des deutschen Reichsrechts.** Von H. Bruhns. 2. Auflage. — 1913. *Rm* 3,—
64. Gesetzsammlung, betr. den **Handel mit Drogen und Giften.** Von H. Sonnenfeld. 3. Auflage. — 1926. *Rm* 12,—
65. **Weingesetz.** Von G. Lebbin. 2. Auflage. — 1909. *Rm* 2,— (Siehe auch Reichsgesetz Bd. 54 II.)
66. **Die Eisenbahngesetzgebung.** Von W. Pietsch. 2. Auflage. — 1913. (Siehe auch Bd. 91.) Vergriffen.
67. **Militärstrafgesetzbuch.** Von A. Romen und E. Rissom. 3. Auflage. — 1918. *Rm* 5,—
68. **Fleischbeschaugesetz.** Von G. Lebbin und G. Baum. — 1903. Vergriffen.
69. Reichsgesetz über die **Naturalleistungen der bewaffneten Macht im Frieden.** Von W. v. Hippel. — 1903. *Rm* 1,—
70. **Das Reichshaftpflichtgesetz.** Von G. Eger. — 1903. Vergriffen. (Als Ersatz Kommentar von Seligsohn. — 1920. *Rm* 8,—, geb. *Rm* 9,50)
71. **Kinderarbeit in gewerblichen Betrieben.** Von H. Spangenberg. 2. Auflage. — 1904. *Rm* 1,20
72. **Unfallversicherungsgesetz** siehe Bd. 108 und 161 a.
73. **Entschädigung für unschuldig erlittene Verhaftung und Bestrafung.** Von A. Romen. — 1904. *Rm* 1,70
74. **Die Kaufmannsgerichte.** Von M. Apt. 3. Auflage. — 1904. (Siehe auch Bd. 112 und 112 a.) Vergriffen.
75. **Konsulargerichtsbarkeit.** Von A. F. Vorwerk. 2. Ausgabe, mit den Schutzgebietsgesetzen. — 1908. *Rm* 1,60
76. **Die Rechtshilfe im Verkehr mit den ordentlichen Gerichten.** Von A. Friedländer. — 1906. *Rm* 1,50
77. **Das Erbschaftssteuergesetz.** Von B. Henckel. 1920. *Rm* 5,— Neue Fassung von H. Schachian. 4. Auflage. — 1926. *Rm* 2,50.
78. **Zigarettensteuergesetz.** Von Cuno. Vergriffen.
79. **Die Militärpensionsgesetze.** Von A. Romen.
    a) I. Teil: **Offizierpensionsgesetz.** — 1907. *Rm* 2,—
    b) II. Teil: **Mannschaftsversorgungsgesetz.** Mit **Kapitalabfindungsgesetz.** — 1908. *Rm* 2,—

Militärversorgungsgesetze siehe auch Bd. 152 und 152 a.

Band

60. **Gerichtliche Registerführung.** Von O. Lindemann. — 1906. *Rm* 2,40
81. **Urheberrecht an Werken der bildenden Künste und der Photographie.** Von L. Fuld. 2. Auflage. — 1926. *Rm* 6,—
82. **Reichsbeamtengesetz.** Von A. Arndt. 3. Auflage. — 1923. Mit Nachtrag, enthaltend die Änderungen bis 1924. *Rm* 3,50
83. **Versicherungsvertrag.** Von P. Hager und E. Bruck. 5. Auflage. — 1926. *Rm* 14,—
84. **Sammlung kleinerer privatrechtlicher Reichsgesetze.** Von G. Müller. — 1903. *Rm* 5,50
85. **Scheckgesetz.** Neue Auflage in Bearbeitung. (Siehe auch Reichsgesetze Bd. 5 und 162.) Kommentar von Michaelis. *Rm* 16,—, geb. *Rm* 18,—
86. **Die Auslieferungsverträge des Deutschen Reiches.** Von A. Cohn. — 1908. *Rm* 4,—
87 a. **Das deutsche Warenzeichenrecht.** Von Freund und Magnus. 6., neubearbeitete Auflage von Jüngel und Magnus. Teil I: **Die internationalen Verträge.** — 1924. *Rm* 9,—
88. **Vereinsgesetz.** Von A. Romen. 5. Auflage. In Bearbeitung.
89. **Vogelschutzgesetz.** Von L. v. Boxberger. — 1909. *Rm* 1,—
90. Die Haager Abkommen über das **Internationale Privatrecht.** Von G. Bogeng. — 1908. *Rm* 2,—
91. **Eisenbahn-Verkehrsordnung.** Von E. Blume. 3. Auflage von Weirauch. — 1926. *Rm* 12,—
92. **Verkehr mit Kraftfahrzeugen.** Von R. Kirchner. 3. Auflage. — 1915. Mit Nachtrag, enthaltend alle Neuerungen bis Ende 1925. Nachtrag einzeln *Rm* 1,50. *Rm* 5,—
93. **Sicherung der Bauforderungen.** Von E. Harnier. 3. Auflage. — 1912. *Rm* 1,50
94. **Die Beamtenhaftpflichtgesetze des Reiches und der Länder.** Von H. Delius. 3. Auflage. — 1921. *Rm* 3,20
95. Die Berner Übereinkunft über **Internationales Urheberrecht.** Von H. Dungs. — 1910. *Rm* 1,—
96. **Branntweinsteuergesetz — Branntweinmonopolgesetz** siehe Bd. 54 II.
97. **Schutzgebietsgesetz.** Von J. Gerstmeyer. — 1910. *Rm* 2,50
98. **Sechs Haager Abkommen über Internationales Privatrecht.** Von H. Dungs. — 1910. *Rm* 1,50
99. **Die Abkommen der Haager Friedenskonferenz.** Vergriffen. Jetzt: Wehberg, **Völkerbundakte.** *Rm* 4,—. (Außerhalb der Sammlung.)
100. **Kaligesetz.** Von B. Voelkel. — 1910. *Rm* 2,40
101. **Zuwachssteuergesetz.** Von W. Cuno. Vergriffen.

Band

102. **Urheberrecht an Mustern und Modellen** und Schutz von **Gebrauchsmustern.** Von J. Neuberg. — 1911. *Rm* 2,40
103. **Reichs-Viehseuchengesetz.** Von W. v. Hippel. 2. Auflage. — 1912. *Rm* 4,—
104. **Versicherungsgesetz für Angestellte** siehe Seite 12.
105. **Das Geldwesen in den deutschen Schutzgebieten.** Von W. Hintze. — 1912. *Rm* 1,80
106—109. **Reichsversicherungsordnung.** Von F. Caspar und A. Spielhagen. 1913—1921. 4 Bände. Komplett. *Rm* 18,—
Reichsversicherungsordnung in neuester Fassung von K. Lippmann siehe Bd. 161 und 161 a/b.
110. **Wehrbeitragsgesetz.** Von A. Fernow. 2. Auflage. — 1913. *Rm* 1,60
111. **Reichs- und Staatsangehörigkeitsgesetz.** Von A. Romen. 2. Auflage. In Bearbeitung.
112. **Kaufmannsgerichtsgesetz.** Von H. Depène. — 1914. *Rm* 2,60
112 a. **Kaufmanns- und Gewerbegerichtsgesetz nebst Schlichtungsordnung.** (Ergänzungsband zu Bd. 112.) Von H. Depène. — 1924. *Rm* 3,50
Die Bde. 112 und 112 a enthalten zusammen den vollständigen Text des Gewerbegerichtsgesetzes.
113. **Postscheckgesetz.** Von J. Weiland. — 1914. Mit Nachtrag 1918. *Rm* 1,50
113 a. **Postscheckordnung.** Von J. Weiland. — 1914. Mit Nachtrag 1918. *Rm* 1,50
114. **Waffengebrauch und Festnahmerecht des Militärs.** Von A. Romen und C. Rissom. — 1914. *Rm* 1,80
115. **Das vertragliche Wettbewerbsverbot [Konkurrenzklausel].** Von G. Baum. — 1914. *Rm* 3,—
116. **Kriegs-Zivil- und Finanzgesetze.** 3. Auflage. — 1915. *Rm* 1,50
116a. Desgl. Zweite Folge: Jahr 1915. — 1916. *Rm* 1,20
117. **Darlehnskassengesetz.** — 1915. *Rm* 1,80
118. **Militärhinterbliebenengesetz.** Von Reh. — 1915. (Siehe auch Bd. 152, 152 a und 160.) *Rm* 2,20
119. **Kriegsleistungsgesetz.** Vergriffen.
120. **Telegraphenwegegesetz.** Von Wolf. — 1916. *Rm* 1,—
121. **Direkte Kriegssteuer.** Von A. Mrozek. — 1916. *Rm* 3,50
122. **Belagerungszustand.** Von H. Pürschel. — 1916. *Rm* 3,50
123. **Warenumsatzstempel.** (**Umsatzsteuer** siehe Bd. 132.)
124. **Todeserklärung Kriegsverschollener.** Von F. Partsch. — 1917. *Rm* 2,—
125. **Vaterländischer Hilfsdienst.** 3. Auflage. — 1917. *Rm* 1,—

Band

152. **Wohlfahrtsgesetze.** Von Behrend und Stranz-Hurwitz. Teil I. — 1923. *Rm* 5,—

152 a. Desgl. Teil II. — 1925. *Rm* 9,—

Bd. 152 und 152 a zusammen bezogen *Rm* 12,—

153. **Zwangsanleihegesetz.** Von Simon und Beutner. — 1923. *Rm* 8,—

154. **Jugendwohlfahrtsgesetz und Jugendgerichtsgesetz.** Von Drewes und Sandré. — 1923. Mit Nachtrag, enthaltend die Ergänzungen bis April 1924. *Rm* 6,—

155. **Reichsknappschaftsgesetz.** Von Max Reuß und Fritz Hense. 2. Auflage. — 1926. *Rm* 12,—

156. **Mietrecht und Wohnungsmangelgesetz.** Von Krieg. 3. Auflage. — 1925. Mit Nachtrag 1927. *Rm* 7,—

Nachtrag apart *Rm* 0,60

157. **Dritte Steuernotverordnung vom 14. Februar 1924** mit den Vorschriften über **Aufwertung.** 2. Auflage unter dem Titel: **Aufwertungsgesetze.** Von Michaelis. — 1925. *Rm* 16,—

158. **Strafprozeßordnung.** Alte u. neue Fass. synoptisch gegenübergestellt. Von Feisenberger. — 1925. Mit Nachtrag 1927. *Rm* 4,50

159. **Industriebelastungsgesetz.** Von Höpker. *Rm* 4,—

160. **Fürsorgepflicht.** Von Sandré. — 1925. *Rm* 6,—

161. **Reichsversicherungsordnung.** Von Lippmann. *Rm* 11,—

161 a. Desgl. **Ergänzungsband,** enthaltend die neue Fassung des **Unfallversicherungsgesetzes** sowie die Änderungen der übrigen Bücher der RVO. Von Lippmann. *Rm* 4,—

161 b. Desgl. **Zweiter Ergänzungsband,** enthaltend die im ersten Halbjahr 1926 ergangenen Änderungen der RVO. — 1926. *Rm* 0,80

162. **Handelsrechtl. Nebengesetze.** Von Schreiber. — 1926. *Rm* 14,—

163. **Notariatsrecht.** Von Szkolny. — 1925. *Rm* 8,50

164. **Aufwertung von Versicherungsansprüchen.** Teil I: **Lebensversicherungen.** Von Berliner und Pfaffenberger. — 1926. *Rm* 6,50

164 a. Desgl. Teil II: **Sach-** (Feuer-, Glas-, Wasser- usw.) **und Transportversicherung, Unfall- und Haftpflichtversicherung.** — 1926. *Rm* 3,50

165. **Handbuch der Erwerbslosenfürsorge.** Von Schmeißer. 2. Auflage. — 1926. *Rm* 10,50

166. **Das deutsche Ausländerrecht.** Von Fraustädter und Kreutzberger. — 1926. Im Druck.

167. **Verordnung gegen Mißbrauch wirtschaftlicher Machtstellungen** (Kartellgesetz). Von Staffel. — 1927. *Rm* 3,—

168. **Arbeitsgerichtsgesetz.** Von Depène. — 1927. *Rm* 3,60

Band

B. Preußische Gesetze.

C. Textausgaben

ohne Anmerkungen mit Sachregister.

Aufwertungsgesetze mit Einleitung. Von Michaelis. *Rm* 1,50

Bürgerliches Gesetzbuch. 14. Auflage. *Rm* 5,—

Erbschaftsteuergesetz. Neue Fassung von H. Schachian. 3. Auflage. *Rm* 2,50

Freiwillige Gerichtsbarkeit. — 1920. *Rm* 1,—

Handelsgesetzbuch mit **Seerecht.** 11. Auflage. — 1924. *Rm* 2,60

Konkursordnung. 2. Auflage. — 1915. Mit Nachtrag 1925. *Rm* 1,—

Reichsmietengesetz. — 1922. *Rm* 0,50

Reichssteuergesetze 1925 (Steuerüberleitungsgesetz mit Durchführungsbestimmungen — Einkommensteuer, Körperschaftsteuer, Reichsbewertungsgesetz, Vermögensteuer, Erbschaftsteuer). *Rm* 4,—

Strafgesetzbuch. — 1925. *Rm* 3,—

Strafprozeßordnung. 5. Auflage. — 1924. *Rm* 2,50

Verfassung des Freistaates Preußen. *Rm* 0,60

Versicherungsgesetz für Angestellte. — 1927. *Rm* 2,—

Wechselordnung. — 1908. *Rm* 0,50

Wehrbeitrag und **Besitzsteuer.** — 1913. *Rm* 1,50

Zivilprozeßordnung mit **Gerichtsverfassungsgesetz** und **Einführungsgesetzen.** — 1924. *Rm* 3,50

Zuwachssteuergesetz. — 1911. *Rm* 0,50

— **Ausführungsbestimmungen.** — 1911. *Rm* 0,40

Preuß. Ausführungsanweisung zur **Gewerbeordnung.** — 1904. *Rm* 1,—

---

de Gruytersche Sammlung Deutscher Gesetze.

Handkommentare.

Zivilprozeßordnung von Sydow-Busch-Krantz. 19. Auflage. — 1926. *Rm* 25,—

Strafprozeßordnung von Feisenberger. — 1926. Mit Nachtrag 1927. *Rm* 17,—

Aufwertungsrecht von Michaelis. — 1926. *Rm* 16,—

Schlagwort-Register.

R = Nummer der Sammlung Deutscher Reichsgesetze, P = Nummer der Sammlung Preußischer Gesetze, S. = Seite.

Otto Walter, Buchdruckerei, Berlin S 14

FSC
www.fsc.org
MIX
Papier | Fördert
gute Waldnutzung
FSC® C083411

Kolibri 360 GmbH
Ferdinand-Jühlke-Straße 7
99095 Erfurt, Deutschland
produktsicherheit@kolibri360.de